国家自然科学基金青年项目（72302245）、深圳市科技计划面上项目（JCYJ20230807110905012）、深圳市哲学社会科学规划一般项目（SZ2024B022）、中山大学2024年教学质量与教学改革工程类项目

影响力投资：
改变世界的金融力量

袁吉伟　姜坤　著

YINGXIANGLI TOUZI:
GAIBIAN SHIJIE DE JINRONG LILIANG

中山大學出版社
·广州·

版权所有　翻印必究

图书在版编目（CIP）数据

影响力投资：改变世界的金融力量 / 袁吉伟，姜坤著． -- 广州：中山大学出版社，2025.7. -- ISBN 978-7-306-08489-7

Ⅰ. F830.59

中国国家版本馆 CIP 数据核字第 2025KZ9856 号

出 版 人：王天琪
策划编辑：李海东
责任编辑：李海东
封面设计：林绵华
责任校对：刘　丽
责任技编：靳晓虹
出版发行：中山大学出版社
电　　话：编辑部 020 - 84111997，84113349，84110283，84110779，84110776
　　　　　发行部 020 - 84111998，84111981，84111160
地　　址：广州市新港西路 135 号
邮　　编：510275　　　　　传　真：020 - 84036565
网　　址：http://www.zsup.com.cn　　E-mail：zdcbs@mail.sysu.edu.cn
印 刷 者：佛山家联印刷有限公司
规　　格：787mm×1092mm　1/16　13.75 印张　260 千字
版次印次：2025 年 7 月第 1 版　2025 年 7 月第 1 次印刷
定　　价：56.00 元

如发现本书因印装质量影响阅读，请与出版社发行部联系调换

作者简介

袁吉伟 中国人民大学金融学硕士，高级经济师，注册金融风险管理师，中国信托业协会全员培训讲师，中国保险资产管理业协会"IAMAC·资管百人"成员，甘肃省金融学会常务理事，新浪财经、金融界专栏撰稿人，专注ESG投资、影响力投资、信托业务研究，著有《ESG投资的逻辑》《资管新时代与信托公司转型》《家业常青：信托制度在财富管理中的应用》《资金信托理论与实务》，其中《ESG投资的逻辑》一书被新浪财经评选为2023年十大金融图书；参与编写《信托金融学》《中国信托业市场报告》《中国信托业发展报告》《非标资产管理业务的金融创新与风控实务》《信托基础（第二版）》《中国资产托管行业发展报告（2021）》；曾在《中国金融》《经济与管理研究》《上海证券报》《金融时报》等刊物报纸发表百余篇研究文章，多篇文章被中国人民大学复印报刊资料全文或部分转载；曾在第一届金融业资产管理论文征集评选活动中荣获一等奖，在2023年甘肃省金融学会转型金融、绿色金融主题有奖征文活动中荣获三等奖。

姜　坤 中山大学商学院（创业学院）"百人计划"教授，博士生导师，主要研究领域是企业创新理论和中国企业创新实践，担任经济合作与发展组织（OECD）外聘研究员。论文入选社会科学（Social Sciences, general）领域前1% ESI高被引论文，论文成果发表于 *Journal of International Economics*、*Research Policy*、*Journal of Business Ethics*、*Technovation*、*Journal of Corporate Finance*、*Journal of Comparative Economics* 和 *Journal of Economic Geography* 等学术期刊。

前　言

人类肆无忌惮地向地球索取资源，大量排放温室气体、污水和各类废弃物，却从未意识到地球正在接近其承载能力的极限，气温上升、极端天气增多、生物多样性减少等问题都是地球发出的预警信号。同时，全球面临老龄化、高债务化、贫富差距分化考验，约有11亿人口处于贫困状态，社会阶层矛盾日渐突出。世界面临的可持续发展挑战越发显著。受新冠疫情、地缘政治冲突等因素影响，全球可持续发展目标进展缓慢，按照现有进度，很难在2030年完成既定目标。我们迫切需要实现深刻的社会变革和社会进步，改变经济运行和资源配置模式，积极发展影响力经济，获取经济利益不以社会和环境为代价，建设每个人都有美好未来的包容、绿色、可持续的世界，造福子孙后代。

全球可持续发展仍面临较大的资金缺口，金融机构在社会资源配置中占据重要地位。在风云变幻的当下，金融机构需要勇敢地站出来，参与应对经济社会发展的各类挑战，加强投融资支持力度。联合国呼吁金融机构积极参与可持续发展；2023年中央金融工作会议提出金融机构要平衡盈利性和功能性，勇于承担社会责任。在此背景下，全球金融机构已经积极行动起来，参与环境、社会和治理（environmental, social and governance, ESG）投资和可持续金融，落实净零转型要求。ESG投资发展进程虽有波折，但是正走向主流投资策略的舞台，市场规模呈现较快增长态势。中国ESG投资已逐步从理念普及迈向监管体系加快构建的新时代，上市公司ESG信息披露指引出台，央行等部委时隔8年后再次发布绿色金融发展指导意见，全国统一的碳排放权交易市场建设有序推进，地方政府开展气候投融资试点和建设绿色金融改革创新试验区。全球金融体系正在将可持续发展融入其中，形成新的金融范式。

ESG投资重点是将社会和环境因素融入投资决策，充分考虑财务和非财务因素对投资的影响，本质上是加强风险管理，创造长期稳健的投资收益；但是较少考虑投资结果对环境和社会的影响，也不是很关注解决社会和环境问题，对于可持续发展助益不高。我们迫切需要一场投资范式的再变革和再升级，在关注 ESG 因素的同时，减少投资的负面影响，增加投资产生的可衡量、积极的社会和环境绩效，这就是影响力投资。2007 年，洛克菲勒基金会提出影响力投资概念，不再单纯强调财务回报，资源配置以满足人、地球和经济利益需要为根本前提，协调政府和企业共同参与解决社会和环境难题，促进形成多方协同模式，创新社会治理机制，更注重社会福祉的提升和更广泛的经济社会发展成功，有效提升经济高质量发展水平。影响力投资是资本范式的重要变革，将短期、急功近利、无视社会和环境代价的资本改造成为长期、耐心、注重社会和环境福祉的资本，使其成为帮助应对当今世界发展挑战的重要金融力量。

影响力投资是在实现财务回报的同时，带来可衡量、积极的社会和环境影响的投资方法或策略，适用于任何资产投资或金融业务。慈善机构、家族办公室、资产管理机构纷纷拥抱影响力投资，使之成为其投资策略的重要组成部分。与传统投资相同，影响力投资亦追求财务收益；不同之处在于影响力投资具有目的性，不是投资附带产物或者无心为之的结果，而是金融机构通过变革理论或者逻辑模型等工具分析，建立起投资与社会问题的联系，确立影响力战略和实现路径，指导具体投资实践。影响力投资能够实现可衡量的社会绩效，用指标、评分或货币价值将社会影响成果表达为清晰可见的数字，有利于金融机构投资决策，在财务回报和风险相同的情况下，选择影响力最大的投资机会；也有利于投资者了解投资实现的社会和环境绩效，防止影响力漂洗行为。影响力投资具有贡献性，为参与影响力经济的社会企业、小微企业提供传统金融无法满足的金融服务，或者实现新的资本供给模式，帮助企业扩大影响力规模。不过，很多人仍对影响力投资有一定误解，认为为了获得社会影响力，需要牺牲投资收益，实际上影响力回报和财务回报可以同时发生，收益水平并不逊于传统投资；还有人认为影响力投资仅适合机构投资者，实际上影响力投资也适合个人投资者，可以在个人获得稳定投资收益的同时，满足个人参与解决可持续发展难题的需求。

影响力投资所能提供的实际影响有多种。首先是避免负面社会影响，在投资或者企业经营活动中，避免继续排放温室气体和废弃物，减少生物多样性损失，不扩大社会不平等和财富分配差距。在此基础上，影响力投资能够让更多利益相关方受益，如为女性、贫困人口、残障人群等弱势群体带来积极影响和改变，让儿童获得必要的营养食品，让残疾人得到社会关爱和良好照料，让青年人得到受良好教育和就业的机会，让老人安度晚年，不断提升社区生活质量。面对众多亟待解决的社会和环境难题，影响力投资可以加强气候变化解决方案、生物多样性解决方案等投融资支持力度，在孵化新技术、新服务、新商业模式，引领技术、市场等方面进行深层的变革和突破。

影响力投资的发展还带动了大量金融创新，以满足影响力经济的金融需求。影响力投资带动了金融工具的创新，社会影响力债券、社会责任债券、性别债券等创新金融工具拓宽了可持续发展融资渠道，也丰富了金融机构在公开市场的投资范围；带动了投资模式的创新，混合融资得到广泛应用，结合不同资金的属性、要求和风险偏好，增强影响力项目吸引力，以催化资本，撬动私人资本参与影响力事业发展；带动了金融基础设施的创新，影响力众筹平台、社会证券交易所应运而生，为社会企业、初创企业、慈善机构提供连接影响力投资机构的平台。

截至2021年末，全球影响力投资已超过1.16万亿美元，呈现较快增长态势，为撒哈拉以南非洲等欠发达地区带来了资金、技术等方面的支持。在推动可持续发展的当下，越来越多的国家和地区加入发展影响力投资的行列，欧盟、英国、日本、印度、澳大利亚等国家和地区在财政支持、社会资金动员、市场生态建设、行业标准、专业能力培育等方面出台了一系列支持政策，持续优化影响力投资的营商环境。银行、投资管理机构已成为重要的影响力投资参与主体，而且部分机构专注于气候变化应对、生物多样性保护、性别平等等领域的影响力投资；养老金、慈善机构等资产所有者提升重视程度，有望贡献更多中长期资金；个人投资者的市场潜力还很大，需要加强理念普及、丰富产品供给以及完善市场监管。

影响力投资进入中国时间较晚，深圳等部分地方政府制定了发展规划，少量私人股权投资机构开展了影响力投资，初步建立了支持行业交流和分享的平台。但是，整体来看，中国影响力投资理念还不普及，相关学术研究较少，支持政策尚不充分，金融机构较少参与影响力投资，市场生态体系还不健全。中国已踏上全面建设社会主义现代化国家新征程，需要解决减排降碳、乡村振兴、技术创新、产业结构调整等可持续发展难题，需要培育耐心资本、长期资本和催化资本，大力发展影响力投资，贡献创新解决方案。中国需要重视影响力投资的社会作用，将其纳入金融强国建设中，增强政策支持力度，全面推动影响力投资在中国的良好发展。

本书全面总结影响力投资发展历程，系统介绍影响力管理方法、支持政策、市场发展、机构实践和案例，坚持理论和实践、国内和国外、全貌和重点相结合，反映全球最新进展和发展经验，为更多人打开一扇学习和了解影响力投资的窗口，助力中国影响力投资加快发展，进一步提升金融服务实体经济的质效。全书共有六章内容：第一章重点介绍影响力投资发展背景、内涵及特征，与相似金融概念进行比较分析；第二章重点介绍影响力投资在金融工具、业务模式和金融基础设施方面的创新突破；第三章重点分析影响力投资管理体系，梳理国际监管政策指引或标准，详细研究影响力投资管理流程以及影响力管理和衡量方法；第四章重点研究全球及重点国家影响力投资支持政策、市场发展、参与主体等情况，为中国发展影响力投资提供经验借鉴；第五章重点分析影响力投资在可持续发展、气候变化、生物多样性、性别平等等重点领域的作用和实践，为金融机构参与社会变革提供参考；第六章重点介绍私募股权投资机构、慈善机构、家族办公室、养老金投资管理机构等机构影响力投资实践和发展趋势，以动员更多社会资金支持影响力经济发展。

本书写作过程中参阅了大量国内外文献，感谢文献作者的辛勤付出。本书写作时间有限，难免存在不足之处，还请读者朋友们批评指正。

最后，特别感谢国家自然科学基金青年项目（72302245）、深圳市科技计划面上项目（JCYJ20230807110905012）、深圳市哲学社会科学规划一般项目（SZ2024B022）、中山大学2024年教学质量与教学改革工程类项目对本书出版的大力资助。

作者

2025年5月13日

目 录

第一章 迎接影响力投资时代 ··· 1
第一节 影响力经济兴起 ·· 1
一、影响力经济内涵 ··· 1
二、影响力经济支持政策 ··· 2
第二节 认识影响力投资 ·· 3
一、影响力投资内涵 ··· 3
二、影响力投资相似概念比较 ··· 5
三、影响力投资传导机制 ··· 6
四、消除影响力投资认知误区 ··· 7
第三节 影响力投资的机遇和挑战 ·· 8
一、影响力投资面临的机遇 ··· 8
二、影响力投资面临的挑战 ··· 9

第二章 影响力投资创新之路 ··· 11
第一节 影响力金融工具创新 ·· 11
一、社会责任债券 ·· 11
二、社会影响力债券 ·· 16
三、性别债券 ·· 19
第二节 影响力投资模式创新 ·· 22
一、债权融资模式创新 ·· 22
二、混合融资模式创新 ·· 23
第三节 影响力投资基础设施创新 ·· 25
一、影响力众筹平台 ·· 25
二、社会证券交易所 ·· 27

第三章　影响力投资管理方法 ·············· 32
第一节　影响力投资管理体系 ·············· 32
一、影响力投资管理原则 ·············· 33
二、影响力投资管理环节 ·············· 33
三、分阶段建设影响力投资管理体系 ·············· 39
第二节　影响力投资管理原则和指引 ·············· 41
一、影响力管理操作原则 ·············· 41
二、影响力衡量和管理指引 ·············· 43
三、社会价值原则 ·············· 44
四、日本影响力投资基本指引 ·············· 45
五、影响力投资标准比较分析 ·············· 45
第三节　影响力投资管理流程 ·············· 47
一、影响力投资目标管理 ·············· 47
二、影响力投资投前管理 ·············· 49
三、影响力投资投中管理 ·············· 56
四、影响力投资退出管理 ·············· 71

第四章　全球影响力投资行动 ·············· 73
第一节　全球影响力投资发展概况 ·············· 73
一、全球影响力投资支持政策 ·············· 73
二、全球影响力投资参与主体 ·············· 75
三、全球影响力投资市场发展特点 ·············· 78
四、全球影响力投资发展趋势 ·············· 81
第二节　英国影响力投资行动 ·············· 83
一、英国影响力投资支持政策 ·············· 83
二、英国影响力投资参与主体 ·············· 84
三、英国影响力投资产品服务 ·············· 87
四、启示 ·············· 89
第三节　日本影响力投资行动 ·············· 90
一、日本影响力投资支持政策 ·············· 90
二、日本影响力投资参与主体 ·············· 91
三、日本影响力投资产品服务 ·············· 94
四、启示 ·············· 96

第四节 澳大利亚影响力投资行动 ………………………… 97
      一、澳大利亚影响力投资支持政策 ………………………… 97
      二、澳大利亚影响力投资参与主体 ………………………… 98
      三、澳大利亚影响力投资产品服务 ………………………… 100
      四、启示 …………………………………………………… 102
   第五节 印度影响力投资行动 ………………………………… 103
      一、印度影响力投资支持政策 …………………………… 103
      二、印度影响力投资参与主体 …………………………… 104
      三、印度影响力投资产品服务 …………………………… 106
      四、启示 …………………………………………………… 108
   第六节 中国影响力投资行动 ………………………………… 108
      一、中国影响力投资支持政策 …………………………… 109
      二、中国影响力投资参与主体 …………………………… 111
      三、中国影响力投资产品服务 …………………………… 115
      四、启示 …………………………………………………… 116

第五章 影响力投资新兴主题 ………………………………………… 118
   第一节 影响力投资与可持续发展 …………………………… 118
      一、可持续发展资金缺口扩大 …………………………… 118
      二、可持续发展投资框架 ………………………………… 120
      三、可持续发展影响力投资现状 ………………………… 122
      四、可持续发展影响力投资实践 ………………………… 124
   第二节 影响力投资与气候行动 ……………………………… 128
      一、气候投融资需求显著上升 …………………………… 128
      二、气候投融资异军突起 ………………………………… 130
      三、气候影响力投资现状 ………………………………… 137
      四、气候影响力投资实践 ………………………………… 139
   第三节 影响力投资与生物多样性保护 ……………………… 142
      一、生物多样性保护及支持政策 ………………………… 142
      二、生物多样性金融创新发展 …………………………… 145
      三、生物多样性影响力投资现状 ………………………… 148
      四、生物多样性影响力投资实践 ………………………… 150
   第四节 影响力投资与性别平等 ……………………………… 153

一、性别差距亟待缩小……………………………………… 153
　　二、性别视角投资框架……………………………………… 155
　　三、性别视角影响力投资现状……………………………… 157
　　四、性别视角影响力投资实践……………………………… 158

第六章　影响力投资机构实践………………………………… 161
　第一节　私募股权投资机构影响力投资实践………………… 161
　　一、PE 机构开展影响力投资的优势……………………… 161
　　二、PE 机构影响力投资概况……………………………… 163
　　三、PE 机构影响力投资经验……………………………… 164
　　四、未来展望………………………………………………… 169
　第二节　慈善机构影响力投资实践…………………………… 170
　　一、全球慈善机构发展现状………………………………… 170
　　二、慈善机构开展影响力投资的必要性…………………… 172
　　三、慈善机构影响力投资概况……………………………… 172
　　四、慈善机构影响力投资经验……………………………… 174
　　五、未来展望………………………………………………… 180
　第三节　家族办公室影响力投资实践………………………… 181
　　一、全球家族办公室发展现状……………………………… 181
　　二、家族办公室开展影响力投资的动因…………………… 182
　　三、家族办公室影响力投资概况…………………………… 183
　　四、家族办公室影响力投资经验…………………………… 185
　　五、未来展望………………………………………………… 189
　第四节　养老金投资管理机构影响力投资实践……………… 189
　　一、全球养老金体系现状…………………………………… 189
　　二、养老金投资管理机构影响力投资框架………………… 192
　　三、养老金投资管理机构影响力投资概况………………… 193
　　四、养老金投资管理机构影响力投资经验………………… 195
　　五、未来展望………………………………………………… 200

参考文献………………………………………………………… 201

附录　影响力投资资源网站…………………………………… 205

第一章 迎接影响力投资时代

面对日益严峻的可持续发展的挑战，影响力经济提供了新的经济运行和资源配置范式，日渐得到世界各国的认同。在此背景下，影响力投资应运而生，作为一种全新的投资策略，它具有收益性、目的性、可衡量性和贡献性等特点，成为推动社会变革的关键力量。

第一节 影响力经济兴起

一、影响力经济内涵

第一次工业革命极大地提高了人类社会的生产力，繁荣了商品经济，拉开了市场经济的序幕。"看不见的手"有序地引导着劳动、土地、资本等生产要素配置，创造了当今世界富足的物质生活。但是，必须看到，以追求GDP为核心的市场经济忽视保护自然资源和环境，造成非常不均衡的财富分配。地球承载能力逐步达到极限，我们面临气候变化、生物多样性损失、贫富差距扩大、社会不平等突出等发展难题，社会矛盾不断激化，迫切需要提出新的解决方案，构建包容、低碳、充满韧性的世界，使每个人都拥有更美好的未来。

在环境经济学、可持续发展理论基础上，影响力经济得到发展。与只注重利益最大化的传统经济发展模式不同，影响力经济强调政府和企业共同参与解决社会和环境难题，促进形成多方协同模式，创新社会治理机制，有效提升经济高质量发展水平。影响力经济不再单纯强调GDP等衡量产出的指标，资源配置以满足人、地球和经济利益需要为根本前提，注重提升社会福祉和更广泛的经济社会发展成功。在影响力经济体制下，企业主体经营决策充分考量公共利益和股东利益，广泛听取利益相关者的诉求和意见，对外披露包含非财务信息在内的经营信息；金融机构投融资决策充分考虑收益、风险和影响力等因素，注重支持能够助力解决经济社会问题的企业或者创新方案。

与传统经济相比，影响力经济的参与主体没有发生太大变化（图1.1），但是在运行机制上呈现三个显著的改变：①宏观调控政策注重提升环境保护和社会福祉，政府与金融机构和企业合作解决可持续发展难题；②金融机构作为资源配置主体，在投融资决策时除了考量风险、收益等因素，还需要考量影响力因素，将影响力因素融入业务管理全过程；③社会企业等影响力主体发挥更大作用，它们致力于解决社会和环境重大问题，为推进社会变革做出积极贡献。

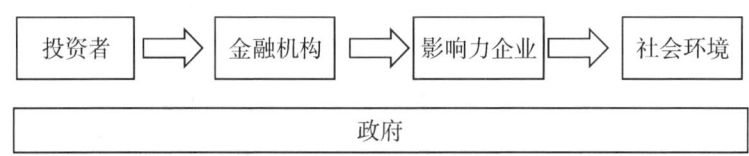

图 1.1　影响力经济运行结构

二、影响力经济支持政策

全球各国已意识到培育影响力经济的重要性。在联合国的带动下，韩国、日本、巴西等国家纷纷发布相关战略或者行动方案，倡导社会企业家精神，动员社会力量参与解决现实难题，增强经济社会发展韧性。

2015年9月，联合国提出2030年可持续发展目标，涵盖17个大类目标、169个具体指标。联合国积极动员私人资本参与其中，共同推动形成新的资本主义模式和经济社会发展范式。

2017年10月，韩国制定《社会经济促进战略》，要求加强社会初创企业等主体拓展业务的金融基础设施建设，根据企业发展阶段制定针对性支持举措，鼓励企业进入可再生能源等重要领域。

2022年6月，日本政府出台《新型资本主义的总体设计和行动方案》，强调要发展新型资本主义，加强人、科技、创业企业、绿色转型和数字化转型方面的投资力度，通过政府与市场的深度合作，促进日本经济的再发展。日本中央政府与地方政府共同支持各类影响力项目，积极扩大影响力投资规模。

2023年8月,巴西发布《影响力经济国家战略》,主要目标是汇集联邦公共管理部门、私营部门和社会民众的资源,共同促进自然资源的恢复与再生,提高社区包容度,为建设公平、绿色的经济体系贡献力量。《影响力经济国家战略》提出建设影响力经济的五大举措,分别是扩大资本供给、鼓励发展影响力企业、加强中介机构的支持、完善有利于影响力投资和影响力业务发展的制度和营商环境、促进联邦各州政府在影响力经济方面的协调沟通。

第二节 认识影响力投资

一、影响力投资内涵

影响力经济的兴起带动了投资范式的深层次变革,使人们在投资决策时充分考量风险、收益以及社会和环境影响等要素。2007年,洛克菲勒基金会首次提出影响力投资概念。经过多年的发展和沉淀,人们对影响力投资的定义和理解趋于一致。全球影响力投资网络(GIIN)认为影响力投资是旨在产生积极、可衡量的社会和环境影响以及财务回报的投资方法。

影响力投资分类多种多样。例如,从资产类型看,可以分为股票投资、债券投资、私人股权投资、不动产投资等类别;从影响力领域看,可以分为教育投资、环境保护投资、社区发展投资、农业投资等类别;从影响力策略看,可以分为基于人的策略、基于地点的策略、基于行为的策略等类别(表1.1)。近年来,基于地点的影响力投资策略发展较快,重点聚焦特定地域、行政区域或者社区,帮助解决其面临的社会和环境挑战,英国等国家养老金投资管理机构加强了基于地点的影响力投资策略实施力度。

表 1.1 影响力投资分类

分类依据	资产类型	影响力领域	地理区位	影响力策略	收益情况
类别	股票	教育	撒哈拉以南非洲	基于人的策略	市场平均收益率
	债券	环境保护	中东和北非	基于地点的策略	优惠成本资金
	私人股权	社区发展	亚洲	基于过程的策略	
	不动产	农业	北美	基于行为的策略	
	基础设施	能源	拉美		
	对冲基金	就业	西欧		
	现金	健康			

影响力投资的特征主要体现在以下四方面：①收益性。影响力投资不是做公益慈善，仍以获取投资回报为主要目的。投资者对收益性和影响力的要求可能有所不同。有的投资者以获取收益为首要目的，同时兼顾影响力目的；有的投资者以影响力为首要目的，愿意降低投资收益要求。②目的性。影响力不是投资附带产物或者无心为之的结果，需要影响力投资机构依据理论或者实践经验，设定好预期影响力目标，规划好实现路径。总体而言，影响力投资机构要思考清楚投资在助力可持续发展中的作用和传导机制，有的放矢地开展投资活动。③可衡量性。影响力成果必须能够衡量出来，这有利于金融机构投资决策，在财务回报和风险相同的情况下，选择影响力最大的投资机会；也有利于投资者了解投资实现的社会和环境绩效，防止影响力漂洗行为。④贡献性。影响力投资机构可以实现三方面的社会贡献：其一，规避负面影响；其二，使部分利益相关者受益；其三，为可持续发展贡献创新解决方案。三者的贡献程度依次上升，越往后影响力越强。金融机构不应只采摘"低垂的果实"，要为经济社会问题解决方案提供更多投融资支持，以此提升影响力贡献水平。

二、影响力投资相似概念比较

影响力投资概念提出时间不长，但是其孕育发展最早可以追溯至19世纪的信仰投资（faith-based investment），信众根据宗教信仰在投资时回避部分行业领域或者资产。此后，随着禁酒、反战等社会运动的兴起，金融机构研发了相关主题的投资基金产品。20世纪80年代，利益相关者理论提出企业要以利益相关者利益最大化为目标，社会企业在全球发展起来，社会影响力投资及环境、社会和治理（environmental, social and governance, ESG）投资进入公众视野，成为影响力投资发端和成长的重要基础。

从资金运用方式看，我们可以将投资区分为传统投资、社会责任投资、ESG投资、影响力投资和公益慈善等五大类（表1.2）。传统投资仅关注资产或企业财务表现，公益慈善仅关注社会问题，二者成为两个极端，比较好辨认。社会责任投资、ESG投资和影响力投资都关注ESG因素，相似性很高。比较来看，社会责任投资主要规避烟草、化石能源等对经济社会具有明显负面影响的产业领域，降低投资风险；ESG投资将ESG因素融入投资流程，以此管理风险和提升投资回报；影响力投资不仅关注ESG风险，更关注以商业手段解决社会和环境问题，最终获得财务和积极影响力双重回报。

表1.2 各类投资资金运用方式比较

具体模式	传统投资	社会责任投资	ESG投资	影响力投资	公益慈善
关注重点	仅关注资产或企业财务表现	规避对社会或者环境产生负面影响的行业或者资产，降低投资风险	考虑社会、环境和治理因素，寻求稳健的中长期回报	以商业化模式解决可持续发展难题	通过捐赠等方式参与解决社会问题
收益预期	财务回报	财务回报	财务回报	财务回报和社会回报	社会回报

进一步来看，社会影响力投资、催化投资（catalytic investment）、使命投资（mission investment）与影响力投资更为相近，均意图平衡财务和社会回报，较容易混淆（表1.3）。社会影响力投资与影响力投资最为接近，部

分学者认为社会影响力投资以社会回报为主，兼顾投资收益，不过在实践中二者区分并不明显，欧洲地区通常使用社会影响力投资，而美国等国家通常使用影响力投资。本书不明确区分二者，全书通用这两个概念。催化投资是新兴投资理念，强调以更灵活的方式为社会企业、小微企业提供资金支持，实现额外贡献，也就是说没有催化资本，社会企业等主体就无法获取外部资本或者规模化发展。催化投资属于影响力投资的重要组成部分。使命投资也被称为目标投资，是以一定的社会目标或者投资价值观念为导向的投资模式，如慈善机构通常依自身使命开展目标投资，但是使命投资尚无明确的操作规范。总体来看，社会影响力投资和影响力投资得到政府部门认可，已形成一定的操作规范，而催化投资和使命投资仍处于理念形成和实践探索阶段。

表1.3　影响力投资相似概念比较分析

投资模式	影响力投资	社会影响力投资	催化投资	使命投资
关注重点	以商业化方式解决可持续发展难题	以商业化方式解决可持续发展难题	参与长周期、风险高的社会或环境项目，帮助解决规模化发展难题	除了实现投资回报，也要实现一定的社会和环境绩效目标
收益预期	财务回报和社会回报	以社会回报为主，兼顾财务回报	财务回报和社会回报	财务回报和社会回报

三、影响力投资传导机制

影响力投资机构可通过直接投资或者间接投资，推动影响力企业更好地参与解决社会和环境问题。在这个过程中，影响力投资机构可以利用四种机制实现自身的影响力，这四种机制既可单独使用，也可综合使用。

（1）提供灵活资本。影响力企业投融资需求有别于传统企业，具有风险高、期限长等特点。影响力投资机构有必要结合社会企业资金需求特点，提供更加灵活多样的资本。例如，为盈利水平低的影响力企业提供低成本资金，为社会企业提供更长期限资金，为小微企业提供夹层融资、可转换贷款等形式资本，充分满足影响力企业资金融通需求。

（2）提供新的或者供不应求的资本。参与影响力经济的社会企业、小微企业往往无法获得相应的金融服务，影响力投资机构可以填补这方面的空白，持续增加金融服务供给，帮助企业扩大影响力规模。此外，影响力投资机构还可以积极创新发展社会责任债券、性别债券等金融工具，实现新的资本供给模式。

（3）积极进行参与沟通。参与沟通是 ESG 投资的重要策略。影响力投资机构就关心的 ESG 因素和影响力事项，积极与被投资企业沟通交流，帮助企业改善影响力管理水平，增强参与社会事务的能力。

（4）提供非金融服务。影响力企业不仅需要金融服务，还需要技术、管理、渠道等方面的指导和支持。影响力投资机构可以在自身专业能力范畴内，提供相关支持，帮助影响力企业成长壮大。

四、消除影响力投资认知误区

影响力投资发展时间短，社会普及度还不高，存在一些突出的认知误区。有必要澄清这些误区，深化对影响力投资的理解。

误区一：影响力投资是一种资产。很多人认为影响力投资仅是一种特殊的资产，但实际上它是一种投资策略，广泛适用于各类资产投资和金融业务。通常认为影响力投资更加适合私募资产投资，如今股票、债券等公开市场领域的影响力投资实践正在加快。因此，投资者可以多元化应用影响力投资，在实现投资收益的同时，推动社会进步。

误区二：影响力投资需要牺牲投资收益。传统观点认为，投资决策考量影响力因素时，会增加人财物等成本投入，缩小投资范围，降低投资收益。但是，根据 GIIN 2023 年调研数据，20% 的受访机构认为影响力投资回报优于预期，59% 的受访机构认为符合预期，仅有 16% 的受访机构认为逊于预期。其他实证研究也表明影响力投资回报并不比传统投资差。世界银行下属的国际金融公司（IFC）研究发现，发展影响成效与投资收益呈正相关关系，表明投资项目发展成效越高，投资回报越好。

误区三：影响力投资仅适合机构投资者。影响力投资适合所有投资者，包括机构投资者和个人投资者。当前机构投资者参与度更高，需要加快普及影响力投资理念，引导居民参与影响力投资。英国等国家已在个人养老金配置中增加影响力投资选项，动员更多个人资金支持可持续发展。

误区四：影响力投资能够解决所有社会问题。影响力投资使用市场化的方式参与社会治理，为社会和环境问题提供解决方案和思路。但是必须承认，影响力投资不是万能的，无法解决所有可持续发展难题，有些公共问题或者市场失灵必须由政府解决。

第三节　影响力投资的机遇和挑战

一、影响力投资面临的机遇

（1）全球可持续发展资金缺口较大。世界各国可持续发展资金需求较高，特别是发展中国家相关投资不足，而且资金缺口仍在扩大，需要加快动员私人资金流向上述领域。中国绿色发展潜在的绿色金融市场需求超过百亿元，迫切需要金融机构加大资金支持。此外，应对气候变化、生物多样性损失、欠发达地区人口贫困等挑战，需要金融机构在支持创新解决方案方面有更大作为。总之，全球影响力投资潜在需求非常大，市场空间广阔。

（2）投资者配置热情升高。个人投资者和机构投资者逐步认可影响力投资的作用，参与影响力投资的积极性呈现上升态势。从个人投资者来看，根据影响力投资机构 Calvert Impact Capital 2022 年调研数据，62% 的个人投资者未来将继续增加影响力投资，其中千禧一代和 X 世代增加影响力投资的比例远高于其他人群。从机构投资者来看，养老金、慈善资金等资产所有者以及投资管理机构纷纷深度布局影响力投资。根据瑞士私人银行 Vontobel 2023 年调研数据，不论在公开市场还是私募市场，超过 70% 的受访机构投资者会在未来 3 年继续提升影响力投资配置水平，而减少配置水平的机构占比仅为 2%（图 1.2）。

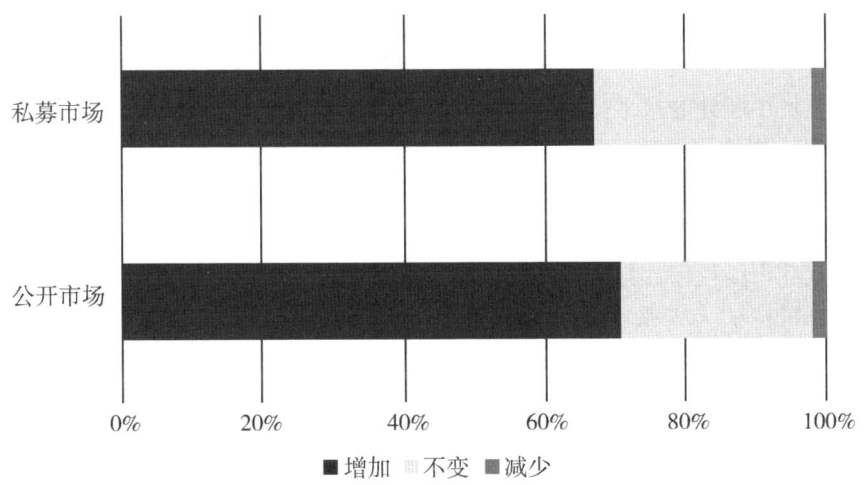

图 1.2　未来 3 年影响力投资配置变化情况

资料来源：据 Vontobel 网站数据整理。

（3）影响力金融创新活跃。为了满足影响力企业的金融需求，金融机构推动发展社会影响力债券、性别债券、可持续发展债券等创新金融工具，开发混合融资等创新金融模式，建设社会证券交易所、影响力投资众筹平台，强化股票等公开市场影响力投资水平，不断丰富影响力投资形式。

（4）政策环境得到改善。世界各国影响力投资重视程度提升，着手完善影响力投资支持政策。特别是日本、印度、巴西等国家学习欧美地区先进经验，在政策体系、基础设施建设等方面进步快速，为全球影响力投资发展增添新的动力。

二、影响力投资面临的挑战

（1）市场生态体系还不健全。影响力投资发展仍处于成长阶段，政府预算较少，监管政策尚不完善，税收等支持政策不足，研究、数据、管理咨询等中介服务机构还较少，影响力企业群体还不够强大，个人投资者参与影响力投资的比例不高，需要加快影响力投资生态体系建设步伐。

（2）影响力衡量方法不完善、不统一。影响力衡量是影响力投资的关键环节，但是衡量方法仍不成熟，处于探索和尝试阶段，衡量精准性还有待提高。而且，很多金融机构开发了内部模型，影响力衡量方法各异，衡量结果可比性不高。

（3）影响力投资基准缺失。因历史数据累积不足，缺乏影响力投资业绩比较基准数据或者相关指数，无法评估某一影响力投资的影响力成效在行业或市场中所处的水平，不利于投资者科学决策。

（4）影响力漂洗问题突出。影响力监管体系不完善，缺乏完善的影响力投资市场标准，加之部分投资者对影响力投资的认知不到位，很容易造成金融机构虚假宣传或者伪造影响力数据等情况，形成影响力漂洗问题，从而严重扰乱市场秩序，打击投资者信心。根据 GIIN 2019 年的调研数据，66%的受访机构认为未来 5 年影响力投资市场面临的最大挑战是影响力漂洗问题。

第二章 影响力投资创新之路

人们积极探索社会责任债券、社会影响力债券、性别债券等金融工具创新，丰富影响力投资模式，建设社会证券交易所等基础设施，完善生态体系建设，推动影响力投资加快发展。

第一节 影响力金融工具创新

一、社会责任债券

（一）社会责任债券的作用

社会责任债券（social bond）是指将募集资金或等值金额专门用于为新增或现有合格社会责任项目提供部分或全额融资或再融资的各类型债券工具。社会责任债券可分为标准社会责任债券（standard social use of proceeds bond）、社会责任项目债券（social project bond）、社会责任资产支持债券（social securitized bond）等类别。标准社会责任债券是发行人为社会责任项目发行债券募集资金，还款来源为发行人经营收入；社会责任项目债券是由特殊目的公司等主体发行债券募集资金，用于建设一个或者多个项目，还款来源为项目收入；社会责任资产支持债券主要基于与社会责任项目相关的具有稳定现金流的资产作为担保资产，还款来源为基础资产产生的现金流，具体形式包括资产支持证券、资产担保债券等。

社会责任债券的重要作用是：

（1）创新社会责任项目融资渠道。2030年可持续发展目标涉及消除贫困、消除饥饿、促进社会平等等社会发展目标。社会责任债券聚焦社会问题，搭建资金供给方和需求方之间的桥梁，畅通可持续发展投融资渠道，有利于缩小社会发展领域的资金缺口。

（2）兼具财务效应和社会效应。企业和个人越来越重视履行社会责任，参与社会治理。社会责任债券专门用于社会责任项目的融资或者再融资，具有积极的社会效应。发行社会责任债券本身彰显了发行人的社会责任担当，而投资者不仅获得财务回报，还能为社会进步做出贡献，实现财务回报和社会正面影响双重收获，将吸引更多社会主体参与其中。

（3）提高弱势群体福祉。社会责任债券聚焦减少失业、改善低收入人群住房、提升教育水平、完善医疗健康体系等领域，关注生活在贫困线以下的人群、残障人群、老龄化人群、失业人群等弱势群体，有利于提升这部分人群的生活质量，缩小贫富差距，促进社会和谐。

（二）社会责任债券市场标准比较

为了提高社会责任债券透明度，加强资金使用监督管理，2016年，国际资本市场协会（ICMA）在《绿色债券原则》附录中发布《社会责任债券——发行人指引》；2017年，正式发布《社会责任债券原则》，采用与绿色债券相似的框架，明确发行、资金运用管理以及信息披露等基本规则，2021年、2023年分别对该原则进行了完善。2018年10月，东盟制定《东盟社会责任债券标准》，这是亚洲地区最早的社会责任债券市场标准；日本加大社会责任债券发展力度，2021年10月，日本金融厅发布《社会责任债券指引》，以促进该类债券健康发展；2021年11月，中国银行间市场交易商协会发布《关于试点开展社会责任债券和可持续发展债券业务的问答》，正式推出社会责任债券。总体来看，现有原则或者标准的核心要素基本相同，包括募集资金用途、项目评估与遴选流程、募集资金管理、信息披露等部分，但在具体要求上略有差别。

（1）募集资金用途。社会责任债券用于解决社会问题，募集资金用途是关键，这决定了一只债券是否能成为社会责任债券。欧盟、中国、韩国等国家和地区对绿色经济活动开展了相关分类，引导社会资金加大对绿色经济活动的支持，但是尚未对社会活动明确分类；欧盟和英国正在探索基于可持续发展的社会活动分类。ICMA认为合格的社会责任项目包括可负担的基础社会生活设施、基本服务需求、可负担的住宅、创造就业机会、食品安全和可持续食品系统、社会经济发展和权利保障等方面，涉及的人群主要是社会弱势群体。日本、东盟规定的合格社会责任项目与ICMA一致，东盟明确排除酒精、烟草、赌博以及武器等领域，并鼓励发行人设定其他排除清单。中国设定的合格社会责任项目范围略窄，包括医疗健康、农业农村和粮食安全、教育和就业、饮水和卫生设施、普惠基础设施、防灾救灾等。

（2）项目评估与遴选流程。ICMA 要求发行人说明募投项目对应的社会责任目标，评判项目符合上述目标的过程，以及识别和管理与项目相关的社会及环境风险的流程。日本除了遵照上述要求，还针对社会责任项目是否已经提前确定等情况，要求发行人披露评估和筛选项目过程的信息；举例说明筛选标准，如排除对环境和社会具有负面影响的项目、助力完成可持续发展目标等；建议发行人内部 ESG 相关部门或者聘请外部机构参与评估和筛选过程。东盟建议由外部机构核验评估和筛选过程，要求在社会责任债券发行期和存续期，在指定网站披露项目评估过程、募集资金使用等信息。中国基本按照 ICMA 要求执行项目评估和遴选标准，并要求合格社会责任项目应不对社会和环境效益造成重大损害。

（3）募集资金管理。各社会责任债券原则或标准均要求募集资金转入独立子账户管理，加强风险隔离；使投资者了解闲置资金投资管理方向和规划；鼓励聘请外部审计机构或者第三方机构复核募集资金内部追踪方法和分配情况。日本还提供了管理和追踪募集资金的具体方式，如存入与其他账户独立的子账户、其他银行账户等；建议发行人将未分配的募集资金投资高流动性和安全性资产，如现金等价物、短期金融资产等。东盟规定，如果聘请审计机构或者第三方机构核验募集资金的管理使用情况，需要在指定网站披露核验报告。中国强调，如果发行人变更募集资金用途，应报中国银行间市场交易商协会履行相关变更程序，至少于变更前 5 个工作日披露变更情况。

（4）信息披露。年度报告应当包括已投放资金的项目清单以及项目简要介绍、投放金额和预期效益。日本还要求及时披露资产出售、项目重大事故或者显著影响项目社会效应的事件等重大变化。东盟建议聘请第三方机构审计年度报告。中国鼓励发行人披露半年度募集资金使用情况。

（三）社会责任债券市场发展现状

发行债券支持社会发展的行动起步较早，最典型的就是各国或者区域性开发银行发行债券募集资金，用于基础设施建设、住房改善等方面；但是真正符合社会责任债券标准的项目并不多，开展相关数据统计的机构也较少。气候债券倡议组织（CBI）是全球 ESG 债券发行数据统计分析的权威平台。根据其统计数据，2023 年，全球社会责任债券发行规模为 1533 亿美元，同比下降 6.58%。从 2015 年以来的发展趋势看，可以分为两个阶段。第一阶段为 2015—2019 年。社会责任债券发行规模有所上升，但是绝对规模非常小。第二阶段为2020年至今。受到全球抗击新冠疫情影响，多个国家或者国际组织纷纷发行抗击疫情类社会责任债券，显著提高了发行规模。随着新冠疫情的消退，社会责任债券发行动力不足，呈现逐年下降的态势，从2020年的2480亿美元下降至2023年的1533亿美元，降幅为38.19%（图2.1）。与其他ESG债券相比，2023年全球发行绿色债券5876亿美元，可持续发展债券1078亿美元，可持续发展挂钩债券229亿美元，社会责任债券发行规模远低于绿色债券，但是要高于其他ESG债券。

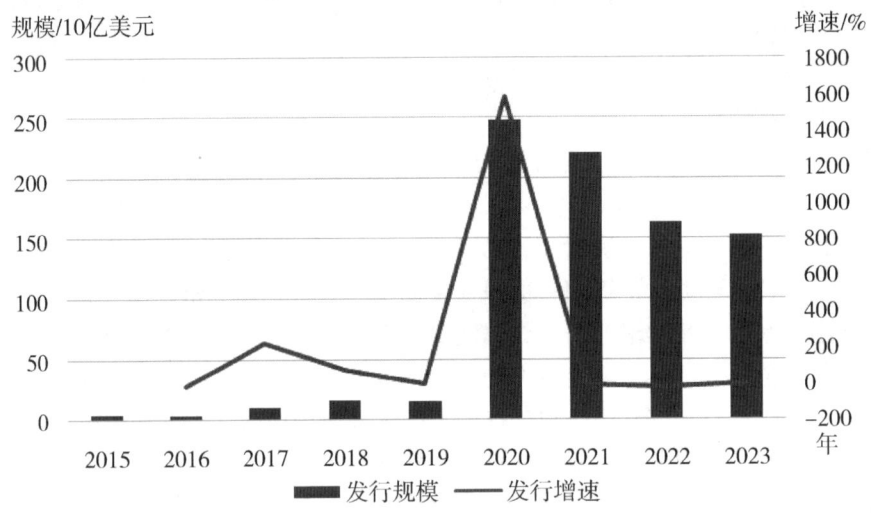

图2.1　2015—2023年社会责任债券发行情况

资料来源：据CBI网站数据整理。

（1）从发行社会责任债券的区域分布看，2014—2022年，欧洲累计发行规模为2782亿美元，占比达到43.00%，法国是欧洲地区发行规模最大的国家；国际组织累计发行规模为1545亿美元，占比为23.88%，亚洲开发银行、世界银行等国际组织均积极发行社会责任债券；亚太地区累计发行规模为1340亿美元，占比为20.71%，韩国、日本是亚太地区发行规模较高的国家；拉美、北美以及非洲发行规模不大，占比仅为12.41%。从发展趋势看，亚太地区发行规模有一定下降，北美地区呈现上升态势，欧洲保持相对平稳态势；发达国家发行社会责任债券更为积极，发展中国家有所探索，但是绝对发行规模依然较小。

（2）从社会责任债券发行主体看，2023年各国地方政府发行规模最大，占比为72%；其次为政府支持机构，占比为22%；其他主体发行规模较小（图2.2）。2023年，韩国住房金融公司、法国社会保障债务管理基金（CADES）和韩国工业银行社会责任债券发行规模分别为306亿美元、239亿美元和59亿美元，排名全球前三位。从变化趋势看，政府支持机构持续占据社会责任债券发行市场的核心地位，金融机构发行规模占比有一定下滑。由此可见，社会责任债券仍然以政府部门或具有政府背景的机构为主，其他机构参与力度有限。

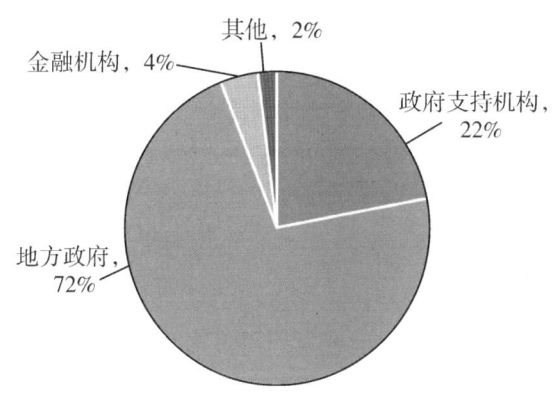

图2.2　2023年社会责任债券发行主体构成情况

资料来源：据CBI网站数据整理。

（3）从募集资金用途看，一只社会责任债券可能聚焦一个或者多个社会责任项目领域。根据法国外贸银行统计数据，29%的欧元社会责任债券投向社会基本服务，25%投向可负担的住宅，16%投向社会经济发展和权利保障，14%投向创造就业机会，12%投向可负担的基础设施。基本服务和可负担的住宅占比超过50%，是欧元社会责任债券最关注的领域。各国家和地区发行的社会责任债券投向有所不同，法国重点支持社会经济发展和权利保障等领域，美国重点支持可负担的基础设施等领域，这取决于各国解决社会可持续发展的优先领域和紧迫事项。

（4）从社会需求看，为了支持社会可持续发展，金融机构加强ESG投资，关注社会问题的解决。高盛2023年调研数据显示，65%的受访机构已配置或者准备配置社会责任债券，市场需求较为旺盛；57%的受访机构要帮助社会服务未覆盖的群体；70%的受访机构希望投资社会责任债券，支持建设可负担的基础设施；63%的受访机构希望改善食品安全和可持续食品系统。法国巴黎银行资产管理公司、高盛资产管理公司、东方汇理资产管理公司、富兰克林邓普顿基金集团等金融机构纷纷发行专注投资社会责任债券的公募基金。富兰克林邓普顿基金集团2022年9月成立欧洲社会领先者债券基金，该基金追求积极的社会影响，主要投资欧洲社会责任债券或者具有积极社会影响的债券，使用定量指标和内部ESG评级衡量社会目标实现情况。

二、社会影响力债券

（一）社会影响力债券运作模式

社会影响力债券是由政府、社会服务商和投资者达成协议，当社会服务商提供的社会服务实现预定目标和效果后，政府或者指定机构向投资者偿还债券本息的一种债券。具体来看，社会影响力债券发行人向慈善组织等投资者募集资金，转交社会服务商（通常为社会企业或者非营利机构），用以覆盖运营成本，社会服务商按照协议提供相关社会服务。债券到期时，如果社会服务效果到达预期要求，政府或者指定机构需要向债券发行人或者投资者支付债券本息；如果未达到预期效果，投资者将不会获得债券本息（图2.3）。社会影响力债券不是典型的传统债券，而是未来社会服务成效的期权。社会影响力债券在美国被称为成功付费债券（payment-for-success bonds），在澳大利亚被称为获益付费债券（pay-for-benefits bonds）。

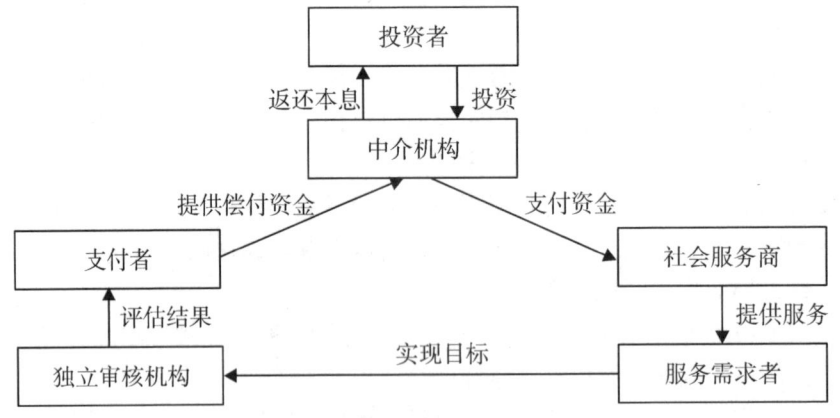

图2.3 社会影响力债券交易结构

社会影响力债券的优势在于节省政府开支，强化解决社会问题的效果；不足之处在于政府与投资者之间的风险-收益责任明显不对等，投资者没有办法监督社会服务商的服务质量和努力程度。

下面以阿根廷布宜诺斯艾利斯青年就业社会影响力债券为例，说明社会影响力债券的具体运作方式。为了解决布宜诺斯艾利斯较高的青年失业率问题，2018年10月，布宜诺斯艾利斯市政府启动该社会影响力债券，规模110万美元，期限3年，投资者为布宜诺斯艾利斯银行、美洲开发银行等机构，资金提供方为阿根廷以色列协会、佩斯卡基金会、雷西杜卡基金会等组织，目标人群为17～24岁满足以下标准之一的青年：高中毕业，高中最后一学年，没有正式工作。4家社会服务提供商在4～6个月的时间内提供技术或者实用技能培训，培训完成后继续提供至少6个月的就业指导，帮助项目参与者找到并维持工作。根据债券结束后的成效评估，894名青年人完成培训，与最初目标相比，成功率为89%；319名青年进入劳动力市场，成功率36%；242名青年维持工作4年，达到预期要求。该项目顺利结束。

（二）社会影响力债券发展现状

虽然社会影响力债券具有较显著的社会效应，但在全球推广的速度较慢。2010年，英国率先推出全球第一只社会影响力债券——彼得格勒监狱预防重复犯罪项目。根据英国社会金融网统计数据，截至2024年3月末，全球31个国家和地区社会影响力债券发行数量为292只，共募集资金7.64亿美元，项目规模均偏小。

从各年发行情况看，2010—2018年社会影响力债券发行数量呈现持续上升态势；2018年发行46只社会影响力债券，达到历史最高值；之后发行数量持续下降，可能与政府推动力度、资金供给不足等因素有较大关系（图2.4）。

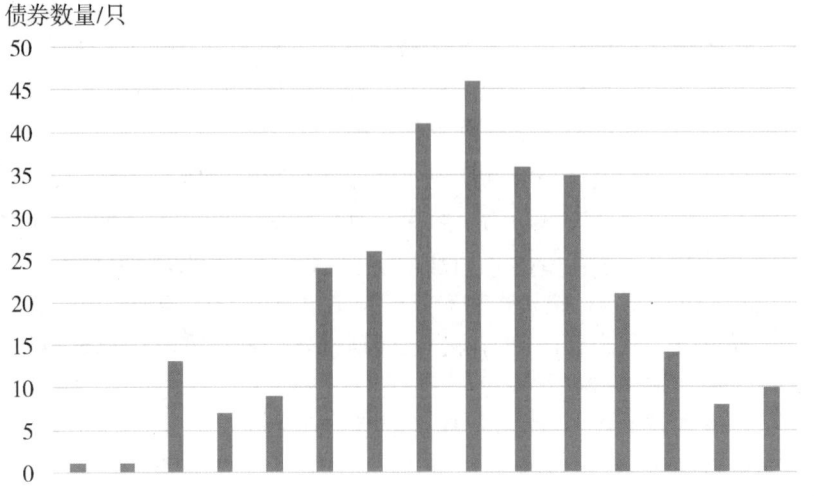

图2.4 2010—2024年社会影响力债券发行数量情况

说明：2024年数据截至当年3月末。

资料来源：据英国社会金融网数据整理。

欧洲地区社会影响力债券发行数量最多，占比达到62%，其中英国发行数量达到98只，占全球总量的33.56%，葡萄牙和荷兰发行数量分别排名第二、第三位；北美地区发行数量占比为13%，主要集中于美国；亚洲地区发行数量占比为11%，以日本为主，占全球发行总量的6.16%，印度、韩国等国家也有少量发行；其他区域发行数量较少，市场发展尚不充分（图2.5）。

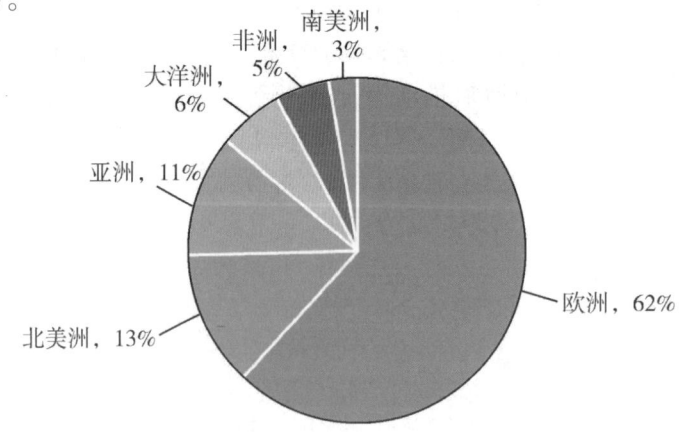

图2.5 社会影响力债券区域分布情况

资料来源：据英国社会金融网数据整理。

就业培训领域社会影响力债券数量最多，达到 81 只，占比为 27.74%；健康医疗、家庭福利和教育领域占比分别为 17.47%、16.44% 和 12.67%。

208 只社会影响力债券处于实施阶段，占比 71.23%；已结束债券占比为 27.74%；正在签约的债券占比为 0.68%；还有 1 只社会影响力债券处于服务完成阶段。

总体来看，社会影响力债券市场仍处于培育阶段，主要分布在欧洲和北美地区，重点支持就业和培训等社会领域，70% 以上债券仍处于实施阶段。

三、性别债券

（一）性别债券内涵

性别差距不仅限制了劳动力市场的多元化，也会影响企业绩效表现。众多研究认为企业员工性别越平等，经营发展表现越好。世界经济论坛发布的《2023 年全球性别差距报告》指出，全球性别平等状况已经恢复至新冠疫情之前的水平；但要想消除总体性别差距，还需要 131 年的时间。

为了加快实现性别平等，创新融资渠道，性别债券（gender bond）走入人们的视野。性别债券是将性别因素融入债券资金使用的一种债券，既可以只考虑性别因素，也可以和其他 ESG 因素共同考虑，是近年逐渐兴起的一类 ESG 债券。发行性别债券有两种方法：一是性别债券募集资金全部用于事前确定的项目；二是制定与性别相关的关键绩效指标，评估在给定日期之前可持续发展绩效目标的改进情况，将绩效指标表现与利率等金融工具要素挂钩，形成激励约束机制。从绩效挂钩类性别债券看，金融机构发行此类债券选择的关键绩效指标主要是为女性领导的企业提供贷款等金融服务规模或者占比，非金融企业选择的关键绩效指标主要是提升管理层中女性人员占比，体现了不同类型的企业选择性别绩效指标时的差异性（表 2.1）。

表 2.1 部分绩效挂钩类性别债券案例

债券要素	卢旺达开发银行	巴洛国际	兰德水务
发行年份	2023 年	2022 年	2021 年
到期日	2030 年	2025 年	2026 年
规模	2400 万美元	6500 万美元	8300 万美元

续表

债券要素	卢旺达开发银行	巴洛国际	兰德水务
性别关键绩效指标	增加女性领导的企业贷款，2028年达到中小企业贷款的30%	到2025年，女性高层人员占比至少达到50%	到2025年，管理层女性比例至少提升至45%

性别债券资金使用可以围绕三个方面展开：①为女性创业企业提供资金支持；②为女性消费品生产企业提供资金支持，改善女性社会生活；③推动企业更加注重性别平等。

（二）性别债券标准

2021年，国际资本市场协会、联合国妇女署和国际金融公司联合推出性别债券资金使用、关键绩效指标选择等方面的指引；2024年，英国国际投资公司等机构联合发布非洲性别债券设计和发行指引，国际社会加强市场规范，指导发行人更好地使用和管理性别债券资金。

以《非洲性别债券设计和发行指引》（以下简称《指引》）为例，其主体框架和标准与其他ESG债券标准很相似。《指引》要求，合格投资项目方面，要聚焦女性产品和服务企业、女性员工多元化企业、女性控股企业或者女性受益的可持续发展目标；募集资金管理方面，追踪资金使用和管理，保障资金安全；信息披露方面，重点披露女性赋能水平和产品服务改善方面的指标，如创造的女性就业岗位数量、女性获得金融服务规模等。

（三）性别债券市场现状

根据研究机构Parallelle Finance统计数据，截至2023年末，项目投资类性别债券存续规模144亿美元，同比增速为34.58%。2020年以来性别债券市场持续扩张，保持了较快的增长（图2.6）。性别债券发行主体以金融机构为主，其中多边开发银行等机构发行规模最大，占比达到62.5%；其次为新兴市场银行，占比为27.08%。

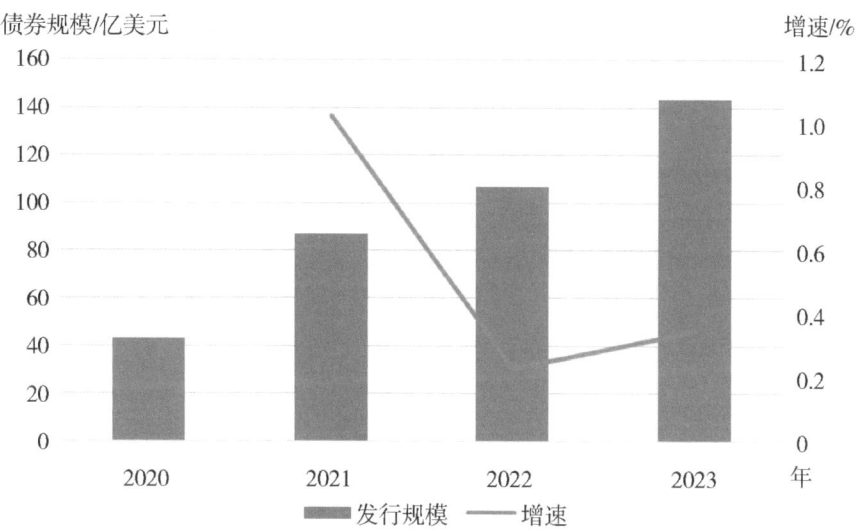

图 2.6　2020—2023 年全球项目投资类性别债券规模趋势

资料来源：据 Parallelle Finance 网站数据整理。

根据卢森堡绿色交易所统计数据，截至 2023 年 2 月末，已发行的性别债券中属于可持续发展债券的数量占比为 46%，属于社会责任债券的数量占比为 34%，属于可持续发展挂钩债券的数量占比为 14%，属于绿色债券的数量占比为 6%，可见可持续发展债券和社会责任债券更容易与性别因素结合（图 2.7）。从性别债券关注的 ESG 因素来看，1.69% 的性别债券仅关注性别因素，98.31% 的性别债券还关注其他 ESG 因素，说明性别债券关注的 ESG 因素较广泛。

从性别债券涉及的社会领域看，根据卢森堡绿色交易所统计数据，按照发行规模计算，29.28% 的性别债券用于推动经济社会进步和女性赋权，占比最高；20.54% 的性别债券用于可负担的住房；14.56% 的性别债券用于多元化领域。性别债券真正用于性别平等方面的资金比例仍不高，77.48% 的性别债券用于性别项目的资金占比低于 50%，3.6% 的性别债券用于性别项目的资金占比为 51%～75%。

性别债券处于快速成长阶段，市场标准日渐完善；但是性别债券对于性别因素的专注度还不高，特别是专门用于性别项目的资金占比仍有待提升。

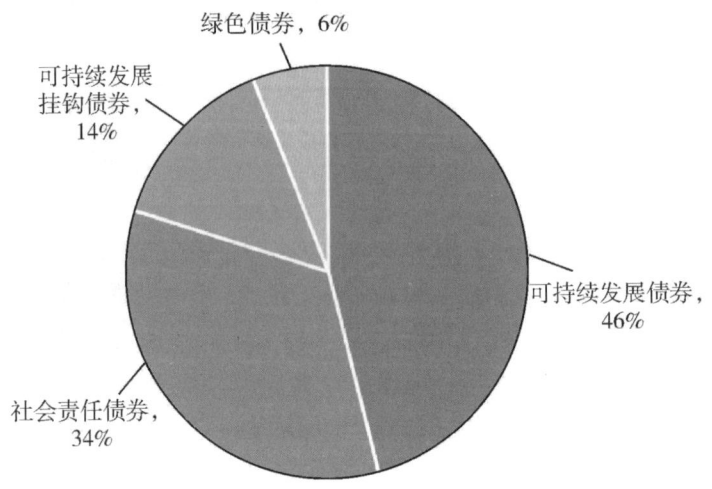

图2.7 全球性别债券类型分布情况

资料来源：据卢森堡绿色交易所网站数据整理。

第二节 影响力投资模式创新

一、债权融资模式创新

贷款等传统债权融资模式中借贷双方约定利率，借款人定期偿还本息。但是，影响力企业特别是小微企业经营发展具有不稳定性的特点，产品服务推广初期收入可能较少，得到市场认可后收入会增长较快。在此情况下，影响力企业很难定期定额偿还债务，需要创新借贷交易结构，发展基于收入或现金流的贷款模式。

基于收入的贷款模式将还款安排与企业收入挂钩，减轻企业债务偿付压力，适合处于成长早期且盈利模式逐步清晰的企业。乡村资本基金（Village Capital Fund）为一家科技软硬件企业提供基于收入的贷款，主要考虑该企业技术许可业务逐步获得稳定的收入。按照交易合同约定，当借款企业收入达到5万美元或者投资期限达到1年时，企业需要首次偿还贷款，偿还金额为贷款总额的5%，直至偿付总额达到贷款总额的3倍。

基于现金流的贷款模式可以有效解决农业等领域影响力企业经营收入季节性波动的问题。Eleos 基金会为农业企业 Uncommon Cocoa 提供基于现金流的贷款 20 万美元，回收期为 7 年。根据交易合同约定，该笔投资宽限期为 2 年，第三年开始按照自由现金流的 50% 偿还贷款，直至偿付总额达到贷款总额的 2 倍。此外，如果借款人开展后续轮次的融资，Eleos 基金会拥有债转股选择权。

二、混合融资模式创新

影响力投资通常面临项目风险较高、财务回报较低的难题，很多影响力投资机构望而却步。为了解决风险-收益不匹配问题，混合融资（blended finance）模式应运而生。混合融资是利用公共部门、慈善组织等组织的催化资本增加影响力项目对私营部门的吸引力，有利于将不同性质和目的的资金组合起来，降低影响力项目的投资风险，或者提升投资收益水平，增强动员社会资金的能力。为了增强混合融资的效果，经济与合作发展组织（OECD）提出五项原则：将混合融资资金用途与可持续发展目标相结合，开发性金融机构应更多动员私营资金，根据当地情况设计混合融资方案，注重混合融资的有效合作，增强混合融资的透明度和成效。

混合融资主要参与机构包括政府部门、慈善机构、投资管理机构、开发性金融机构、商业银行等。从实际情况看，混合融资 64% 的投资者为机构投资者，19% 为社会民众，17% 为慈善机构。政府部门、开发性金融机构、慈善机构主要关注投资产生的社会影响力，愿意降低投资收益要求，有利于吸引社会资金，助力可持续发展。根据瑞士咨询机构 Tameo 2023 年统计数据，德国复兴银行、美国国际开发金融公司、荷兰发展金融公司作为催化资金供应方参与的混合融资基金数量最多。这些机构尽可能减少使用自有资金，撬动更多的商业资本，不断提高混合融资规模。

根据全球混合融资网络组织 Convergence 的统计数据，截至 2023 年末，混合融资已为发展中国家可持续发展筹集资金约 2130 亿美元（图 2.8），通常采用的模式为优惠资本以及担保或风险保险，资金投向领域主要为能源、金融服务和农业，占比分别为 28%、23% 和 21%，支持的可持续发展目标主要为经济增长、创新、减贫、清洁能源等。

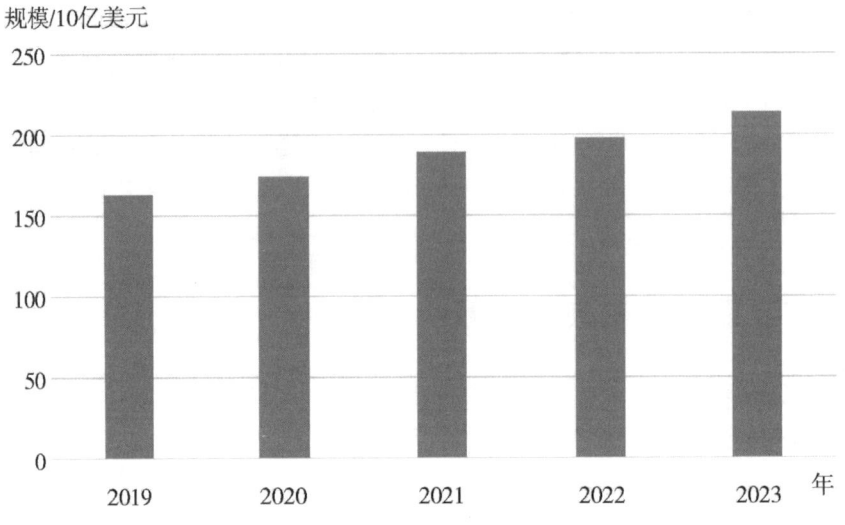

图 2.8 2019—2023 年全球混合融资规模情况

资料来源：据 Convergence 网站数据整理。

混合融资主要包括四种模式：①设计和筹备基金（design and preparation funds），支持项目或者企业设计和筹备，以实现对外融资；②技术援助基金（technical assistance funds），帮助被投资企业建设技术能力、财务管理能力，形成商业模式；③担保和风险保险（guarantees and risk insurance），作为资本结构的一部分，保障投资免受损失；④优惠融资（concessional finance），以低于市场水平的利率提供资金支持，有助于提升商业化经营水平。根据瑞士咨询机构 Tameo 2023 年统计数据，技术援助支持和优惠资金支持基金数量占比最高，分别为 43% 和 40%，其他模式应用相对较少（图 2.9）。

发展中国家面临诸多可持续发展挑战，混合融资是解决可持续发展资金缺口的重要方式。根据全球混合融资网络组织 Convergence 2023 年统计数据，混合融资主要投向撒哈拉以南非洲、拉美和南亚，占比分别为 45%、17% 和 15%。以非洲农业和贸易投资基金为例，这是一支公私合作、混合融资结构的债权投资基金，由德意志银行管理，规模为 1.72 亿美元，基金的目的是改善农业实践，提高农作物产量，协助建设农产品储存和加工能力，增强当地经济增长和就业。基金优先级 A 份额由私人投资者持有，中间级 B 份额由德意志银行、德国复兴银行等机构持有，次级份额由德国经济合作与发展部通过德国复兴银行持有。基金主要面向中小型农场和农业价

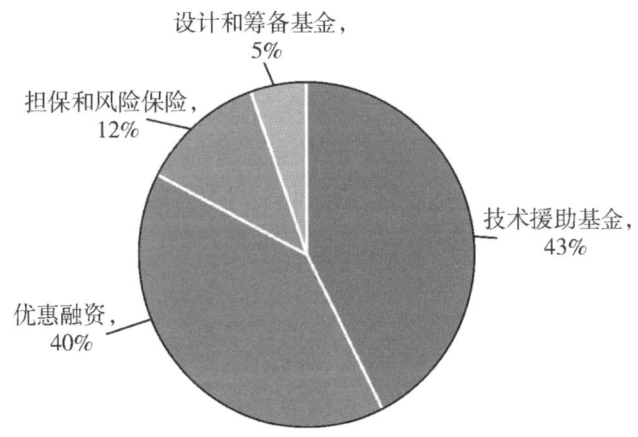

图 2.9 混合融资模式情况

资料来源：据 Tameo 网站数据整理。

值链上的农业企业，提供直接或间接融资。直接融资包括向合作社、农场、农产品加工企业等提供债务融资；间接融资主要是对当地金融机构或其他中介机构（如大型农业综合企业）投资，这些机构向农业企业转贷，为小农或中小企业等主体提供资金。非洲农业和贸易投资基金已成功投资赞比亚玉米、小麦和大豆种植企业 Chobe Agrivision，塞内加尔的洋葱脱水工厂等农业企业，实现了较好的投资收益和社会影响力。

第三节 影响力投资基础设施创新

一、影响力众筹平台

（一）影响力众筹平台的优势

21 世纪以来，基于互联网技术发展的众筹平台为金融体系带来新的变革。众筹是通过互联网平台或社交网络为特定项目、商业投资或社会事业向多个投资者募集小额资金的筹资方式。众筹平台分为捐赠类众筹平台、回报类众筹平台、债权类众筹平台、股权类众筹平台，前两者具有较强的公益属性，后两者具有较强的财务投资属性。根据数据统计公司 Statista 调研，

2023年全球众筹平台募资规模662.6亿美元，预计2027年将达到753.5亿美元。

众筹平台在影响力投资领域发挥的作用日渐提升，成为影响力生态体系的重要组成部分。通常将从事影响力事业筹资的平台称为影响力众筹平台（impact crowdfunding platform）。有些平台专门为清洁能源等特定行业提供筹资支持，有些平台广泛为影响力项目提供筹资支持；有些平台由非金融机构成立，有些平台由商业银行或投资管理机构成立。

相比金融机构，影响力众筹平台的优势在于：首先，影响力众筹平台为社会企业、慈善机构以及小微企业提供新的融资渠道，特别是处于发展早期的影响力企业，很难获得传统金融机构的支持，有可能通过影响力众筹平台获得所需资金；其次，传统影响力投资以机构客户为主，影响力众筹平台可以借助网络扩大客户覆盖面，向个人客户延伸，有利于吸引民众参与影响力投资；最后，影响力众筹平台通过专业的知识分享、真实的项目案例分析等形式，加强影响力投资教育，促使人们关心弱势群体或者社会发展薄弱环节，积极参与社区建设。

（二）影响力众筹平台的实践

为了进一步了解影响力众筹平台的运作，以下以Ethex和Lendahand为例介绍全球债权类影响力众筹平台和股权类影响力众筹平台运行发展情况。

影响力众筹平台Ethex是一家位于英国的非营利组织，成立于2013年，致力于为影响力企业提供融资支持，聚焦可再生能源、有机农业、可持续住房、公平贸易和可持续交通领域。2017年，Ethex推出姊妹平台Energize Africa，主要为撒哈拉以南非洲的人们获取可负担的太阳能提供金融支持。企业可以在Ethex提交融资申请，最低融资额度为12万英镑。Ethex一般通过约4周时间进行尽职调查，帮助影响力企业制定营销方案，吸引合适的投资者。融资成功后，Ethex将向融资方收取10000英镑固定费用及筹集资金规模4.5%的费用，慈善机构、社区利益公司、社区福利协会和合作社等社区组织的折扣费用为5000英镑固定费用及筹集资金规模3%的费用。成立以来，Ethex平台已有20000多个投资者，投资了200多个项目，投资规模超过1亿英镑。其中，清洁能源领域，Ethex已为90多个项目融资，融资规模超过8000万英镑，使50910个家庭实现节能减碳；可负担住房领域，Ethex已为20个项目提供融资支持，融资规模800多万英镑，2536人参与投资，创造了578个床位。

影响力众筹平台 Lendahand 成立于 2013 年，以可持续的方式将社会影响与财务回报结合起来，为新兴市场影响力企业提供创造就业机会、创新解决方案和发展业务所需的融资支持，尽可能降低融资成本。企业申请融资需要满足以下条件：至少 3 年盈利，能够产生收入以重复投资；遵守法律要求，如缴纳所需税费等，不涉及不付款、不遵守合法合同或参与非法活动等行为，有可验证的偿债经验，没有任何私人或政府贷款机构或银行的逾期债务；企业能够为利益相关者提供明确而坚实的利益，如创造就业机会、关心工人、支付工资和税款、遵守公平贸易原则、关心环境和所在社区建设。Lendahand 除了提供资金支持，还持续与影响力企业家保持联系，关注其运营管理和社会影响。Lendahand 注重影响力管理和衡量，成立影响力委员会，实施环境和社会管理体系，将影响力充分融入投资决策。Lendahand 帮助各类企业募集资金超过 1.5 亿欧元，资助 3114 个项目，创造就业岗位 12891 个，安装太阳能系统 11.67 万个，安装沼气池 1.13 万个，减少二氧化碳排放 37.07 万吨，实现了突出的社会和环境效益。

二、社会证券交易所

（一）社会证券交易所的作用

证券交易所是证券买卖双方公开交易的场所，是一个有组织、有固定地点、集中进行证券交易的市场，是整个证券市场的核心。根据国际证券交易所联合会统计数据，截至 2024 年 4 月 14 日，全球共有 250 家证券交易所，上市企业达到 50597 家，市值为 101.52 万亿美元。

证券交易所在促进资源优化配置、推动经济发展、拓宽企业融资渠道等方面发挥着越来越重要的作用。然而，传统证券交易所主要服务以营利为目的的企业，随着可持续发展要求的提升以及各国对影响力投资的重视，传统证券交易所在此方面的短板逐步暴露出来，迫切需要建立创新的金融市场基础设施，深度服务影响力经济发展，社会证券交易所（social stock exchange）由此诞生。社会证券交易所主要为社会企业等影响力主体提供类似传统证券交易所的功能，如投融资、证券交易等。二者主要不同之处在于：①服务对象方面，传统证券交易所仅服务营利性企业，社会证券交易所主要服务社会企业。②金融工具方面，社会证券交易所除了交易股票和债券等金融工具，还提供影响力投资基金发行等服务。③信息披露方面，一般上市企业只需要披露财务信息，近年来随着 ESG 投资的重视，越来越多的交易所要求上市公司披露 ESG 报告；社会证券交易所不仅要求披露上述信息，还要求披露以社会投资回报率（SROI）等指标为核心的影响力报告，展现影响力企业参与社会治理的成效。④投资者方面，机构和个人均可参与股票等传统证券交易所交易，门槛并不高；社会企业投资涉及新的领域，个人投资者专业能力有限，部分社会证券交易所主要允许机构投资者参与，或者在个人方面仅允许合格的个人投资者参与交易（表2.2）。

表2.2 传统证券交易所与社会证券交易所比较分析

要素	传统交易所	社会证券交易所
服务对象	一般企业	影响力企业
金融工具	股票、债券等	股票、影响力债券、影响力投资基金等
信息披露	财务信息披露	财务信息披露和影响力信息披露
投资者	机构和个人投资者	机构或合格个人投资者

社会证券交易所的重要作用在于：①为社会企业提供多元化的融资渠道，提高市场知名度，进一步引导社会资金流向影响力经济领域；②以交易所为中心，建立社会企业和影响力投资机构的生态体系，有利于促进影响力投资发展；③社会证券交易所提供流动性更强的影响力资产，强化资产交易、价格发现等功能，有利于提高影响力投资市场效率；④社会证券交易所多在政府主导下运营，体现了政府部门对影响力投资的重视，有利于增强投资者的信心和参与积极性。

（二）社会证券交易所现状

2003年，巴西建立全球首个社会证券交易所。截至2024年4月末，全球已建立8个社会证券交易所，分布在巴西、葡萄牙、南非、牙买加、英国、加拿大、新加坡、印度（表2.3）；同时，德国、新西兰、美国、日本等国家正在筹建社会证券交易所。除个别国家由私营企业主导外，大部分社会证券交易所由现有证券交易所负责建设和运营，有利于共享交易平台。从实践来看，2013年以前建立的社会证券交易所目前均不太活跃，近年来加拿大、印度等国家建立的社会证券交易所发展相对较好。

表 2.3　各国社会证券交易所建设情况

国家	交易所	建立时间	功能	管理机构	服务对象	现状
巴西	社会-环境投资交易所	2003 年	类似众筹平台，提供投融资信息展示服务	巴西证券交易所	非营利机构	不活跃
南非	社会投资交易所	2006 年	社会企业股权挂牌上市交易	约翰内斯堡交易所	各类社会企业	不活跃
葡萄牙	葡萄牙社会证券交易所	2009 年	类似众筹平台，提供投融资信息展示服务	社会影响力可持续融资协会	各类社会企业	不活跃
英国	社会证券交易所	2013 年	提供社会企业投融资信息展示	私营企业	各类社会企业	不活跃
加拿大	社会创投连接中心	2013 年	提供社会企业投融资信息展示、咨询等服务	非营利机构	各类社会企业	活跃
新加坡	影响力投资交易所	2013 年	能力建设支持，社会投融资信息共享和交易撮合	毛里求斯证券交易所	各类社会企业	活跃
牙买加	社会证券交易所	2019 年	社会企业投融资众筹，股权上市	牙买加证券交易所	各类社会企业	活跃
印度	社会证券交易所	2022 年	社会企业上市，发行债券	印度国家证券交易所	各类社会企业	活跃

这八个社会证券交易所功能定位略有差异，主要分为三种类型，其交易所功能由简单到复杂：①交易所仅提供社会企业投融资信息展示，重点解决市场信息不对称问题，支持建设影响力投资生态；②交易所提供社会企业投融资众筹，支持交易撮合；③交易所提供社会企业股权上市服务。

（三）印度社会证券交易所实践

2022 年，印度经过多年的努力正式建立社会证券交易所，并在交易机制等方面有所创新。印度社会证券交易所由印度国家证券交易所运营,重点关注消除饥饿、贫困、营养不良和不平等等影响力领域,强化医疗保健,提供安全饮用水,促进教育和就业能力。

(1)准入方面。印度认定的社会企业包括慈善信托、慈善组织、基于印度《公司法》第八条成立的企业等主体。参与印度社会证券交易所的社会企业需要至少满足以下三种条件之一:①至少前3年平均收入的67%来自为目标人群提供合格的产品服务;②至少前3年平均支出的67%用于向目标人群提供符合条件的产品服务;③已提供合格产品服务的目标人群数量至少占前3年平均客户群/受益人总数的67%。

(2)合格投资者方面。印度社会证券交易所准入门槛较高,仅允许机构投资者和合格个人投资者参与,普通个人投资者不允许参与社会证券交易所的相关交易。

(3)交易所服务方面。印度社会证券交易所针对不同类型的社会企业建立差异化的服务。非营利机构可以发行零息零本金工具(zero coupon zero principal instruments),适合那些希望积极支持实现社会和环境变革而不用返还本金的机构。非营利机构发行零息零本金工具需要事前填报发行文件,在社会证券交易所网站至少公开征求意见21天,并结合社会证券交易所意见,形成最终发行文件。根据监管要求,零息零本金工具只能以电子形式发行,最低发行规模500万卢比,认购规模至少达到拟筹资规模的75%;如果未能达到该比例,则收取的资金应予以退还。相比非营利性社会企业,营利性社会企业可以将股权上市挂牌交易、发行债务工具等,所享受的服务更加广泛。

(4)信息披露方面。社会企业在印度社会证券交易所募集的资金需要按照最低标准进行信息披露,以帮助利益相关者了解社会企业的表现,检验社会企业是否真正创造了积极的社会影响。信息披露因社会企业类型不同略有差异。非营利社会企业要在每个财务年度结束的60天内披露治理、财务方面的年度报告,每个季度结束后的45天内披露募集资金使用情况;营利性社会企业要向社会证券交易所披露可能影响预期社会成果实现的事件,每个财务年度结束后的90天内报送年度影响力报告,包括影响力战略和计划、衡量和评估方法等内容,以定量和定性方式描述实现的社会影响力。

截至2024年5月末,印度社会证券交易所已经注册46家非营利社会企业,Missing Link Trust等非营利社会企业发行了零息零本金工具,但是未有社会企业实现股权上市。以Missing Link Trust为例,这是2015年成立的一只公益信托，2024年在印度社会证券交易所发行1.2亿卢比的零息零本金工具，募集资金主要用于解决印度西孟加拉邦青少年教育问题，通过信息技术等手段降低青少年辍学率，保护他们免受虐待。

第三章 影响力投资管理方法

影响力投资管理方法的重点是将影响力融入投资决策流程,明确部门职责分工,增强专业能力,做好影响力衡量,丰富产品供给,加强信息披露。

第一节 影响力投资管理体系

影响力投资管理体系与传统投资较为相似,但是需要重点考虑将影响力有效融入内部管理的各方面,包括影响力目标、职责分配、政策制度、产品服务、能力建设、信息披露等方面(图3.1)。影响力投资机构可以结合自身情况,分阶段建设,持续提升影响力投资管理水平。

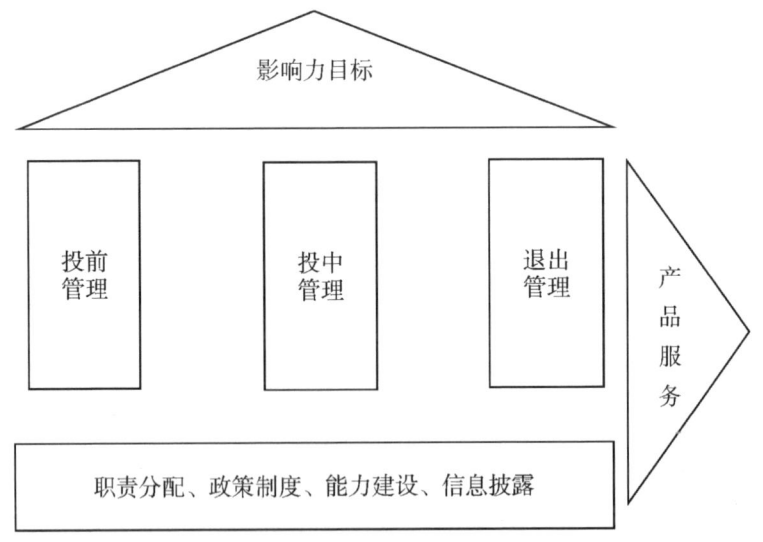

图 3.1 影响力投资管理体系

一、影响力投资管理原则

（一）合规原则

监管部门日益重视 ESG 和影响力投资监管。欧盟、新加坡等国家和地区要求投资管理机构加强气候变化风险管理；英国提出了 ESG 投资的基本原则和范式，指导金融机构构建适当的影响力管理体系。因此，影响力投资机构需要按照监管政策导向，开展内部管理体系建设，满足最低合规要求。

（二）符合实际原则

每个国家和机构的实际情况各不相同，有的机构刚刚开始发展影响力投资，有的机构经过多年发展，已累积一定实践经验。影响力投资机构应根据自身情况制定影响力投资发展规划，研究影响力融入投资决策流程的方式方法，完善管理工具和基础设施建设，提高影响力管理效能。

（三）动态调整原则

影响力投资发展时间短，投资方法、能力建设等方面仍在持续完善，远没有达到成熟的地步。因此，影响力投资机构要加强同业交流和分享，紧跟市场最佳实践，积极响应行业性倡议，不断迭代影响力投资管理体系，持续提高专业能力。

（四）自上而下原则

影响力投资作为一种新事物，需要金融机构董事会、高级管理层全面接受和大力支持，形成自上而下的推动力，融入企业发展战略和企业文化，从而很好地实现资源投入和内部协调。如果得不到高级管理层的有力支持，投资机构很难成功地开展影响力投资。

二、影响力投资管理环节

（一）影响力战略目标

影响力投资具有目的性特点，影响力投资机构需要确定影响力目标，明确解决什么问题、通过什么方式解决、能够产生什么影响，找到要聚焦的行业领域、社会人群、区域，指导具体投资活动实践。

1. **设定影响力目标的影响因素**

影响力领域有很多，投资机构不可能面面俱到，一般会选择若干重点领域或者高影响力领域进行深耕。明确优先领域既受到内部因素影响，也受到外部因素影响。从GIIN 2023年调研数据来看，社会问题的涉及面、全球可持续发展目标和投资目标是确定影响力战略目标的重要考虑因素（图3.2）。

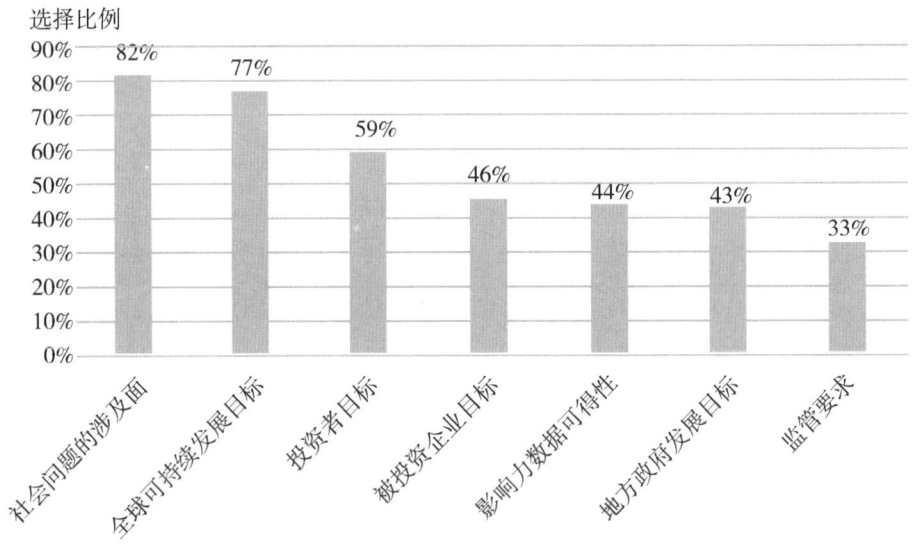

图3.2　影响力目标设定影响因素

资料来源：据GIIN网站数据整理。

投资理念、专业能力等是左右影响力目标设定的内部因素。投资理念是影响力投资机构投资逻辑的总结，反映了企业内部文化，将左右影响力领域的选择。如果金融机构认为有必要通过投资解决气候变化问题，其影响力领域可能聚焦低碳技术、碳捕捉技术等领域。专业能力代表对特定市场、特定行业领域的认知。影响力投资机构通常偏好在自身擅长的领域拓展业务，尽量规避不擅长的行业领域。当然，部分机构也可以通过聘请外部顾问、引进人才、兼并收购等方式，探索布局一些新兴影响力领域。

政策导向、投资机会、投资者需求等是左右影响力目标设定的外部因素。政策导向明确了政府资源配置的方向和要解决的重点社会发展问题。联合国 2030 年可持续发展目标是很多机构确定影响力目标的重要参考；在中国，党的二十大报告提出的经济社会建设任务成为金融机构确定影响力目标的重要依据。影响力投资要兼顾财务回报和影响力回报，如果没有投资机会，则很难参与其中。因此，投资机会也会对影响力目标设定产生影响。金融机构特别是资产管理机构根据投资者需求，选择影响力领域，设计和发行金融产品。

内外部因素并非一成不变，如监管要求、投资者需求等在不同阶段会有所变化，影响力目标要随着内外部因素变化以及实践经验总结而不断优化。金融机构影响力目标也可能经历由多到少、由一个领域跨越到另外一个领域的变化。

2. 影响力指标的选择

影响力目标确定后，要选择与之配套的衡量指标，明确定性或者定量的具体目标。不同机构对于相同的影响力目标可能选择不同的衡量指标。为帮助影响力投资机构建立统一的指标体系，方便机构之间的横向比较，GIIN 探索建立 IRIS + 影响力指标库，对每个行业领域都有对应的指标可供选择，将影响力目标转化为可量化的数据和结果。IRIS + 为影响力投资者提供了相关且合适的核心指标集、实践操作指引和符合其需求的资源。以气候领域为例，对应的指标选项包括温室气体排放规模、绿色产品服务、可再生能源支出等。

选择指标后，需要设定各类指标的目标，一般分为自上而下和自下而上两种方式。自上而下的方式是从影响力投资机构层面设定影响力指标目标，再逐步分解。如金融机构净零转型就是从到 2050 年实现净零碳排放目标出发，将该要求逐步传导到具体金融业务层面。自下而上的方式是从各业务和投资组合出发，将影响力指标逐步加总，形成机构整体层面的具体目标。影响力投资机构设定影响力指标目标可以综合运用这两种方法，以提高具体目标设定的科学性和合理性。

3. 影响力目标融入企业文化

影响力投资机构要想有效实现影响力目标，必须将其融入企业文化和投资理念，能够被全体员工接受，并形成行动自觉。这就要求企业价值观、企业文化充分体现影响力目标要求。如企业文化可以体现应对气候变化是自身的重要责任，投资理念可以体现在追求稳健投资回报的同时追求积极的社会和环境影响。

影响力投资机构要落实好影响力投资的职责分工，建立自上而下的治理体系。影响力投资机构可以建立专门的影响力投资委员会，审议影响力投资战略、政策制度以及其他重大事项；建立影响力管理部门，负责制定影响力政策，开发管理工具，开展专业培训，建设投资基础设施，配合投资团队落实影响力管理要求。投资团队负责影响力投资实施，开展交易的尽职调查、投资管理和退出管理，衡量影响力成效。此外，为了激励员工更好地落实影响力战略，部分机构已将绩效考核与影响力目标实现挂钩，形成激发员工积极性的机制体制。根据咨询机构 BlueMark 2023 年统计数据，31% 的被调研影响力投资机构已落实影响力绩效考核要求，私募债投资机构占比为 39%，但不动产投资机构占比仅为 14%，明显低于其他类型的影响力投资机构。

为了提升影响力目标的可信性，投资机构可以公开影响力战略或者相关承诺，如增加影响力投资的具体规模目标，或者投资组合中影响力投资占比目标等，定期披露上述战略或承诺的进展情况。此外，还要积极参与全球或地区性影响力投资协会或组织，如 GIIN、欧洲影响力协会等。根据瑞士咨询机构 Tameo 2023 调研数据，23.91% 的受访机构加入了 GIIN，13.04% 的受访机构加入了社会绩效工作小组（SPTF），8.70% 的受访机构加入了欧洲小微金融平台，加入欧洲影响力协会、亚洲公益创投协会等组织的机构占比相对较小。

（二）影响力产品服务

影响力策略适用于各类资产投资。影响力投资机构可根据自身业务经营情况为客户提供相关产品服务，包括影响力投资产品服务、影响力投资顾问服务、影响力投资咨询服务等。

（1）产品方面。金融机构依据影响力目标获取优质资产，为客户提供影响力金融产品，如影响力投资基金、影响力存款等。投资者可以结合自身风险偏好、流动性要求，优选相应的金融产品。

（2）投资顾问方面。为了帮助机构和个人投资者更好地完善资产配置，有效参与影响力投资，很多机构提供投资顾问服务。美世等咨询机构专门为养老金管理机构等机构投资者提供资产配置方案，帮助选择影响力投资专业能力强的金融机构。部分机构专门为个人投资者提供资产配置、养老金投资等方面的咨询服务，为了满足个人投资者需求，也开始提供涵盖影响力投资的资产配置方案。

（3）咨询服务方面。为了帮助金融机构建设影响力投资管理体系，BlueMark 等服务机构专门为金融机构提供影响力投资数据、管理咨询、研究支持以及信息披露核验等专业服务。此外，部分机构建设影响力众筹平台，展示投资融资需求信息和影响力投资产品信息，有效解决市场信息不对称问题，成为影响力投资市场的重要参与主体。

（三）影响力政策和过程管理

影响力目标实施以及供给相关产品服务，需要影响力投资机构建立交付系统和交付能力，重点包括政策制度和过程管理两方面。

（1）政策制度。金融机构要建立与影响力投资相关的政策制度，包括影响力投资理念、投资策略、影响力管理和衡量政策、尽责管理、信息披露等，规定投资方向、流程、决策机制、衡量方法等要求，统一内部行为规范，指导员工有效开展影响力投资。要跟随监管政策、行业趋势和实操经验持续修订和完善影响力政策制度，反映影响力投资最新进展和要求。

（2）过程管理。影响力投资流程包括投前、投中和退出三个阶段，金融机构需要将影响力融入投资流程的各个环节。投前阶段，筛选符合要求的影响力项目，开展财务、ESG以及影响力尽职调查，设计交易结构，预测拟投资项目可能达到的影响力水平；投中阶段，持续监测被投资企业经营管理情况，衡量影响力水平，开展影响力风险管理，披露影响力目标进展信息，增强运营管理透明性；退出阶段，审慎选择后续投资者，确保影响力能够持续下去，同时总结影响力实际成效，从中学习和完善影响力管理体系。本章第二节将深入研究影响力投资过程管理方法，本部分暂不详细论述。

（四）专业能力

影响力投资机构加强专业能力建设，重点围绕人才、数据、信息系统、工具等方面推进。

（1）人才。影响力管理和衡量专业性较强，影响力投资机构需要配备专业的岗位或者专业的团队开展此项工作。专业人才要具有特定行业研究、影响力管理等经验，负责影响力管理、衡量等方面工作，协助投资团队做好项目投资。金融机构应持续加强人才培训和培养，建立自上而下的专业培训体系，特别是要加强高管层培训，引入具有影响力投资经验的高管人员。此外，影响力投资机构还可以与外部研究机构、高等院校合作开展影响力投资相关研究，开发培训课程；聘请外部专家提供战略落实、风险管理、投资决策等方面的专业建议和指导。根据毕马威2020年印度调查数据，56%的受访影响力投资机构开展经常性正式的影响力培训，40%的受访机构通过其他形式开展培训,没有培训的机构占比仅为4%(图3.3)。

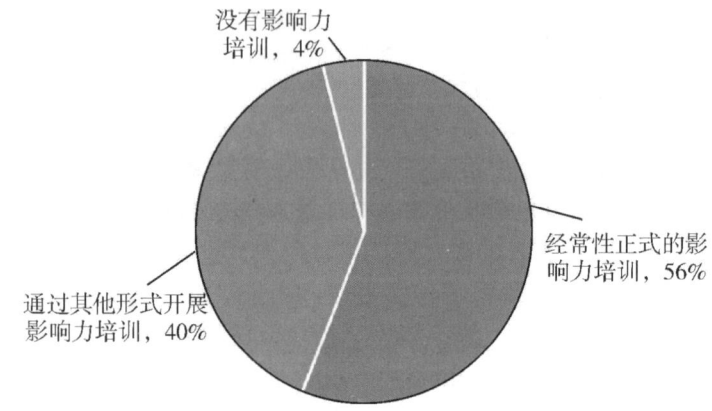

图3.3　印度影响力投资机构员工培训情况

资料来源:据毕马威网站数据整理。

(2)数据。影响力投资涉及行业、市场、ESG等数据,金融机构需要建设内部数据库,支持评估影响力相关机会和风险,开发影响力管理工具和方法,设定影响力目标以及辅助衡量影响力投资成效。

(3)信息系统。影响力投资机构有必要建立投资管理系统,整合影响力相关数据、工具方法、内外部研究成果等资源,运用大数据、人工智能等技术方法深化影响力研究,集中展示过程管理,促进内部交流。

(4)工具。开发影响力尽职调查问卷、影响力评估模型、影响力企业估值模型等工具,提高影响力分析和研究水平,更好地进行影响力投资决策。

(五)信息披露

影响力和ESG投资洗绿问题的担忧呈现持续上升态势。根据Capital Group 2023年调研数据,50%的受访机构认为洗绿问题很普遍,较2022年上升2个百分点。信息披露是提升影响力投资透明性的重要手段,有利于证明机构专业能力,解决影响力漂洗问题。新加坡、美国、英国、欧盟、澳大利亚等国家和地区着手规范ESG投资,日本、印度等国家正在推动制定此方面的监管政策。此外,为了提供统一信息披露框架,特许金融分析师协会2021年制定了全球ESG投资产品信息披露标准,主要包括ESG投资方法、信息来源、在投资决策中考量的实质性ESG因素、筛选方法、投资组合

ESG 特征、环境和社会影响力目标等内容。从全球已有政策要求看，ESG 基金信息披露模式主要分为两类，一类以新加坡、中国香港地区为代表，针对所有 ESG 基金提出信息披露总体要求。新加坡要求所有 ESG 基金披露 ESG 聚焦领域、投资策略、参照基准、投资风险、合格基础资产比例、代理投票等方面。另一类以英国、美国和欧盟为代表，针对不同类别的 ESG 基金提出不同的信息披露要求，信息披露更有针对性。以欧盟为例，《可持续金融信息披露条例》将金融产品划分为一般类别产品（不可持续产品）、促进环境或社会的产品（浅绿产品），以及具有可持续投资目标的产品（深绿产品），每类基金所要披露的信息各异。促进环境或社会的基金需要披露如何实现推动环境、社会可持续发展目标。如果选择某指数作为基准，则要说明该指数是否以及如何与上述特征保持一致。具有可持续投资目标的产品需要说明如何实现可持续目标。如果以减少碳排放为目标，则要进一步披露为实现《巴黎协定》中长期气候变暖目标而设定的碳排放目标。

影响力投资机构通常会披露自身的影响力目标、影响力投资政策、影响力管理和衡量框架等重要政策制度信息，方便投资者深入了解影响力投资机构如何开展影响力投资，也有利于加强同业交流和经验分享。以影响力投资机构 Incofin 为例，其在网站披露了投资理念、重点投资领域、影响力投资方法、影响力投资典型案例等信息。

影响力投资机构每年度披露影响力报告，涵盖影响力管理体系、开展的影响力投资、实现的整体影响力等情况。Incofin 的年度影响力报告披露了机构基本情况、农业等重点影响力投资领域策略、影响力投资基金管理情况，以及所实现的就业、性别平等等影响力情况。

监管政策要求逐步提升，影响力投资基金信息披露更加规范，重点披露基金策略、基金资产组合、财务表现、影响力表现等情况，有利于投资者了解基金运作情况以及所实现的社会和环境成效。

三、分阶段建设影响力投资管理体系

影响力管理体系涉及要素较多，影响力投资机构很难一次性完成建设，可以按照初级阶段、中级阶段和高级阶段来循序渐进提高影响力管理水平（表3.1）。

表 3.1 影响力投资管理体系建设阶段

项目	初级阶段	中级阶段	高级阶段
战略目标	初步明确影响力目标和重点领域	影响力目标更加明确，全面融入企业文化，形成重点影响力领域策略，加入国内外影响力组织	各重点影响力领域变革路径、策略和政策更加清晰，公开承诺影响力投资目标和投入力度，在推动行业生态体系建设方面发挥重要作用
产品服务	推出有限的影响力投资产品	产品服务数量和规模明显增长	产品日渐丰富，市场竞争力显著提升，为投资者提供较好的财务回报和影响力回报，能够获得国内外重要奖项
目标实施	初步建立起投前、投中和退出管理体系	制定了影响力投资政策，在前期过程管理体系基础上，开发应用影响力调研问卷、评级方法等工具，初步探索影响力衡量	评级等工具方法更加完善，影响力衡量水平提升，影响力管理效能较高
资源投入	引入专职影响力分析师，初步建设影响力投资数据库和信息系统	影响力分析团队人数增多，建立独立团队或者部门，明确考核机制，数据库和信息系统等基础设施建设初见成效	影响力投资资源投入较高，影响力分析师人员占比、数据库和信息系统建设处于行业领先水平
信息披露	部分披露影响力目标和产品信息	披露影响力投资政策、基金产品信息、金融机构层面影响力信息	信息披露更加精细，特别是影响力成效披露更加全面和精准，并对年度报告进行审计

（1）初级阶段。影响力投资机构刚刚步入影响力投资领域或者步入时间较短，高管层达成了开展影响力投资的共识，初步明确影响力投资领域和方向，界定了影响力投资的职能分工，构建影响力投资投前、投中、退出管理体系，推动数据库和信息系统建设，推出有限的影响力投资产品，信息披露较有限。

（2）中级阶段。影响力投资机构经过一段时间的实践，影响力投资目标更加明确，制定了整体性的影响力投资框架，明确重点投资领域的策略，加入影响力投资行业组织；引进更多专业人才，建立独立的团队或者部门负责影响力管理；影响力投资产品规模增大，在全部资产管理规模中的比例进一步上升；投资管理流程日渐完善，使用影响力尽职调查问卷、影响力评级等工具，影响力衡量方法有所提升；建立较为完善的数据库和信息系统，影响力信息披露日渐完善。

（3）高级阶段。影响力投资机构经过较长时间的实践，影响力投资水平显著提升，处于行业领先水平，影响力战略更加明确，重点领域影响力策略进一步细化，制定了影响力投资政策、影响力管理和衡量等制度政策；建立独立的影响力投资委员会等组织，影响力投资绩效与员工考核挂钩，机制体制不断完善；影响力投资产品丰富多样，管理资产规模占比达到50%以上，产品具有较高的市场竞争力，获得市场认可；影响力投资管理过程更加精细，有效运用调查问卷、评级等工具评估影响力机会和风险，影响力风险管理、影响力衡量到位，积极开展参与等尽责管理，增强了退出管理水平；能力建设资源投入水平较高，能够有效支撑影响力投资加快发展；影响力信息披露准确、完整，产品信息披露和金融机构层面信息披露详实具体。

第二节 影响力投资管理原则和指引

为了提升影响力投资管理水平，各国家、国际组织和行业协会建立影响力投资管理行业标准和规范，包括影响力管理操作原则（operating principles for impact management）、影响力衡量和管理指引（practical guide to measuring and managing impact）、社会价值原则（principles of social value）、影响力投资基本指引（basic guidelines on impact investment）等。

一、影响力管理操作原则

2019年，国际金融公司牵头制定了影响力管理操作原则，涉及影响力投资的四个环节共计九条原则（表3.2）。具体来看，战略意图环节包含两条原则，分别为制定与投资策略一致的影响力战略目标、管理投资组合层面的战略性影响力；业务发起和结构设计环节包括三条原则，分别为明确资产管理机构实现影响力的贡献，以系统的方法评估每笔投资的预期影响力，评估、解决、监督、管理每笔投资潜在的负面影响；组合管理环节包括一条原则，即根据预期目标，监控每笔投资影响力实现情况，并适当地采取行动；

退出环节包括两条原则，分别为退出时考虑对影响力持续性的影响，基于影响力完成情况以及所需经验，回顾和提升投资决策水平和投资流程。最后一条原则是独立第三方核验并披露遵守原则情况。

表 3.2　影响力管理操作原则

战略意图	业务发起和结构设计	组合管理	退　出
1. 制定与投资策略相一致的影响力战略目标	3. 明确资产管理机构实现影响力的贡献	6. 根据预期目标，监控每笔投资影响力实现情况，并适当地采取行动	7. 退出时考虑对影响力持续性的影响
2. 管理投资组合层面的战略性影响力	4. 以系统的方法评估每笔投资的预期影响力		8. 基于影响力完成情况以及所需经验，回顾和提升投资决策水平和投资流程
	5. 评估、解决、监督、管理每笔投资潜在的负面影响		
9. 独立第三方核验并披露遵守原则情况			

要成为该原则签署方，影响力投资机构必须填写并提交一份签署函，确认其采用影响力管理操作原则，提供管理的总资产规模、符合原则的资产规模，同意发布年度披露声明，支付一次性注册费并承诺遵守年度申报费用要求。在披露声明中，签署方要提供涵盖资产的清单和资产规模数据，描述如何将每条原则纳入投资流程，说明与每条原则的一致程度。影响力投资机构必须定期提供独立核查报告，确认影响力管理体系符合影响力管理操作原则。独立核查可以以不同的方式进行，如作为财务审计的一部分或通过投资组合/基金业绩评估进行；也可由外部第三方、签署方的独立审计部门，或由一个或多个签署方组成或代表一个或多个签署方组成的外部核查委员会进行。

签署方需要缴纳的一次性注册费和年度申请费以资产管理规模为基础，实行差异化收费。资产管理规模为5000万美元以下的签署方，需要缴纳一次性注册费2500美元，年度申请费1000美元；资产管理规模为5000万～

2.5亿美元的，需要缴纳一次性注册费5000美元，年度申请费1000美元；资产管理规模为2.5亿～5亿美元的，需要缴纳一次性注册费5000美元和年度申请费3000美元；资产管理规模为5亿美元以上的，需要缴纳一次性注册费10000美元和年度申请费6000美元。

影响力管理操作原则得到金融机构广泛认同，英联投资（Actis）、东方汇理资产管理公司、Incofin等影响力投资机构均已签署该原则（表3.3）。截至2024年4月15日，已有来自40个国家和地区的184家影响力投资机构遵守该原则，涵盖资产规模5292.51亿美元。

表3.3 部分影响力管理操作原则签署方情况

签署机构	国家	签署日期	涵盖资产规模
Actis	英国	2019年4月	46.1亿美元
Acumen Capital Partners	美国	2019年4月	1.25亿美元
Amundi	法国	2019年4月	43亿美元
Vital Capital	塞浦路斯	2021年6月	3.5亿美元
EcoEnterprises Fund	哥斯达黎加	2021年6月	1.43亿美元
Bintang Capital Partners Berhad	马来西亚	2022年10月	0.32亿美元
Japan Social Innovation and Investment Foundation	日本	2022年12月	0.25亿美元
Accion International	美国	2023年2月	4.19亿美元
RBC Global Asset Management	加拿大	2023年8月	9.04亿美元

二、影响力衡量和管理指引

欧洲公益创投协会成立于2004年，推动欧洲公益创投、影响力投资市场发展，成员主要为慈善基金会、投资管理机构、银行等影响力投资机构。该协会后更名为欧洲影响力协会，作为影响力投资网络，现有350多家会员机构，致力于建设影响力投资市场，提供政策建议，推动社会繁荣和进步。2013年，欧洲影响力协会推出影响力衡量和管理指引，主要包括以下五条原则，以帮助金融机构提升影响力投资水平：

（1）设定影响力目标。影响力投资机构设定影响力目标，并与被投资企业共同设定中长期影响力投资目标。

（2）分析利益相关者。明确影响力投资涉及的利益相关者，选择受影响最大的人群，了解其期望和需求。

（3）衡量和管理结果。定义产出、成果和预期影响力，选择指标，跟踪预期影响力进展情况。

（4）验证和计量影响力成果。通过案头研究、走访等方法，衡量投资产生的实际影响力，并与预期影响力目标对比。

（5）报告。持续向利益相关者和投资者报告影响力实现情况。

三、社会价值原则

国际社会价值组织提出社会价值原则，为相关主体经营管理决策考虑提高社会福利、环境可持续等方面时提供参考。企业采用社会价值会计体系时要遵守该原则。社会价值原则包括八方面内容：

（1）涉及的利益相关者。明确涉及哪些利益相关者，相关活动对利益相关者产生的影响力以及如何衡量上述影响力。

（2）理解发生的变革。使用相关证据评估发生的变革，区分正面变革和负面变革、预期变革和非预期变革。

（3）评估具有实质影响的因素。在决定不同方案的资源配置时，要关注不同利益相关者的偏好，尽量使其福利最大化。

（4）仅包含重要影响力。影响力成果很多，无法管理和考虑所有成果，只将最重要的影响力纳入会计账户。

（5）不要夸大影响力成果。关注相关行动产生的真实影响，仅将与上述活动产生的影响纳入会计账户，不能包含其他因素产生的影响力成果。

（6）透明性。解释和展示每个决定涉及的指标、基准、信息来源、考虑的不同情景等信息，与利益相关者讨论需要报告什么事项。

（7）核验结果。影响力加权账户编制过程涉及很多主观判断，如果评估结果用于重大外部决策，需要由独立机构审计和确认评估结果。

（8）要负责任。企业要建立有效的账户管理体系，包括设定与社会发展目标一致的战略目标，选择与目标匹配的活动，不断改进现有经营管理活动。

四、日本影响力投资基本指引

2024年,日本金融厅发布《影响力投资基本指引》,统一影响力理念和操作,以促进日本影响力投资加快发展。该指引仅做参考,不强制要求金融机构完全与其保持一致。同时,日本金融厅将定期更新该指引。该指引包括四方面内容:

(1)明确社会或环境影响力目标。金融机构需要明确通过投资实现的社会或环境影响力目标,制定实现该目标的投资策略和政策,确保被投资企业商业目的与社会或环境影响力目标一致。当金融机构进行投资决策时,需要考虑对社会和环境产生的显著负面影响。

(2)投资为实现影响力做出的贡献。为了实现社会或环境影响力,每笔投资要为被投资企业影响力创造和夯实商业基础做出贡献,具体贡献形式包括增强被投资企业资本实力、与被投资企业沟通交流、与其他金融机构开展联合参与等;除了金融支持,还可以提供非财务支持,助力实现预期影响力目标。

(3)识别、衡量和管理影响力。识别市场的特点、规模和潜力,持续地衡量和管理社会或环境影响力,参考国际性框架或标准,确保识别、管理和衡量影响力的方法客观、正确,加强与利益相关者的沟通和交流。

(4)支持或加速市场和客户的变革。识别和支持被投资企业在创造和加速市场和消费者服务方面的变革,助力被投资企业产生更大的影响力和创造更高的商业潜力。

五、影响力投资标准比较分析

各国家以及国际组织日渐重视影响力管理,制定相关原则和指引,为金融机构影响力管理和衡量提供遵循,有利于统一认识,规范相关操作,也为其他国家制定相关监管政策提供参考。

(1)从制定机构来看,只有《影响力投资基本指引》是政府监管部门制定的规范,权威性高;其他原则或指引均由行业协会组织制定,权威性有限。

(2)从内容来看,《社会价值原则》主要用于建立社会价值会计账户,其他原则或指引用于指导具体影响力投资。"四个原则"或指引具有较高的相似性,均要求设定影响力目标,加强与利益相关者沟通,管理和衡量影响力,披露相关信息。不过,《影响力管理操作原则》涉及的环节和内容更加详细,如退出时考虑影响力延续等方面;《影响力投资基本指引》强调投资机构支持社会变革的重要性;《影响力衡量和管理指引》和《社会价值原则》较关注利益相关者的沟通和影响分析。

(3)从约束力来看,虽然《影响力投资基本指引》由政府监管部门制定,但是尚未强制执行;《影响力管理操作原则》采用签署的形式,要求签署方发布声明并定期进行核查,核查结果对外发布,约束力更强。

(4)从详略度来看,"四个原则"或指引均是对影响力投资管理的原则性要求,没有实际操作指引,需要影响力投资机构结合自身情况落实。《影响力管理操作原则》应用较广泛,不定期组织签署方讨论各条原则的具体实践,以提升原则的可操作性;第三方核验机构也会针对各签署方实践情况开展最佳实践研究,帮助影响力投资机构了解可以改进的领域(表3.4)。

表3.4 影响力投资原则和指引比较分析

名称	发起时间	制定机构	约束力	详略度
影响力管理操作原则	2019年	国际金融公司等机构发起制定	签署方需要披露声明并进行独立的核查	原则性
影响力衡量和管理指引	2013年	欧洲影响力协会	自愿采纳	原则性
社会价值原则	2008年	社会价值国际协会	自愿采纳	原则性
影响力投资基本指引	2024年	日本金融厅	自愿采纳	原则性

(5)从使用范围来看,根据GIIN 2023年调研数据,《联合国可持续发展目标》是应用最广泛的参考标准;采用《影响力衡量和管理指引》的受访机构占比为52%,采用《影响力管理操作原则》的受访机构占比为43%,二者使用机构相对较广泛(图3.4);《社会价值原则》应用范围较小。

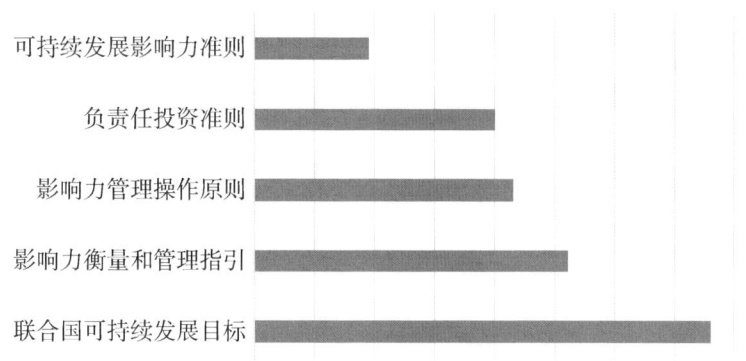

图 3.4　影响力管理原则或指引应用情况

资料来源：据 GIIN。

第三节　影响力投资管理流程

影响力投资需要各机构将影响力融入投资决策流程，涉及影响力投资目标管理、投前管理、投中管理和退出管理四部分，每部分都会对影响力实现产生重要影响。

一、影响力投资目标管理

除了在企业层面建立影响力战略，在基金层面或者投资层面也需要设定影响力目标和方向。影响力投资机构一般使用变革理论（theory of change）分析要实现的影响力目标。变革理论将投资策略与要解决的社会或环境问题结合起来，明确通过投入、活动、产出形成的变革机制。这种机制既可以是实践活动证实的，也可以是学术研究获得的成果。变革理论分析包括六部分内容（表 3.5）：

（1）明确要解决的问题。不要试图一次性解决所有问题，尽量将问题界定得更加具体，如解决气候变化挑战等。很多机构以《联合国可持续发展目标》作为出发点，结合目标区域、目标人群，确定要解决的具体问题。

（2）分析要解决问题的深层次原因。原因可能有很多，而且这些原因之间也会相互关联。影响力投资机构要清楚针对这些原因应该做些什么、要投入什么资源，能够对利益相关者产生什么样的影响。

（3）分析投入资源。影响力投资机构主要投入资金、人员等资源，被投资企业主要投入机器设备、资金、人员等生产要素。

（4）分析行为。重点研究企业技术研发、产品生产、市场销售等具体生产经营行为。

（5）衡量产出。主要是指企业销售产品服务的数量、服务的客户数量等。

（6）分析成果。分析被投资企业经营行为实现的居民收入提升、社会就业增长、环境改善等中短期影响。

表 3.5　变革理论主要内容

内容	所要解决的问题	分析问题产生的原因	投入	行为	产出	成果
定义	所要解决的具体社会或环境问题	产生具体问题的深层次原因	资源投入	被投资企业具体的生产经营行为	产品或服务	因该行为所带来的改变
指标	与可持续发展目标相关的问题等	—	人、财、物等	技术研发、生产销售等	销售数据、规模等	特定目标实现的进展

虽然变革理论得到广泛应用，但是其以一定假设为前提，存在一定的局限性。要清楚这些局限性可能产生的负面影响，有利于管理影响力风险。

以影响力投资机构 Tenacious Ventures 为例，其通过投资食品和农业的气候解决方案，促进食品和农业产业向生态持续、气候韧性、低碳化未来变革，最终实现财务回报和影响力回报。投入方面，改变全球食品和农业系统的需求从未如此迫切，需要采取以学术研究为导向、以深度技术为重点、以影响力为本的方法促进变革；活动方面，Tenacious Ventures 投资商业上可行、可扩展的解决方案，重点是农业食品科技初创企业，这些解决方案与特定行业变革途径一致；产出方面，使用《影响力管理操作原则》管理影响力，实现目标产出，即财务回报和气候影响力；成果方面，为全球粮食和农业系统打造生态可持续、气候适应的未来。

影响力投资众筹平台 Lendahand 的变革理论在于解决新兴市场国家中小企业融资不足的问题，以及为影响力投资者提供公平、透明的新兴市场影响力事业投资机会。活动方面，助力欧洲个人影响力投资者通过 Lendahand，为新兴市场中小企业提供快速、可负担的债务融资，支持业务发展；产出方面，Lendahand 直接投资清洁能源、农业等产业，通过当地合作伙伴间接为新兴市场中小企业提供运营资金支持；成果方面，支持中小企业发展能够促进经济增长以及创造就业，投资清洁能源能够提升当地居民清洁能源可获得性，投资农业能够增加小农户收入；影响力方面，Lendahand 为包容性经济增长、提升居民生活质量以及缓解气候变化做出贡献。

二、影响力投资投前管理

影响力投资投前管理包括项目筛选、尽职调查、影响力规划、投资决策、签订法律文件等环节。

（一）项目筛选

影响力投资机构获得项目后，需要进行项目筛选，初步排查风险，审查项目与自身影响力战略的一致性。

项目筛选重点是剔除风险较大或者违反相关法律法规的企业。不同机构有不同的筛选标准。例如，摩根士丹利资本国际公司为金融机构提供的可持续投资筛选标准包括价值观标准，排除成人娱乐、酒精、赌博等；排除争议事项；排除违反全球契约规则、OECD 跨国企业行为指引、联合国商业和人权指引等国际规则或指引的企业（表3.6）。影响力投资机构 Incofin 重点确认被投资企业与禁止活动清单不冲突，同步开展反洗钱等分析，根据 ESG 表现形成 ESG 风险分类。

表3.6 摩根士丹利资本国际公司筛选标准

价值观标准	争议事项	全球规则
成人娱乐	童工	全球契约规则
酒精	员工安全	国际劳工组织相关指引

续表

价值观标准	争议事项	全球规则
烟草	多元化	OECD跨国企业行为指引
武器	人权	联合国商业和人权指引
赌博	环境	
核武器	客户关系	
基因工程	产品安全	

资料来源：据摩根士丹利资本国际公司网站数据整理。

影响力投资机构要依据影响力战略目标，分析项目是否符合自身投资目标、投资理念以及专业能力要求。影响力投资机构MicroVest会让交易对手填写包括信用、财务、影响力指标等要素在内的调查问卷，综合评估是否与收益、风险和影响力目标匹配；与现有投资组合中相似项目做比较分析，了解可能对投资组合表现产生的影响。

（二）尽职调查

影响力尽职调查是加深了解投资企业的重要一环，是投资决策和投中管理的重要基础。影响力尽职调查既可以与财务尽职调查、法律尽职调查等其他尽职调查同时进行，也可以单独开展。

1. 投资对象尽职调查

根据投资资产情况，影响力尽职调查分为被投资企业尽职调查和金融产品尽职调查。

（1）被投资企业尽职调查。金融机构直接投资时，通过问卷调查、现场访谈等形式，对被投资企业进行尽职调查，重点包括三方面内容：①ESG尽职调查。了解被投资企业ESG表现，坚持双底线原则，尽量减少负面影响。影响力投资机构CalvertImpact根据影响力和ESG风险情况，将被投资企业划分为低风险、较低风险、中风险、较高风险、高风险五类。较高风险和高风险企业需要每季度进行监测，提交季度管理报告；其他风险类别的企业每年进行监测，提交年度管理报告。②影响力尽职调查。了解被投资企业影响力目标，将影响力目标融入生产流程、产品服务的情况，是否有能力践行承诺，衡量影响力的流程体系和工具方法，确保被投资企业能够真正实现积极的社会和环境绩效。③利益相关者尽职调查。了解与被投资企业相关的利益相关者,听取他们对企业的评估和实际需求,帮助企业为利益相关者带来更大的福利。

以影响力投资机构 Bridges 为例,其建立了影响力尽职调查体系,重点评估行业领导力、目标成果、增值机制和一致性四个方面。①行业领导力,即在关键领域的影响力管理如何实现利益相关者保护和价值提升;②目标成果,即在多大程度上解决了紧迫的社会挑战;③增值机制,即采取什么行动能带来社会变革;④一致性,即影响力和财务回报如何同时发生。行业领导力分析确保尽职调查包含全面的 ESG 因素评估,其他三个方面的评估侧重对目标利益相关者群体产生积极影响。

(2)金融产品尽职调查。部分机构不进行直接投资,主要投资各类影响力基金产品。此种情况下要对影响力基金进行尽职调查,重点关注金融机构影响力目标、专业能力、基础设施建设、影响力基金过往业绩等情况。影响力投资机构可以基于影响力基金评估、影响力管理水平评估等第三方评估结果进行投资决策;也可以构建内部评估方法体系,建立评分模型或者评级模型,以一定符号或者数字反映尽职调查结果,有利于横向比较影响力基金产品。

以凤凰资本集团(Phenix Capital Group)为例,其建立了影响力投资基金评估体系,包括目的性、投资组合设计和管理、衡量和报告、影响力治理、ESG 基础、行业合作六方面内容。目的性主要评估基金所要实现的影响力目标,如何在企业文化和投资活动中体现出来;投资组合设计和管理主要评估投资组合的建立如何与影响力目标和策略一致,被投资企业如何最大化实现积极的影响力;衡量和报告主要评估影响力衡量的质量、透明性和全面性,影响力报告在多大程度上反映基金社会和环境影响的全貌;影响力治理主要评估影响力管理职责如何分配,如何通过激励机制确保职责有效落实;ESG 基础主要评估投资经理如何识别和缓释 ESG 风险,以及责任投资实践情况;行业合作主要评估投资经理是否积极为影响力投资行业发展做出贡献,如使用标准的影响力分类体系等。最终,根据六大主题 45 个评分指标,凤凰资本集团给出影响力基金的最终评分及其所处市场位置,为投资者投资决策提供参考。

2. 影响力投资机构贡献尽职调查

影响力投资机构还需要检视自身行动对影响力做出的贡献,包括提供资金、创新工具等。根据咨询机构 BlueMark 2023 影响力投资机构调研,68%的受访机构评估对每笔影响力投资的贡献,重点评估能力建设支持、积极开展参与沟通、创建基于信任的伙伴关系或者网络、帮助募集资金、提供低成本资金和创新融资工具等方面。影响力投资机构 BlueEarth 评估自身对影响力成果的贡献,重点分析资本贡献的重要性、提供的战略和运营增加值、公司治理最佳实践贡献等方面,这将作为是否参与投资的重要因素。

总体而言,影响力投资机构尽职调查的维度相差不多,不过所使用的工具有所差异。毕马威 2020 年印度影响力投资机构调研显示,50% 的受访机构使用尽职调查问卷,27% 的受访机构使用定性分析方法,23% 的机构使用评级等尽职调查工具(图 3.5)。金融机构可以依据行业实践,结合自身情况,选择最佳的尽职调查方法。

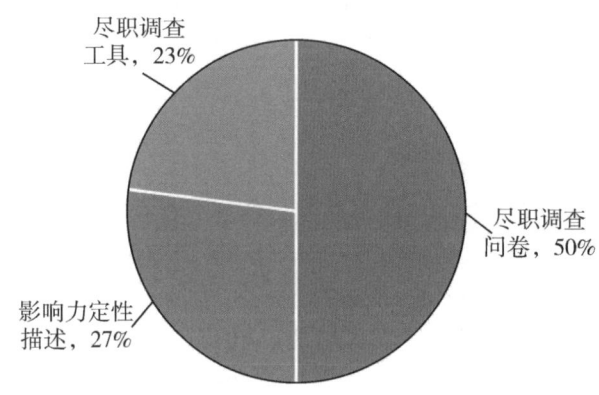

图 3.5 印度影响力投资机构尽职调查方法情况

资料来源:据毕马威网站数据整理。

(三)影响力规划

在尽职调查基础上,根据历史数据和实践经验确定预期影响力目标,作为影响力管理和衡量的基准。

影响力规划可以使用非营利平台"影响力管理项目"(Impact Management Project,IMP)开发的分析模型,该模型包括五个部分:①谁(who),即受到影响的利益相关者是谁,他们的需求是否得到满足;②怎样(how),即是有正面效应还是有负面效应;③多大(how much),即一定时期内影响力有多大;④贡献(contribution),即管理行为让影响力变得更大还是更小;⑤风险(risk),即有哪些重大风险因素,实际结果与预期目标产生差距的可能性有多大(表 3.7)。

表 3.7 IMP 影响力分析模型

数 据	分 析	评 估
结果类型 　结果的重要性	怎样：指向何种结果，这种结果对受影响的人和环境来说有多重要	重大负面结果、中性结果或重大正面结果
一定时期内的影响深度 　一定时期内受影响的人数 　影响持续的时间	一定时期内影响力有多大	边际效应或深度效应，小规模或大规模，短期或长期，慢或快
人口统计数据 　环境数据 　地理数据	谁会受到影响？是否让受到影响者的需求得到满足	需求得到满足或需求未能到满足
怎样、多大和谁 　跨维度的衡量标准	管理行为让影响变得更好还是更坏	坏得多或好得多
风险因素 　如证据风险等	有哪些重大的风险，结果与预期不同的可能性有多大	低风险或高风险

资料来源：据 IMP 网站数据整理。

IMP 影响力分析模型凝聚了影响力投资机构的共识，已经成为行业普遍使用的影响力规划工具，但各机构使用该模型的程度有所不同。根据咨询机构 BlueMark 2023 年调研数据，90% 的受访机构分析投资产生的结果，86% 的受访机构分析谁受到了影响，71% 的受访机构分析产生的影响有多大，而分析自身贡献和风险因素的机构占比相对较少，说明这些方面还没有得到影响力投资机构的足够重视（图 3.6）。

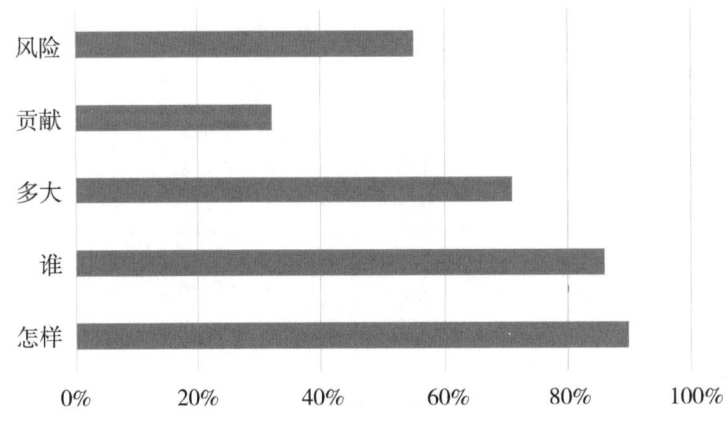

图 3.6 影响力投资机构影响力分析重点
资料来源：据 BlueMark 网站数据整理。

影响力投资机构 Calvert Impact 基于 IMP 模型建立评估每笔投资预期影响力的评分卡，包括 17 个行业通用指标（表 3.8）。Calvert Impact 重点评估潜在投资方的变革理论、目标市场和目标客户、潜在影响力规模、预期的直接影响和间接影响以及影响力和 ESG 风险等方面，重点考虑合作方所要解决的社会或环境问题的规模。

表 3.8 Calvert Impact 影响力评分卡

维 度	指 标
什么	被投资企业的战略和变革理论
谁和哪里	被投资企业的目标市场和目标客户
多少	相比潜在的影响力规模，考虑市场背景后，所要解决挑战的相对影响力规模
贡献	被投资企业对于挑战所做出的影响力，预期影响力的显著程度；被投资企业战略和活动产生的间接影响
影响力和 ESG 风险	预期影响力实现的可行性以及缓释举措，被投资企业 ESG 表现

资料来源：据 Calvert Impact 网站数据整理。

影响力投资机构需要根据影响力分析，选择影响力指标，基于历史数据或者预测数据，与被投资企业共同制定预期影响力目标，并结合尽职调查制定 ESG 和影响力行动方案，最大限度降低 ESG 和影响力风险，提升影响力目标实现的可能性。

（四）投资决策

项目投资主要考虑风险、收益等要素，在其他条件不变的情况下，选择风险最低或者收益最高的项目。开展影响力投资还需要考量影响力要素，也就是说影响力投资机构需要结合风险、收益、影响力三要素进行决策，影响力要素将改变基于风险和收益的有效投资曲线。在一定的风险和收益水平下，影响力投资机构将选择影响力更大的投资项目；在一定的影响力下，影响力投资机构将选择风险更小、收益更高的项目，放弃影响力实现可能性较低或者 ESG 风险偏高的项目。

影响力投资机构可以基于尽职调查、预期影响力等前期工作决定是否开展投资。一般而言，投资部门基于尽职调查评估投资风险、收益和预期影响力，设计交易结构，明确重点 ESG 和影响力风险，提出投资决策建议和风险缓释行动方案；风险管控部门进行独立审查，提出投资审查建议；投资决策委员会审议并进行最终决策。部分影响力投资机构设立独立的影响力投资委员会，同步审核拟投资项目。部分情况下，也可邀请外部专家提供投资意见，参与复杂项目投资决策。

（五）签订法律文件

影响力投资机构完成内部决策流程后，对于审议通过的项目，要与被投资企业签订投资合同等法律文件。除了事先约定投资比例、价格、退出方式等交易要件，还需要约定与影响力相关的要求，以更好地管理影响力。

根据 GIIN 2023 年调研，49% 的受访机构将影响力因素融入法律合同，这是较为普遍的做法，至于采取将投资期限与影响力目标保持一致等做法的受访机构占比不高（图 3.7）。影响力投资机构在交易合同中应约定被投资企业需实现的预期影响力目标，以及阶段性里程碑目标；建立衡量影响力的管理体系，定期衡量约定的影响力指标；定期报告影响力指标数据以及 ESG 表现等信息，持续改善 ESG 表现。

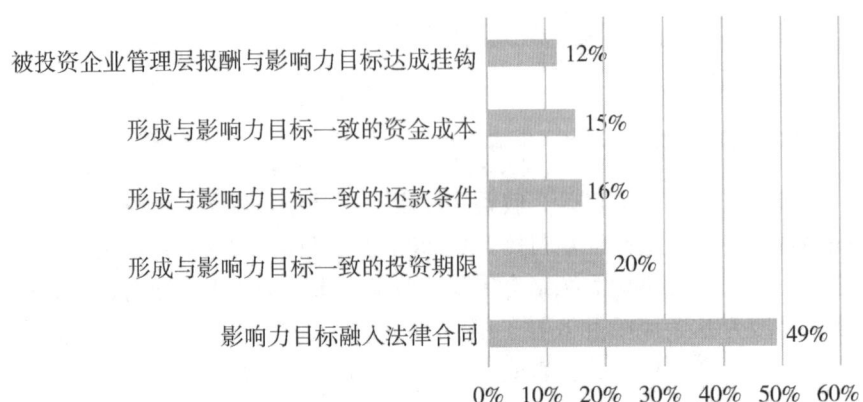

图 3.7 影响力因素对交易结构的影响

资料来源：据 GIIN。

值得注意的是，金融机构开始注重将影响力要素融入企业激励机制中，要求被投资企业管理层薪酬与影响力目标挂钩，有利于激发被投资企业管理层更好地推动影响力管理。为了激励被投资企业更好地履行责任，完成影响力目标，影响力投资机构可以选择的法律条款包括投资资金与影响力里程碑目标挂钩，如果未达到阶段性目标，不再提供后续投资资金，或者直接撤资；对于完成或者未完成影响力目标的，制定相应的奖励或者惩罚性举措，如对于完成影响力目标的企业高管，给予额外奖金，或者被投资企业高管薪酬与影响力目标实现情况挂钩。

总之，影响力投资机构与被投资企业共同合作实现影响力目标，通过法律约定可以进一步强化这一责任。

三、影响力投资投中管理

影响力投资投中管理主要包括影响力衡量、影响力风险管理、尽责管理和信息披露四方面。

（一）影响力衡量

影响力衡量是做好影响力投资的关键，也是证明影响力投资价值的重要依据。然而，社会和环境问题受到多重因素影响，清晰界定金融投资在其中的作用变得非常困难，影响力衡量面临诸多挑战。

通常，影响力衡量主要包括影响力数据搜集和建立衡量方法。

1. **影响力数据收集和整理**

开展影响力衡量需要首先收集数据，然后整理和清洗数据，最后是分析数据。

影响力数据既可以来源于公开信息，也可以来源于访谈、利益相关者调研等渠道，每种数据来源各有利弊，需要综合考虑成本、收益、效率等因素，选择基础数据。根据毕马威 2020 年印度调研数据，92% 的受访机构影响力数据来源于被投资企业，19% 的受访机构由第三方提供；与此类似，2020 年澳大利亚调研数据显示，61% 的受访机构影响力数据来源于被投资企业，40% 的受访机构来源于投资管理机构或投资经理，表明影响力投资机构自身贡献的影响力数据较少。

收集影响力数据的方式和渠道多种多样，而且随着科技手段的进步，数据收集变得更加快速和高效，影响力投资机构可以根据实际情况选择适合自身，同时又能够保证数据质量的方法。根据毕马威 2020 年印度调研数据，可能出于成本控制考虑，50% 的受访机构使用已有的运营和财务数据，42% 的受访机构使用调研的方式收集数据，27% 的受访机构建立了内部数据库（图 3.8）。此外，近年来，各机构开始使用精益数据（lean data）方法，直接从受益方或者利益相关者处收集数据，以提高影响力数据质量。

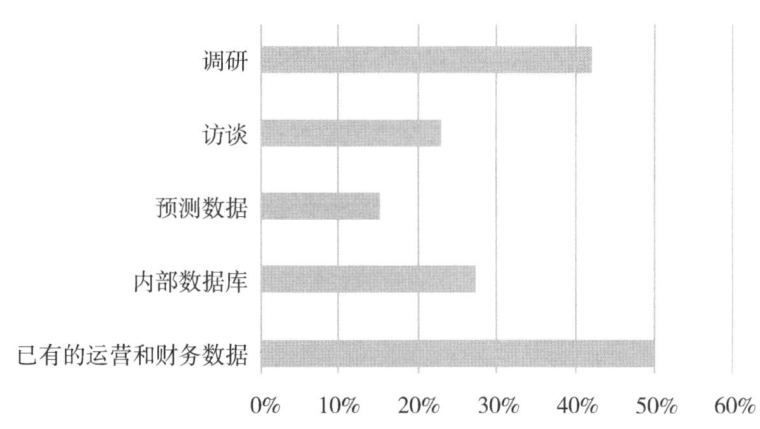

图 3.8　印度影响力投资机构数据收集方法情况

资料来源：据毕马威网站数据整理。

影响力数据收集频率与信息披露要求等因素有很大关系。根据咨询机构 BlueMark 2023 年统计数据，30% 的受访机构每季度收集影响力数据，37%

的受访机构每年收集影响力数据,6%的受访机构数据收集频率比较弹性(图3.9)。总体而言,影响力投资机构以季度、年度为主要频率收集影响力数据。

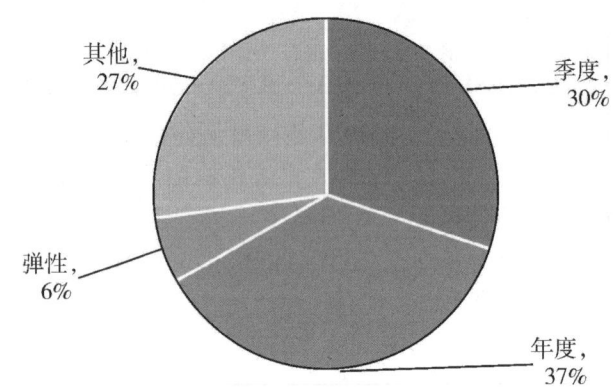

图3.9 影响力投资机构数据收集频率情况
资料来源:据BlueMark网站数据整理。

影响力数据可能存在虚假或者数据不可比等问题。为了保障数据质量,影响力投资机构需要执行数据质量控制程序。如在被投资企业报送数据之外,对受影响的利益相关者开展调研,进一步验证被投资企业报送的数据质量;或者开展内外部审计,核验相关数据的真实性。

影响力数据主要用于衡量和监控投资影响力、加强与利益相关者沟通、校准影响力目标等方面。根据毕马威调研来看,影响力数据重点用于支持被投资企业产品服务改进,占比为46%;用于支持被投资企业能力建设,占比为31%;提升影响力管理、支持退出决策方面的应用占比较少(图3.10)。

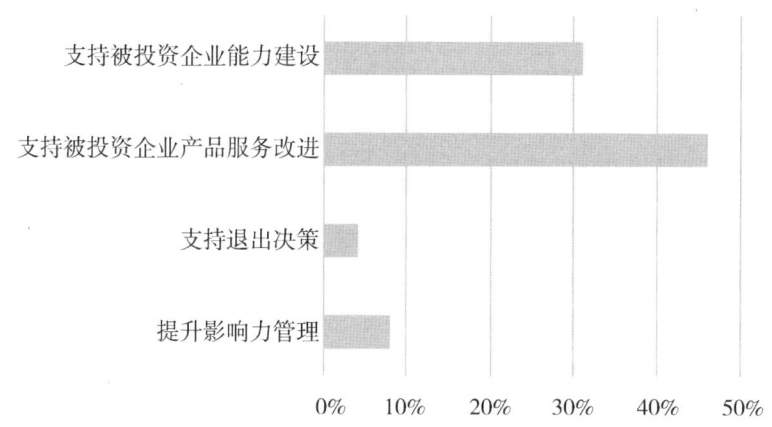

图 3.10 影响力数据使用情况

资料来源:据毕马威网站数据整理。

2. 影响力衡量方法

影响力衡量实践尚不成熟,影响力投资机构通常采用内部方法与外部原则或指引相结合的方式衡量影响力,当前主要使用目标法、评级法和货币化法。UN – PRI 调研数据显示,58% 的金融机构使用量化目标法衡量影响力,34% 的金融机构使用评分法,还有部分金融机构使用货币化法(图 3.11)。

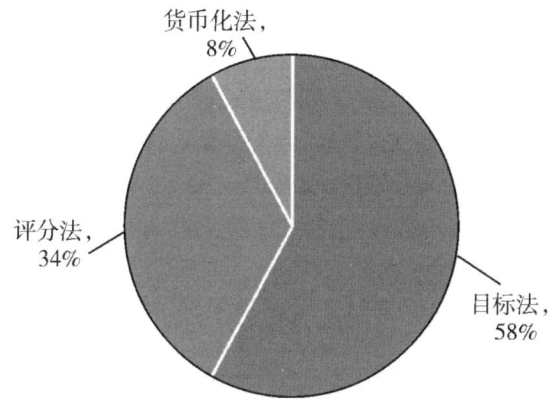

图 3.11 金融机构影响力衡量方法情况

资料来源:据 UN – PRI 网站数据整理。

(1)目标法。目标法是影响力投资机构通过设定指标目标的方式衡量影响力,可选取的指标包括就业数量、收入增长、入学人数等。该方法是最常用的影响力衡量方法，好处在于设置简便，也容易理解；不足之处在于不同投资有不同的影响力指标，很难进行横向加总或者比较分析，还有部分指标设定缺乏背景，可信度低。

影响力投资机构 LeapFrog 主要使用目标法衡量影响力。LeapFrog 重点投资非洲和亚洲的高影响力业务，与重点行业领导者合作，以实现增长、盈利和影响力的飞跃。LeapFrog 投资的公司主要提供医疗保健或金融服务，这些服务惠及 35 个国家的 1.68 亿人，超过 1.36 亿人是新兴市场消费者，大部分是首次获得优质保险、储蓄、养老金、信贷、药物或医疗保健服务。从投资开始计算，被投资公司平均每年以近 40% 的速度增长，为超过 12.4 万人提供就业机会。

在金融服务领域，LeapFrog 主要投资为未被传统金融服务覆盖人群提供金融服务解决方案的企业，帮助贫困人口减缓财务冲击以及降低金融服务成本。非洲和亚洲低收入人口的强劲增长推动了新兴市场消费者需求的激增，为在全球增长市场运营的金融服务公司创造了巨大机遇。LeapFrog 投资的金融服务类企业包括银行机构 HDBank、保险机构 Softlogic Life 等。

在医疗健康领域，LeapFrog 主要投资初级保健、诊断、药物、预防和慢性病管理工具等关键医疗需求，为低收入人群提供安全网，使他们能够避免或更好地应对健康冲击，健康生活有利于提高新兴市场消费者经济生产力和整体社会福利。LeapFrog 投资的医疗健康企业包括 Ascent、Redcliffe Lifetech 等。

LeapFrog 基于全球最佳实践，创新地使用 FIIRM（financial performance, impact, innovation, risk management）体系衡量投资影响力。该体系有四个方面：①财务表现方面，以外部行业基准为参照，设定企业或者组织的财务 KPI；②影响力方面，开发、设定和衡量非财务 KPI，测量影响力水平；③创新方面，开发、设定以客户为中心、以解决方案为重点的非财务指标，如产品设计等；④风险管理方面，确保治理到位和适当的风险管理。LeapFrog 的 FIIRM 体系的特点是衡量财务绩效和社会绩效，使用 KPI 和影响力目标指导投资决策。

LeapFrog 将该方法应用于投资全过程：①筛选方面，基于财务和影响力因素，使用 FIIRM 体系评估每个投资机会。根据评估结果可以清晰地识别具有突出影响力的投资机会，明确尽职调查的重点领域。②尽职调查方面，LeapFrog 自上而下和自下而上地评估被投资企业规模、质量、可负担性和治理方面的表现。与此同时，消费者分析团队收集有关消费者未被满足需求、未来风险、满意度驱动因素等方面的数据。③投资决策方面，投资委员会综合 FIIRM 结果和客户数据评估潜在投资项目的绩效。FIIRM 体系尽职调查结果帮助明确企业层面的影响目标和行动计划，与 LeapFrog 负责任投资原则保持一致。④投资管理方面，所有被投资企业每季度报告 FIIRM 数据，根据目标消费者反馈信息进一步补充 FIIRM 结果，用于价值创造和风险管理分析。⑤退出方面，将退出时的影响力、财务和 ESG 绩效结果与初始目标进行比较，以证明 LeapFrog 投资创造的价值。负责任的退出举措有助于被投资企业找到合适的所有者，同时也能够保护新兴市场消费者。

（2）评级法。影响力评级也称为影响力评分，通过一定分数或者符号表达影响力大小的排序。构建影响力评级首先需要根据影响力投资理论，确定评级维度和对应指标；然后对评级指标赋予一定权重，明确评级分数计算规则，并将最终评分与评级结果对应。影响力评级采用统一的方法衡量影响力，有利于不同投资组合横向比较。开发性金融机构较多使用影响力评级。也需要看到，评级法属于量化管理工具，对基础数据要求较高，可能存在数据不足等问题；影响力投资机构建立内部评级方法，机构间评级方法和结果可比性不高。

国际金融公司使用评级法衡量影响力。2017 年，国际金融公司开发了预期影响力衡量和管理体系（AIMM），以评级的方式衡量发展影响力。AIMM 主要包括项目成果和市场创造两个方面。项目成果主要分析对利益相关者的直接影响以及对经济、社会和环境的间接影响，利益相关者效应评估国际金融公司投资干预产生的边际福利变化，经济效应评估投资项目产生的外部性、溢出效应等直接或间接经济成果，环境效应评估温室气体排放减少、水资源利用效率提升、社会福利提高等社会和环境成果。市场创造主要分析投资项目以外产生的系统性变化，如市场的竞争力、统一性、包容性、可持续性等方面。

衡量发展影响力时，国际金融公司重点考虑四个方面的内容，即所要解决的问题有多大，投资项目对于解决方案贡献多大，实现预期效果的影响力潜力有多大，实现预期效果的概率有多高。分析潜在影响力和实现概率，可以得到经风险调整的项目评分和市场评分，最终形成预期影响力评分。

考虑到不同企业和行业可能产生不同的影响力，国际金融公司建立了 20 多个产业模型，包括金融业、制造业和农业、自然资源和基础设施、通信、媒体和技术等行业。以小微金融行业为例，项目成果方面的指标包括发放小微贷款的规模和数量、价格可负担性、数字化渠道、非现金交易数量、员工技能水平等指标,市场创造方面的指标包括市场结构、价格、消费者保护、包容性、数据统一性、区域统一性等。国际金融公司基于各类指标设计评分标准,以小微贷款可获性指标为例,设置了低缺口、中等缺口、大缺口、非常大缺口四个评分标准,根据对应标准进行打分。

AIMM 评分区间为 0~100 分,其中 10~22 分为低分,23~42 分为合格,43~67 分为良好,68~100 分为优秀。根据 2020 年影响力报告,国际金融公司所有项目评分平均为 50 分,处于良好阶段。其中,南亚和撒哈拉以南非洲项目评分最高,平均分别为 52 分和 53 分;中东和北非项目评分最低,平均为 43 分,处于良好区间的下限。

AIMM 帮助国际金融公司选择发展影响力最大的项目,设立具有雄心的目标,增强获取财务和影响力绩效的能力。国际金融公司每个潜在投资项目都需要事前进行影响力评级,基于预期发展结果进行投资决策,有利于优化项目设计,提高投资决策科学性。

(3)货币化法。货币化法是将对社会和环境的影响转化为货币价值,可以弥补现有财务报表的不足,同时也可以计算各类比例指标,进行不同影响力投资的比较。不过,将各种影响力转化为货币价值存在诸多挑战,该技术方法还不是很成熟,实际应用有限。

基于货币化视角,影响力经济基金会研发了影响力加权会计账户框架,将企业对社会和环境的影响货币化,进一步显示企业对员工、客户、环境等利益相关者价值的创造或者减少。影响力加权会计账户包括综合损益表和综合资产负债表两个重要的账户,综合损益表显示一年内对利益相关者的所有影响,综合资产负债表显示所有影响力资产和负债。影响力加权会计账户框架有识别、计量、比较、加总、呈现五个主题,确立了十项原则,用以解决编制影响力加权会计账户过程中可能存在的困难。

第一,识别主题。重点确定影响力评估边界,评估具有重要性的影响。影响力加权会计账户包含多个影响力报表,每个报表展现多种形式的影响。企业要多维度考虑影响力,需要评估不同价值形式的影响以及对于不同利益相关者的影响。企业还需要从识别出的影响中选择实质性影响,对企业未来收益以及利益相关者的影响都具有重要性。企业可以根据实证研究成果或者可持续会计准则委员会等组织提出的指导原则筛选重要性影响。

第二,计量主题。将影响力货币化,根据影响力实现路径确定影响力,而且影响力评估要一致地使用影响力路径。同时,在影响力计量过程中,企业应明确使用的是绝对影响力还是边际影响力。

第三，比较主题。为了增强影响力计量可比性，应制定特异性较低的影响力计量标准，采用通用的比例表示方法。

第四，加总主题。虽然评估的影响维度较多，但是归根结底可分为四方面，分别为直接绝对影响、间接绝对影响、直接边际影响和间接边际影响。影响力评估种类较多，为了更好地服务企业经营管理决策，有必要进行影响力加总。影响力加权会计账户框架要求进行同类福利加总，避免跨种类加总；正面影响力和负面影响力不能直接加总，不同利益相关者之间的影响也应审慎加总。所有主体的影响力加总等于总体影响，避免过度扩大或者低估影响力贡献。

第五，呈现主题。影响力报表呈现形式包括综合损益表、综合资产负债表等，每张影响力报表代表了所评估的影响力，与一般财务报表看齐。

影响力加权账户已在全球得到推广，荷兰银行等企业制作了影响力加权会计账户报表并公开披露相关信息。以荷兰银行为例，其编制的综合影响力损益表主要针对客户、员工、投资者和社会建立相关损益的评估。

此外，基于全球社会价值原则，国际社会推动发展了社会投资回报率（SROI）指标，用于测量社会、环境和经济成果并用货币价值方式将成果呈现出来，其代表1元的投资可以产生的社会价值，以更加直观的方式呈现影响力投资效果，被部分社会证券交易所用于信息披露。SROI分为预测型SROI和评估型SROI，前者用于影响力规划和设定影响力目标，后者用于评估已发生的行为。计算SROI分为六个步骤：确定SROI分析范围，明确界限，识别利益相关者；描绘成果，基于变革理论，反映投入、产出、成果两两之间的关系，收集数据证明影响力发生，并为其定价；收集成果的正面材料，将成果货币化；把所有正负效益求和后，将成果与投资相比，得到SROI；最后，与利益相关者分享成果信息，并获得反馈。

美国德太投资（TPG）采用货币化法评估投资影响力。TPG成立于1992年，总部位于美国旧金山，持续孵化、推动和规模化发展新平台和新产品。经过30多年的发展，TPG已投资30多个国家的280家企业，不断拓展投资策略，持续聚焦信息技术、健康和影响力投资等高增长投资领域。TPG加强了影响力投资的投入力度，期望获得丰厚投资回报的同时，能够实现可衡量的社会福利。TPG 2016年开始开展影响力投资业务，已建立起全球最大的影响力投资平台，管理三只影响力投资基金，分别为睿思基金（The Rise Fund）、TPG气候基金（TPG Rise Climate）和Evercare Health Fund，管理规模150亿美元。TPG与咨询公司Bridgespan合作设计了评估投资影响力的量化框架 Impact Multiple of Money（IMM）（图 3.12），用于衡量每 1 美元投资创造的社会或环境效益价值。IMM 首先评估被投资企业的预期产出，再量化该预期产出将产生的社会价值以及实现影响力的概率，以评估其影响潜力。最后，考虑终端价值的净现值以及计划投资的资本金额及股权比例，计算最终的 IMM。IMM 通过对比不同行业和地区的投资绩效，引导资金实现财务与影响力价值闭环管理。IMM 综合考量项目本身、实施过程以及资金退出后影响力持续周期等因素，较完整地估量项目全生命周期的影响力绩效。IMM 的计算工作重点聚焦投前尽职调查阶段，通过判断潜在影响力，为整个投资生命周期的持续监测奠定基础。借助货币化的方法，考量投资带来的综合价值收益，将看不见的影响力绩效转化为具体的数值，直观呈现投资实现的社会价值，为投资者比较不同项目、机构之间的影响力提供参考。

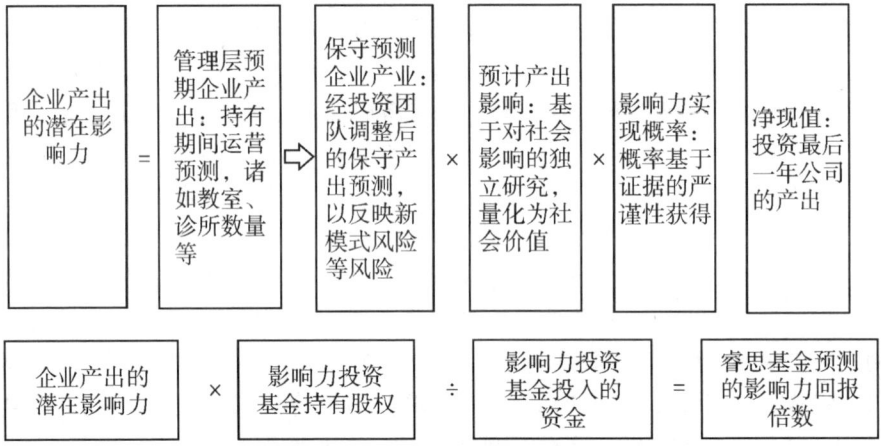

图 3.12　TPG 影响力衡量方法

资料来源：据 TPG 网站数据整理。

根据 TPG 披露，截至 2023 年末，睿思基金已累计实现影响力价值 77 亿美元，影响力回报率为 89%（图 3.13）。

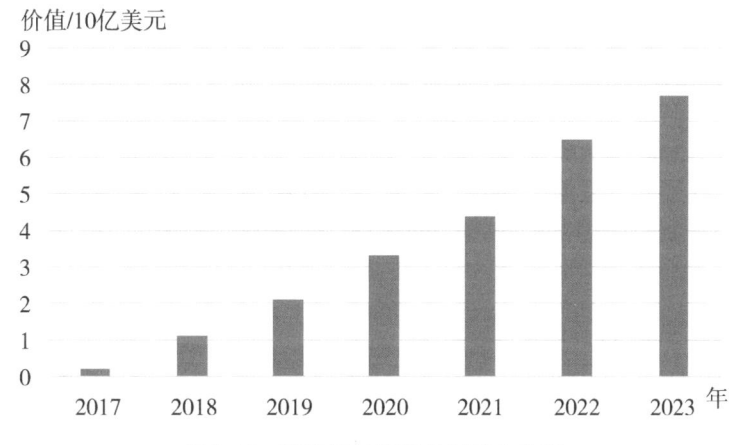

图 3.13 TPG 累计实现的影响力价值

资料来源：据 TPG 网站数据整理。

（二）影响力风险管理

1. 影响力风险类型

影响力投资过程中，除了需要关注信用风险、市场风险、流动性风险等传统风险，还需要关注证据风险、外部风险、执行风险、利益相关者参与风险、消失风险等新兴风险（图 3.14）。

（1）证据风险（evidence risk），是指影响力投资策略依赖的证据并不是预期影响力发生的良好证据，可能导致预期目标无法实现。该风险会发生在影响力投资全过程。

（2）外部风险（external risk），是指外部因素扰动影响力投资机构实现预期的影响力，如天气变化可能影响农业生产，进而影响与农业领域相关的影响力投资。该风险主要发生在投入、活动、产出、成果等阶段。

（3）执行风险（execution risk），是指投入、活动等环节没有按照预定要求进行，导致未实现预定的产出，无法形成影响力。该风险主要发生在投入、活动、产出阶段。

（4）利益相关者参与风险（stakeholder participation risk），是指未充分考虑利益相关者或者错误理解利益相关者预期或者感受，对影响力形成冲击。该风险主要发生在活动、产出、成果阶段。

（5）消失风险（drop off risk），是指影响力不具有持续性，如预期影响力持续 1～2 年，实际只持续了 10 天。该风险主要发生在成果、影响力阶段。

（6）非预期影响力风险（unexpected impact risk），是投资活动对环境和人产生了显著的意料之外的积极或消极的影响力。该风险可能发生在影响力实现的各个阶段。

（7）效率风险（efficiency risk），是指使用了更多投入或者更大成本才实现了影响力。该风险可能发生在影响力实现的各个阶段。

（8）贡献风险（contribution risk），是指在预期之外产生了负面影响。该风险主要发生在成果、影响力阶段。

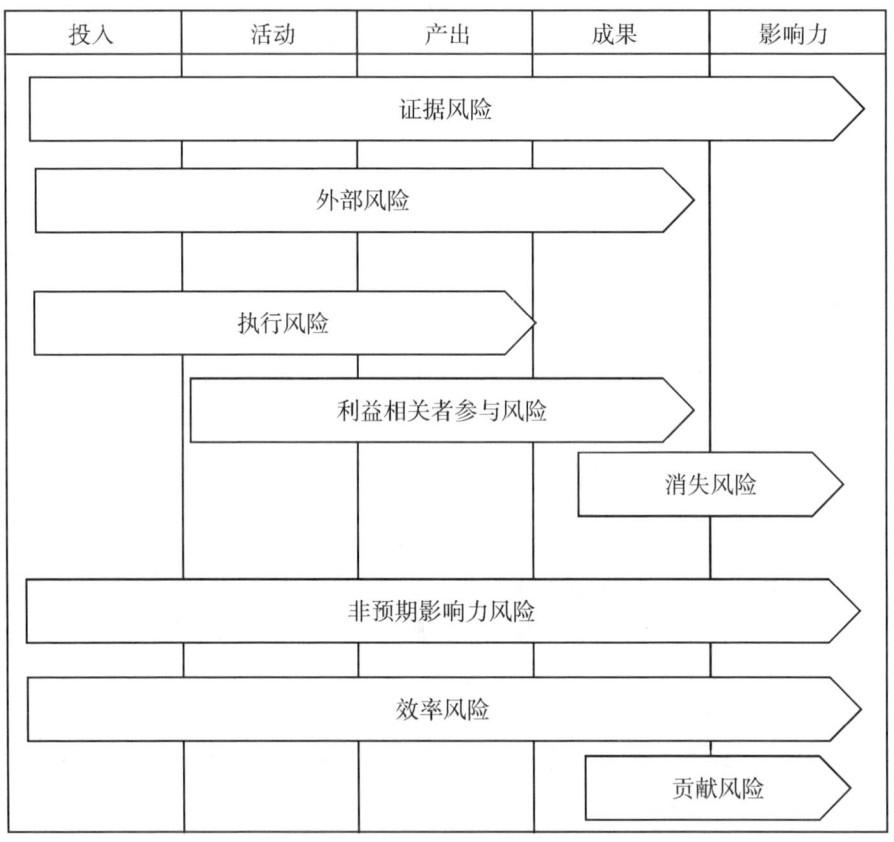

图 3.14　重点影响力风险

资料来源：据 IMP。

2. 影响力风险管理举措

影响力投资机构要提升包括影响力风险在内的各类风险管控能力，规避负面影响，确保能够获得预期的投资收益和影响力成效。影响力投资机构可以采取提升投资人员专业能力、加强投资流程管控、优化激励机制、完善生态环境等方面举措，加强影响力风险管理。

（1）提升专业能力。影响力风险管理较复杂，需要建立专门的影响力管理人才队伍，同时加强投资经理等人员相关培训，增强专业水平。

（2）加强流程管控。除了加强尽职调查外，影响力投资机构还应持续开展投后管理，定期走访被投资企业，了解其经营管理运行情况，监测影响力管理活动，确保与承诺相符。持续帮助被投资企业改进 ESG 和影响力管理，提升专业能力建设，完善发展战略、制度流程和管理工具。

（3）优化激励机制。影响力投资机构一方面要将影响力管理目标与员工个人绩效挂钩，增强员工工作主动性和积极性；另一方面要将影响力管理要求与被投资企业高管等人员绩效挂钩，进一步增强企业影响力关注度，提高社会和环境绩效。

（4）完善生态环境。带动其他影响力投资机构开展影响力投资，积极加强外部政策等方面的参与和推动，建立良好的展业环境，降低影响力投资系统性风险。

（三）尽责管理

为了帮助被投资企业或者发行人提升影响力，影响力投资机构要充分发挥尽责管理的重要作用，对权益投资类项目可以采用参与（engagement）、投票等工具，对债权投资类项目可以采用参与等工具（表3.9）。

表3.9　影响力投资尽责管理工具

工具	内　　容
参与	写信、写邮件、见面沟通、在股东会提问等
投票	亲自投票、代理投票
升级举措	公开评论、诉讼、向监管举报、撤资等

1. 参与

参与是与企业沟通，积极影响被投资企业经营管理或者信息披露方式，促进企业可持续发展。按照是否共同参与,可以分为单独参与和联合参与。单独参与可能因持股比例较小而无法影响企业,但是能够更加聚焦投资者的诉求;联合参与能够集合更大持股比例,提高影响力和话语权,更多聚焦所有投资者都关心的问题,如气候变化、信息披露、员工工作环境等方面,但是无法完全照顾单个投资者的诉求。

参与的应用范围广泛,已经成为重要的尽责管理工具。法国巴黎银行2021年调研数据显示,61%的受访机构投资者与被投资对象沟通,其中资产管理者和资产所有者该数据分别为64%和58%;分地区看,亚太地区和欧洲地区受访机构该比例更高,分别为68%和63%。从参与主题来看,根据美国罗素投资管理公司2022年的调研数据,气候风险、性别平等和董事会事项是金融机构最关注的参与事项。

从金融机构参与实践看,摩根大通制定了五项尽责管理优先事项,分别为公司治理、长期战略、人力资本管理、利益相关者参与、气候风险,在优先事项下设定未来18～24个月需要解决的子事项。每年,摩根大通都会与被投资企业高管开展上千场会谈,也会制定一些深度参与的项目。摩根大通制定参与目标,通过现场会面、电话会议、邮件或者信件等形式与企业沟通,定期评估进展情况。贝莱德基金公司持续与被投资企业的高管和董事会成员沟通和对话,推动建设良好的公司治理和可持续的商业模式。2022年,贝莱德基金公司参与的重点事项为:董事会质量和有效性主题,包括董事会构成、多元化和诚信度;战略和财务韧性主题,包括具有长期性战略以及良好的资本管理;与价值相匹配的激励主题,包括以适当的方式激励经营层创造具有可持续性的价值;气候和自然资本主题,包括推动向低碳经济转型,通过可持续性的商业活动管理对自然资本的影响和使用;公司对人的影响主题,包括可持续业务活动为员工、客户、供应商和社区等利益相关者创造可持续的价值。2022年,贝莱德共进行了3380多次参与,其中气候和自然资本主题进行了2115次参与。

2. **投票**

投票是投资者参与股东会提案表决,特别是与ESG有关的提案,维护投资者利益。按照是否亲自参与投票,可以分为亲自投票和代理投票。金融机构投资的股票数量较多,难以详细研究每个企业的所有股东会提案,可以委托代理机构,由其提供投票意见并按照金融机构意愿参与投票。统计数据显示,16%的受访金融机构完全依赖第三方代理机构投票,完全不依靠第三方代理机构进行投票的金融机构较少。

从金融机构投票实践看,澳大利亚麦格里资产管理公司全球投票委员会监督本公司投票过程。投票时,确保客户利益最大化,同时也要符合内部投票政策和一般受托责任。麦格里资产管理公司制定了投票指引,指导各种投票事项的方向以及如何进行表决。同时,也会与第三方服务机构合作,获取外部投票建议。2021年,麦格里资产管理公司共进行了77442次投票,其中赞成票66628次,占比为86%。从具体投票领域来看,高管相关事项占比为55.8%,商业计划事项占比为20%,非工资薪酬事项占比为10.7%,资本分配事项占比为8.2%。

3. 升级举措

升级举措主要是在参与和投票都无效的情况下,需要增大对投资对象或者发行人的影响力,主要手段包括公开评论、诉讼、撤资等,进一步迫使被投资企业或发行人做出积极回应。英国咨询公司LCP调研数据显示,58%的受访机构建立了升级政策,主要提供参与失败后的行动指南、时间以及触发机制等行为规范。

从影响力投资机构升级举措实践来看,挪威政府养老基金认为,如果企业经营模式不可持续,通常基于风险的撤资是适当的,尤其是对于一些小规模投资。2023年,挪威政府养老基金组织评估了环境、社会以及公司治理风险后,从54家企业撤资,其中因气候问题从11家企业撤资,因生物多样性问题从3家企业撤资,因人权问题从24家企业撤资;2012年以来已从526家企业撤资。

(四)信息披露

信息披露是影响力投资过程管理的重要一步。近年来,为了防范洗绿或者漂洗影响力的问题发生,各国家、地区监管部门逐步加强对ESG和影响力基金产品的信息披露要求。以美国为例,美国将ESG基金分为三类,分别为ESG整合(ESG Integration)基金、ESG聚焦(ESG-Focused)基金和ESG影响力(ESG Impact)基金。ESG整合基金在投资决策流程中考虑一个或者多个ESG因素;ESG聚焦基金主要是聚焦一个或者多个ESG因素,使之在投资决策及与被投资企业沟通时成为重要影响因素;ESG影响力基金主要是通过投资实现可量化的环境、社会或者治理方面的成果。ESG影响力基金需要披露以下信息:所要实现的影响力目标;基金如何衡量特定影响力的进展,如关键绩效指标等;分析影响力进展情况;财务回报与基金影响力之间的关系。在基金年度报告中,重点披露ESG因素对投资业绩的影响。

此外，使用投票作为投资策略的 ESG 聚焦基金需要披露投资过程中与 ESG 事项相关的投票方式、报告期内举行的沟通参与会议数量。致力于环境目标的 ESG 聚焦基金需要进一步披露资产组合碳足迹以及加权平均碳密度情况。影响力基金需要以定性指标和定量指标形式进一步披露报告期内实现的影响力情况，以及对于实现特定影响力的具有实质性影响的因素。此外，从事 ESG 投资咨询等业务的机构需要披露每项重点投资策略所考虑的 ESG 因素、如何将 ESG 因素融入投资咨询服务，与投资顾问具有关联关系的 ESG 服务供应商，有关 ESG 表决事项的投票政策和制度。

根据 GIIN 调研数据，46% 的受访机构每年披露影响力报告，31% 的受访机构每季度披露影响力报告，每半年或每月等其他披露频率的机构占比较低（图 3.15）。

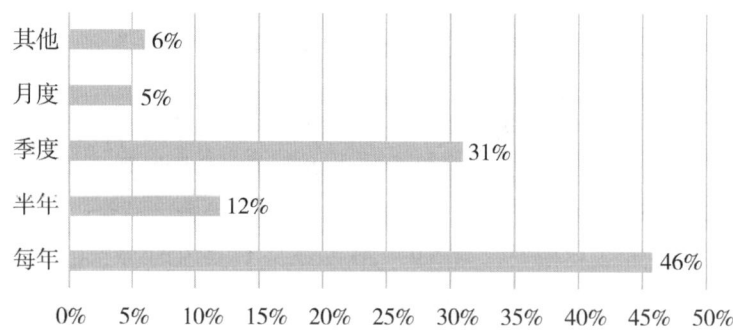

图 3.15　影响力投资机构信息披露频率

资料来源：据 GIIN 网站数据整理。

从影响力报告的用途来看，面向投资者的占比为 62%，面向公众的占比为 57%，面向内部管理人员和被投资企业的占比较低（图 3.16）。

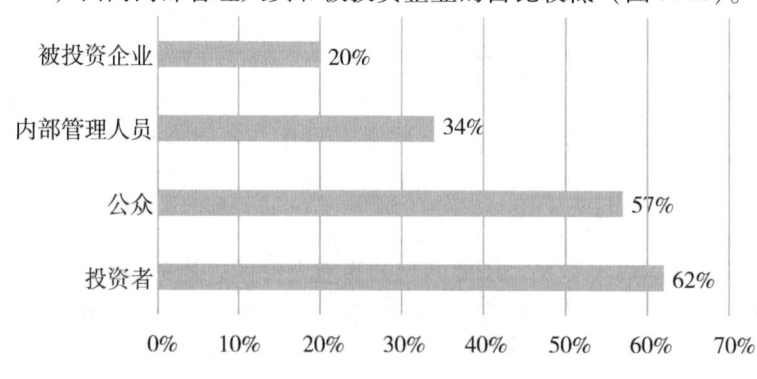

图 3.16　影响力投资信息披露用途

资料来源：据 GIIN。

四、影响力投资退出管理

与一般投资退出不同,影响力投资退出需要关注两方面工作。

(1) 影响力投资机构需要考虑被投资企业或者项目影响力的可持续性,避免退出后影响力消失,导致前功尽弃。通常情况下,退出方式、交易对手等方面的设计都需要考虑延续影响力。根据 GIIN 调研数据,75% 的受访机构投资那些社会或环境使命已融入日常工作的企业,这可以保证企业已建立良好的影响力机制体制;38% 的受访机构会选择具有影响力意图的并购方,由并购方延续影响力;还有 10% 左右的受访机构会继续保持联系,以及与并购方共同制定影响力管理方案(图 3.17)。

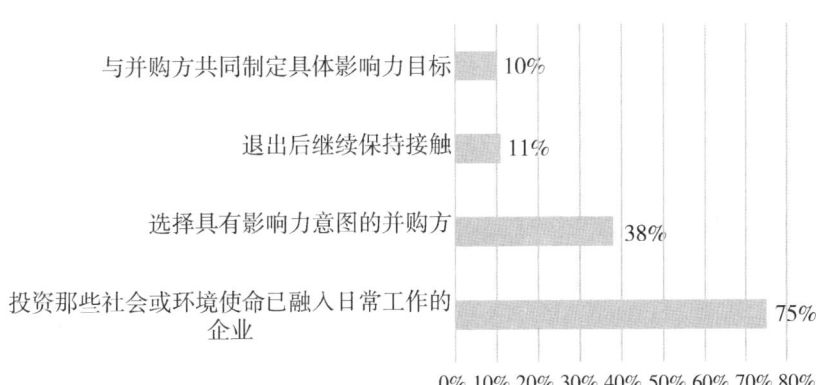

图 3.17 影响力投资机构退出考虑

资料来源:据 GIIN。

以影响力投资机构 BlueEarth 为例,尽职调查重点考察高影响力主题以及已融入影响力的商业模式,为退出做好准备;进行退出决策时,用严谨的方法评估影响力可持续性问题,投资团队使用内部影响力风险模型,从影响力和商业角度评估退出选项,从重要性、时机、治理、商业模式等维度出发,评估退出对影响力成效的影响。评估撤资建议时,该机构投资委员会将综合考量影响力风险评估结果和财务绩效。

(2) 影响力投资机构需要衡量最终影响力,与预期目标对比,寻找差距和不足;根据影响力管理的经验和教训,进一步完善影响力管理制度、流程和方法,提升影响力管理专业能力。根据咨询机构 BlueMark 调研数据,

39%的机构使用影响力重检成果来提升影响力战略和过程管理。

以影响力投资机构Bamboo为例，其定期重检影响力管理体系，持续优化和完善管理方法，以跟上行业最佳实践，充分反映从影响力投资中吸取的经验教训，以及响应重要的行业倡议。每季度，Bamboo高管层、影响力指导委员会和投资经理共同召开会议，听取影响力管理工作最新进展情况，明确未来一定时期的优先事项，投资经理分享影响力管理体系实施过程中的经验和教训，加强内部交流沟通和信息共享。

第四章 全球影响力投资行动

第一节 全球影响力投资发展概况

一、全球影响力投资支持政策

影响力投资正式诞生之前,特别是20世纪八九十年代,社会影响力投资、社会金融、社区投资等金融模式较盛行,在解决社会问题和促进社区发展方面发挥重要的作用,得到政府的关注和支持。本世纪以来,在相关国际组织和国家的推动下,影响力投资政策数量增多,支持力度增大。

2004年,欧洲公益创投协会成立,致力于推动影响力投资,聚集各类参与主体建设行业标准,完善市场生态体系。2007年,洛克菲勒基金会提出影响力投资概念后,影响力投资逐步得到全球认同,各国协作推动影响力投资发展。

2009年,GIIN正式成立,作为全球性影响力投资协作平台,其重点是促进行业内部交流,开发创新型投资方法,建设有价值的工具和资源,推动行业加快发展,持续扩大影响力投资市场规模。GIIN出版了《全球影响力市场调研报告》,是研究全球影响力投资市场的权威数据来源;发起新资本主义倡议、气候倡议等具有影响力的倡议行动,引领全球影响力投资行业发展。

2013年6月,社会影响力投资工作组在于伦敦举行的八国集团社会影响力投资论坛上成立。该工作组汇集了政府、金融、商业和慈善领域的组织和人士,为市场发展提供政策建议。2015年,该工作组更名为全球影响力投资指导委员会(GSG),在英国、日本、巴西、印度、澳大利亚等国家设立分会。

2018年,联合国开发计划署启动可持续发展目标影响力倡议,期望引导更多私人资金助力完成2030年可持续发展目标。同年，UN-PRI根据全球可持续发展目标，分析了市场投资机会，编制了影响力投资地图，重点聚焦绿色建筑、能源效率、可再生能源、可负担住房、普惠金融、教育、健康、可持续森林、可持续农业和水资源等10个投资主题。

2021年，在七国集团主席国英国推动下成立影响力工作组，集合企业、政府等部门人士，共同应对可持续发展面临的挑战，促进影响力驱动的社会和经济发展。

2023年，七国集团广岛峰会重点讨论发展应对未来突发公共卫生事件的全球卫生框架，促进建立更具弹性、公平和可持续的全民健康覆盖体系，发起全球健康影响力投资倡议，引导社会资金参与全球卫生体系建设。

总体来看，全球从市场标准、财政资金、税收政策、人才培养、法律法规等方面不断完善影响力投资支持政策体系（表4.1）。

表4.1 全球影响力投资支持政策体系

涉及领域	政策名称	政策内容
市场促进	能力建设	建设加速器、孵化器等工具，支持影响力企业发展壮大
	专门的政府部门	政府设立专门部门，制定和监控影响力投资政策
	教育项目	建立影响力投资教育课程或项目
	国家战略	制定政策，建设整个国家的影响力生态体系
	母基金	建立母基金，支持影响力投资基金发展
	影响力交易所	建立联系影响力企业和投资者的平台
市场参与	资本可获得性	为影响力企业和影响力投资基金提供财政资金支持
	基于结果的外包	建立按结果付款的采购制度
	采购中的影响力	将社会或环境指标融入政府采购决策，增加从影响力企业采购的规模

续表

涉及领域	政策名称	政策内容
市场监管	受托义务中的影响力	推动资产所有者将影响力融入投资决策
	影响力报告标准	建立影响力信息披露标准,让利益相关者更清晰地了解影响力企业实现的影响力成效
	法律法规	制定社会和环境贡献方面的法律法规,进一步完善影响力投资规范
	财政激励	通过减税等方式为影响力企业、投资者提供财政激励
	零售类影响力产品	为普通个人投资者供给更多影响力投资产品

资料来源:据 GSG 网站数据整理。

二、全球影响力投资参与主体

各类机构积极参与影响力投资,尤其是黑石、KKR 等全球知名金融机构均已发行相关产品,具有很强的示范效应。GIIN 2022 年统计数据显示,全球 1700 余家机构从事影响力投资,其中 70% 为资产管理机构,17% 为慈善基金会,合计占比达到 87%,成为影响力市场的核心力量(图 4.1)。从机构成立时间看,2006 年以来是影响力投资机构成立活跃期,每年成立数量平均超过 10 家,2014—2016 年年均成立 20 家以上。这个时期影响力投资已经从起步到逐渐被主流机构认可,为影响力投资快速发展注入强大动力。从机构地域分布看,50% 的影响力投资机构位于北美地区,31% 的机构位于除东欧以外的欧洲地区,6% 的机构位于撒哈拉以南非洲地区;北美和欧洲地区影响力投资机构数量最多,市场相对活跃。

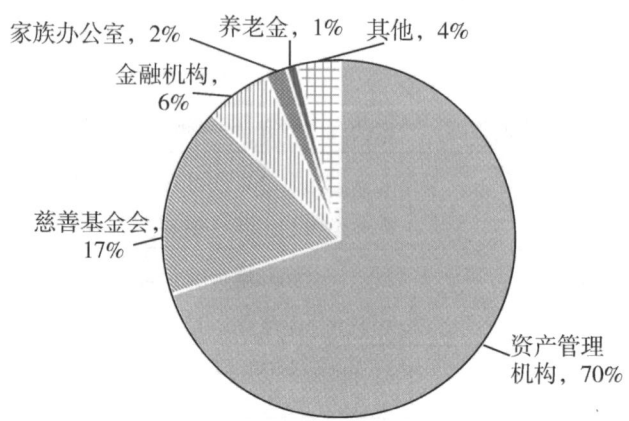

图 4.1　影响力投资机构构成情况

资料来源：据 GIIN 网站数据整理。

各类机构中，专门开展影响力投资的开发性金融机构比例最高，为 88%；专门开展影响力投资的投资机构比例也较高，为 71%；慈善基金会和家族办公室该比例偏低，这两类机构参与影响力投资还有很大的潜力（图 4.2）。

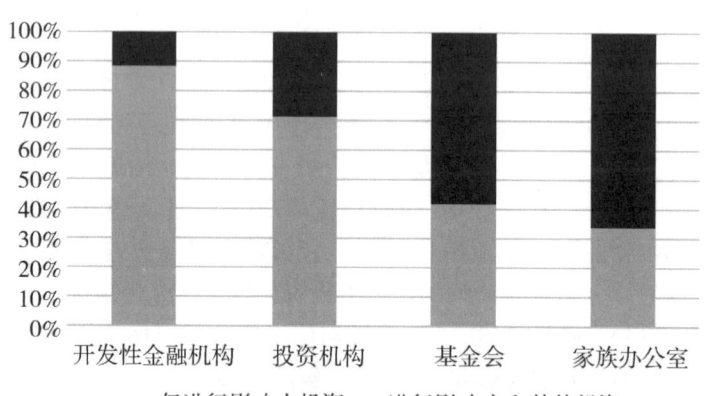

图 4.2　各类机构专门开展影响力投资情况

资料来源：据 GIIN 网站数据整理。

不论是个人投资者还是机构投资者，都越来越关注可持续发展，积极参与社会变革，影响力投资热情持续升高。根据 GIIN 2020 年调研数据，影响力投资资金来自养老金、零售投资者和各类金融机构的占比排名前三位，均超过10%；其次为开发性金融机构、保险机构，均为8%；其他资金来源占比较低。整体来看，影响力投资资金来源以机构资金为核心，占比接近80%（图4.3）。从过去5年资金来源变化情况看，高净值客户、慈善基金会、家族办公室和零售投资者资金增长最为显著，未来机构资金和个人资金来源结构趋于均衡。

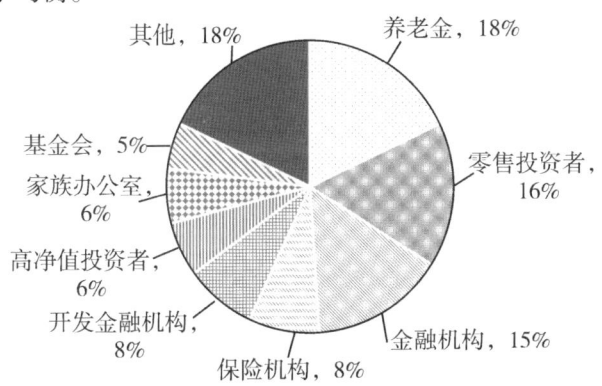

图4.3　全球影响力投资资金来源构成

资料来源：据GIIN网站数据整理。

投资者参与影响力投资的诉求有所不同。机构投资者主要是满足利益相关者需求，与自身投资理念保持一致，也有利于塑造品牌（图4.4）。个人投资者希望通过影响力投资构建与自身价值观一致的投资组合，助力解决社会和环境挑战，收获非财务回报。由此可见，个人投资者积极参与可持续发展，影响力金融产品服务需求升高，有助于推动金融机构强化相关产品服务供给。

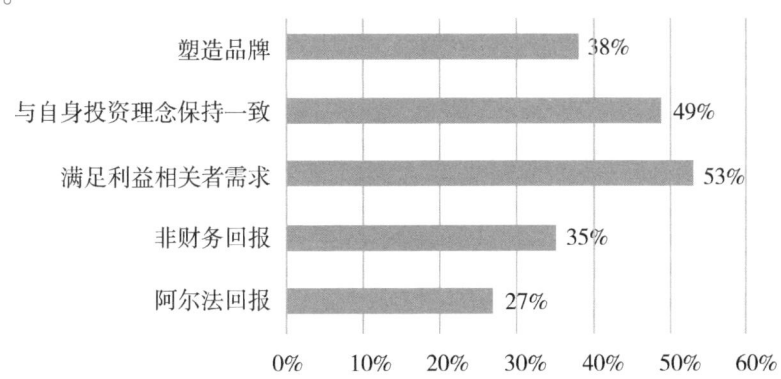

图4.4　机构投资者参与影响力投资的动机情况

资料来源：据GIIN网站数据整理。

投资者对财务回报的要求有所差异，74%的投资者希望获得平均市场投资回报，14%的投资者希望获得接近市场利率的回报，12%的投资者仅希望实现保值。后两类投资者对财务回报的诉求下降，但是对影响力回报的诉求更高，这也有利于支持影响力投资机构开展初创企业投资或者长期投资（图4.5）。

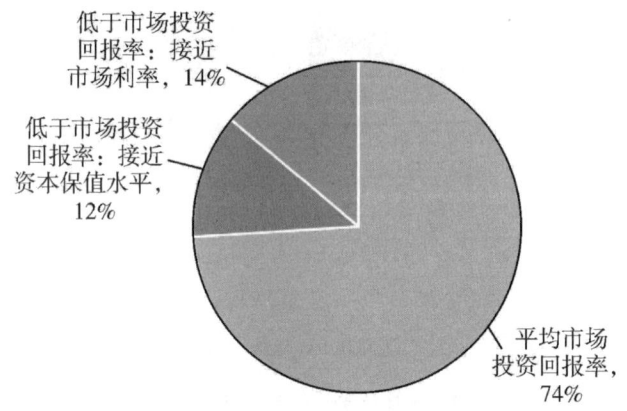

图4.5　投资者财务回报诉求情况

资料来源：据GIIN网站数据整理。

三、全球影响力投资市场发展特点

在各方的推动下，全球影响力投资呈现较快发展态势。截至2021年末，全球影响力投资规模首次超过1万亿美元，达到1.16万亿美元，同比增长61.11%，为支持全球可持续发展、改善社会福祉做出了积极贡献（图4.6）。

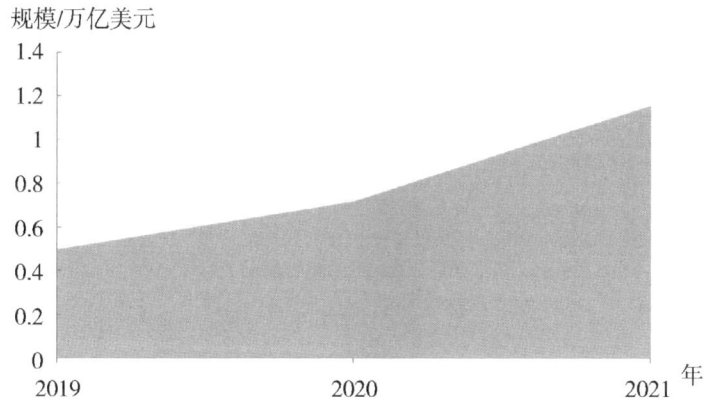

图 4.6　2019—2021 年全球影响力投资规模情况
资料来源：据 GIIN 网站数据整理。

北美，西欧、北欧和南欧，撒哈拉以南非洲是影响力投资分布最集中的地区，占比分别为 29%、23% 和 10%，其他地区分布占比均低于 10%。不同类型的机构资金区域分布有所差异，私募债投资机构主要将资金投向东欧和中亚，私募股权投资机构将资金重点投向北美，低回报要求投资者将资金重点投向撒哈拉以南非洲地区。从增速来看，2022 年全球各地区影响力投资规模增速明显分化，北美，西欧、北欧和南欧，东亚，拉丁美洲增速最快，分别为 53%、33%、21% 和 21%。

影响力投资在能源、金融服务和健康领域的资金分布水平最高，占比分别为 17%、13% 和 9%，其他行业的分布差距不大（图 4.7）。聚焦新兴市场的影响力机构均较关注金融服务和小微金融，原因可能在于新兴市场金融体系不健全，大量人群无法享受到基本金融服务，市场缺口还较大。从增长速度来看，2022 年住房、信息技术和制造业领域的影响力投资规模增长最快，增速分别为 44%、30% 和 28%；各行业领域中仅文化艺术领域的影响力投资规模下降，降幅为 11%。

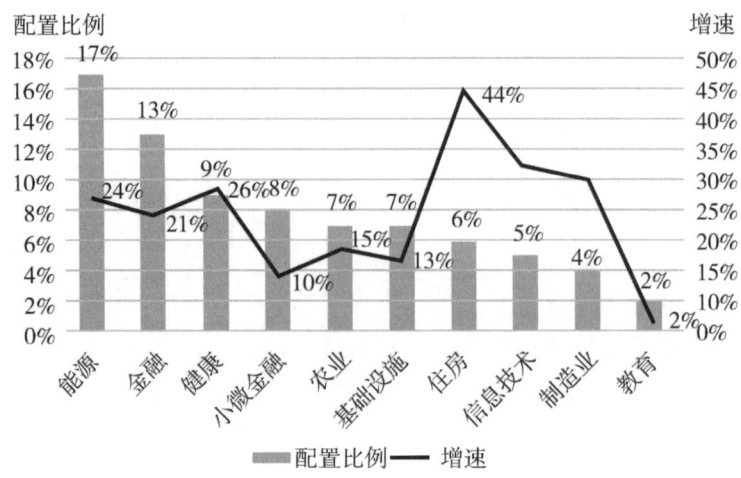

图 4.7　2022 年全球影响力投资行业分布情况

资料来源：据 GIIN 网站数据整理。

截至 2022 年末，影响力投资中私募类资产占据核心地位，私募股权投资、私募债和实物资产的占比分别为 25%、22% 和 17%，合计占比达到 64%，债券和股票占比分别为 14% 和 14%（图 4.8）。从增速情况来看，债券规模增长最快，增速为 101%，主要得益于绿色债券、社会责任债券等各类 ESG 债券蓬勃发展，丰富了影响力投资资产类别。而且近年来金融机构加快推进公开市场影响力投资，GIIN 发布《股票市场影响力投资指引》，未来公开市场影响力投资有望保持较快增长。不动产、私募股权投资增速也较快，增幅分别为 27% 和 21%。

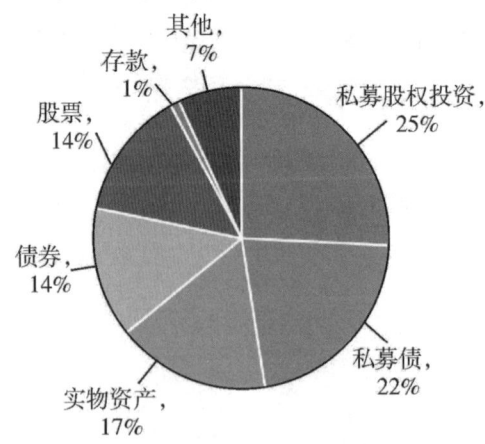

图 4.8　2022 年全球影响力投资资产分布情况

资料来源：据 GIIN 网站数据整理。

全球影响力投资偏好未上市成熟企业，资产配置规模占比为34%；成长型企业投资规模占比为30%，位居第二位；风险投资阶段和创业阶段企业投资比例较低，合计为9%。从增长趋势来看，上市公司的投资规模增速最快，相较2017年增长了53%；成长阶段、风险投资阶段以及未上市成熟阶段企业投资规模增速均超过30%，分别为39%、36%、34%；种子投资阶段企业影响力投资规模增速仅为16%，明显慢于其他阶段企业投资规模增速，原因可能在于这个阶段的企业投资风险过高。

影响力投资不仅关心社会和环境绩效，也关心财务回报。根据GIIN 2023年的调研数据，受全球新冠疫情影响，影响力投资回报表现有所下滑，私募债投资财务回报约为7%，债券投资回报约为2%，私募股权投资回报约为25%，股票投资回报约为9%，不动产投资回报约为10%，除债券和股票投资财务回报低于目标外，其他资产投资财务回报均接近或者高于目标水平。

四、全球影响力投资发展趋势

（一）影响力投资规模继续保持快速增长趋势

全球影响力投资处于快速成长阶段，仍需要吸引更多资金和机构参与其中，进一步推动资产管理规模加快扩大。需要强化影响力投资的经验总结，尤其是平衡财务投资和社会变革作用，让人们认识到影响力投资能够带来预期的投资回报，坚定投资者的信心。在此基础上，加强影响力投资的收益、风险和影响力分析，深入洞察机构投资者偏好，进一步丰富机构投资者可选资产；加大面向个人投资者的产品创设，推动个人资金更多参与影响力投资；加强相关金融工具创新，推动社会影响力债券、性别债券、社会责任债券的广泛应用，拓宽金融资本支持社会可持续发展的渠道；借鉴发达国家经验，帮助发展中国家做大影响力投资市场规模，实现全球各区域的均衡发展。

（二）完善影响力管理工具和衡量方法

影响力投资的独特之处在于能够实现可衡量的社会影响，但是社会影响力管理工具和衡量方法仍不成熟。有必要建立全球统一的数据平台，加强行业数据搜集和交流，利用大数据分析等金融科技工具，构建更加科学合理的评估工具和体系；推进统一的影响力投资流程管控体系，深化影响力评级、货币化衡量工具的应用，深入探究投资与社会和环境影响相互作用的机制原理，构建令人信服的管理架构；加强影响力投资信息披露，提高运行透明性和公开性；搭建平台，促进同业交流，分享同业最佳实践经验，促进成熟经验的复制和推广。

（三）完善影响力投资生态体系建设

实证研究表明，影响力投资的良好发展与多种生态因素有关，如有众多的社会企业、较多秉持共同社会价值观的机构等。一是现有金融理论体系已不适应影响力投资的发展，需要加强金融理论创新和突破，推动影响力投资理念的广泛传播，有机融入社会主流价值观念体系，让其深入人心；二是积极鼓励发展各类社会企业或者非营利组织，它们是推动社会可持续发展的关键，也是影响力投资的主要对象，发展社会企业以及非营利组织，有利于拓宽影响力投资机构的资产选择范围；三是影响力投资需要有社会发展、金融投资等方面的专业人才，需要在高校开设相关专业，加强影响力领域的人才培养，鼓励更多专业人才参与影响力投资，奠定坚实的人才基础；四是发展影响力投资专业研究机构、咨询机构等中介服务机构，实现整个价值链的专业分工，提升市场运行效率。

（四）健全影响力投资支持政策

美国、英国、加拿大、日本等国家的监管部门加快完善相关监管政策，鼓励发展影响力投资，个别国家给予一定税收优惠，提高影响力金融产品的吸引力。不过整体来看，监管政策依然不够友好，受托责任等方面的监管要求不符合影响力投资发展现状。影响力投资有别于传统投资，需要建立促进影响力投资的监管政策环境，增加相关激励机制，如增加税收激励、简化监管政策、推动产品服务创新等，以提高社会主体参与积极性。同时，根据影响力投资特点，建立受托责任、投资管理流程、信息披露等监管要求，指导各类机构更好地开展影响力投资，提高业务规范性。此外，推动建立行业自律组织，促进监管部门与行业之间的沟通和交流。

（五）发力气候变化等关键领域

助力全球可持续发展目标和《巴黎协定》实现仍是影响力投资的重要发力领域。影响力投资机构应结合本地区情况，优选能源、农业、教育等高影响力行业领域，推动深层次变革。根据GIIN 2023年调研数据，在应对气候变化领域，影响力投资机构最为关注清洁能源投资机遇，占比为72%；食品和建筑领域的关注度也较高，占比分别为64%和56%（图4.9）。

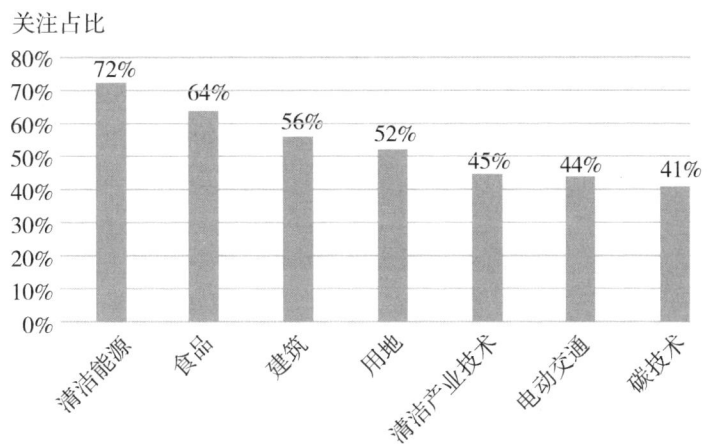

图4.9　气候变化领域的影响力投资关注重点

资料来源：据GIIN网站数据整理。

第二节　英国影响力投资行动

英国2023年GDP约为2.69万亿英镑，排名全球第六位；英国也是全球金融中心，资产管理规模排名欧洲第一位。英国影响力投资政策体系日渐完善，社会企业、慈善组织等主体积极参与影响力事业，金融机构参与影响力投资热情较高，市场生态体系逐步健全，成为全球影响力投资领先的国家之一。

一、英国影响力投资支持政策

英国一直以来高度重视影响力投资，早期主要推动社会投资，支持社会企业和慈善组织发展；影响力投资概念兴起后，通过影响力投资解决社会经济发展难题，鼓励创新投资模式，支持净零转型。

在组织管理方面，2000年，英国财政部支持建立社会投资工作组，研究全面发展社会投资市场推动政策。2003年，由专门的政府部门负责推动影响力投资工作。2013年，英国在召开八国集团峰会期间，发起成立社会影响力投资工作组，推动政府和金融部门加强对影响力投资的支持。2016年，英国在文化、媒体和体育部设立普惠经济部（Inclusive Economy Unit），促进政府和民间合作，加强社会投资市场建设，利用私人投资和商业力量造福所有英国人。

在动员社会资金方面，2008年，英国实施《休眠银行账户法案》，规定对于闲置时间超过15年的银行账户，政府可以使用账户内的资金支持社会公益事业。2012年，英国实施《社会价值法案》，要求政府公共部门对外采购时，考虑为经济、社会和环境提供更大价值，支持影响力事业发展。2014年，英国政府推出社会投资税收减免优惠政策，鼓励个人向慈善组织、社会企业等主体投资。为了便利个人参与影响力投资，防止洗绿问题，2023年英国起草ESG投资产品服务信息披露监管政策，将ESG投资区分为可持续聚焦基金、可持续提升基金和可持续影响基金三类，要求可持续影响基金加强影响力指标、计量方法、影响力成效等信息披露。

在生态体系建设方面，英国设立影响力投资研究院，建设知识分享平台，加强重点课题研究，提供专业人才培养支持；建设社会影响力投资论坛，促进政府、金融机构、社会企业等利益相关者之间的对话和沟通，加强良好实践经验分享；支持建立各类社会企业孵化器或者创新加速器，为社会企业、慈善组织、中小企业提供投融资咨询服务。

英国影响力投资政策体系涉及发展规划、社会企业扶持、社会资金动员、能力培育和建设等方面，政策体系日渐健全和成熟。而且，英国积极推动全球重视和支持影响力投资，参与建设全球性行业组织，帮助其他国家和地区促进影响力投资成长。

二、英国影响力投资参与主体

（一）资金供给主体

1. 金融机构

金融机构能够为影响力投资提供中介服务，帮助发行债券和撮合相关交易，也可以供给各类影响力金融产品。在监管部门倡导下，英国商业银行、投资管理机构加大力度开发影响力投资产品服务，以满足客户需求，提高社会和环境领域的资金支持力度。根据英国投资顾问机构 Redington 2022 年调研数据，40% 的受访英国投资管理机构已开展影响力投资。此外，英国影响力投资研究院积极推动家族资金、慈善资金、养老金等机构参与影响力投资，为社会企业提供更多中长期资金。

从实践看，以巴克莱银行为例。其是英国最大的商业银行之一，持续加大可持续金融和影响力投资，加强低碳转型业务领域战略布局，2023—2030 年将增加 1 万亿美元可持续金融和转型融资。2019 年，巴克莱银行设立可持续影响力投资基金，重点投资低碳创新技术及碳捕捉技术，支持解决环境和社会问题，并承诺到 2027 年该基金投资规模达到 5 亿英镑。

2. 专业影响力投资机构

除了金融机构，英国还活跃着很多专门从事影响力投资的机构，它们中间既有政府背景的机构，也有私人设立的机构。

政府为了扩大影响力投资资金来源，利用财政资金、银行休眠账户资金等资金，建立母基金，直接投资影响力基金，与金融机构合作开展产品创新，完善行业技术方法和标准。以大社会资本（Big Society Capital）为例。其成立于 2012 年，由英国政府和金融机构出资成立，初始资本金 6 亿英镑，主要作为影响力投资母基金提供资金支持，推动影响力投资市场发展。大社会资本成立以来对外投资规模超过 8.98 亿英镑，带动社会资金约 33 亿英镑，投资了 3500 多个机构，75% 的被投资企业服务弱势群体或者公共服务尚未覆盖的人群。从大社会资本资金投向来看，35% 投向住房领域，19% 投向市民和社区建设领域，投向就业培训、普惠金融的比例分别为 9% 和 9%。

20 世纪以来，可持续银行从理念变为现实，其经营管理注重对社会和环境的影响，也是影响力投资的重要参与者。英国活跃着以慈善银行（Charity Bank）为代表的可持续银行。慈善银行成立于 2002 年，主要向慈善组织和社会企业发放贷款，负责任地运用资金支持社会可持续发展，这是它与传统银行的最大区别。2022 年，慈善银行 60% 的贷款支持在服务不足或者资金支持不足地区运营的组织，同时也支持各类组织减少碳足迹，有效应对气候变化。截至 2022 年末，慈善银行向慈善组织和社会企业发放贷款 5370 万英镑，其中住房和基础设施领域贷款 1740 万英镑，艺术和体育领域贷款 1570 万英镑，就业和教育领域贷款 650 万英镑。

3. 个人投资者

个人投资者还不是英国影响力投资市场的重要参与者，投资规模较小。不过，英国居民参与社会发展的热情逐步升高。根据英国政府 2019 年的调研数据，46%的受访者了解影响力投资，30%的受访者将影响力作为投资决策的五个重要因素之一。英国政府积极推进零售类影响力投资产品市场发展，完善个人参与社会投资的支持政策，通过免税等财政刺激政策，增强影响力投资吸引力；将部分影响力金融产品纳入免税投资账户资产配置范围，拓宽投资渠道。但英国仍需要解决居民参与影响力投资时面临的困难。根据景顺基金 2023 年调研，对于影响力实现的担忧以及产品服务信息获取不畅阻碍了居民的投资热情。

为了便利民众优选影响力投资产品，英国涌现了很多提供影响力投资顾问服务的中介服务机构和平台。独立机构 Good With Money 依据道德标准和社会影响标准对各类金融机构和产品排名，为个人选择负责任的金融机构和产品提供指南；特里多斯等机构设立影响力众筹平台和投资平台，为个人客户提供专业的金融服务。

（二）资金需求主体

社会企业、慈善组织以及其他小微企业是参与英国社区建设、解决社会发展难题的关键力量，是影响力资金需求最重要的主体，在英国社会和国民经济发展中占据重要地位。

英国是社会企业的发源地，最早可追溯至 19 世纪中叶。英国目前允许设立多种形式的社会企业，如社会利益公司、共益企业、社区利益公司等。根据 2023 年统计数据，英国社会企业总数约为 13.1 万个，占所有企业组织的 2.4%，其中 33% 的社会企业处于初创期，22% 的社会企业在英国最贫困的地区运营；解决就业人口 230 多万人，实现营业收入约 780 亿英镑。

英国慈善委员会统计数据显示，截至 2023 年 3 月末，英国登记了 16.89 万家慈善组织，预计未登记慈善组织数量为 8000～10000 家。整体来看，英国共有 17 万家左右的慈善组织，约 80% 为小微型慈善组织。从已登记慈善组织来看，2022 年慈善组织实现收入 880 亿英镑，贡献了英国 GDP 的 0.8%；工作人员 9.25 万人，约占英国劳动人口的 3%。

社会企业或者慈善组织可以通过发行慈善债券、社会影响力债券、社区债券筹集资金。慈善债券是社会企业或者慈善组织募集资金用于对社会或环境具有正面影响的项目的一类债券。与一般债券不同之处在于，慈善债券需要通过特殊目的载体——零售慈善债券公司（RCB）审批，由其在伦敦证券交易所发行慈善债券，发行后债券可以在伦敦证券交易所交易。自 2014 年英国发行第一只慈善债券以来，已经累计发行近 4 亿英镑的慈善债券，30

多个慈善组织和社会企业实现融资。为了配合慈善债券的发展，大社会资本发起成立规模超过 3000 万英镑的慈善债券支持基金，2019 年该基金规模提升至 3 亿英镑。除了慈善债券，社会影响力债券日渐兴起。2010 年，英国率先推出全球第一只社会影响力投资债券。截至 2023 年末，英国共发行 98 只社会影响力债券，募集资金规模超过 1.05 亿英镑，其中 31.6% 的社会影响力债券投向就业培训领域，22.4% 投向解决无家可归人群问题领域，21.4% 投向儿童和家庭福利领域。

英国积极发展影响力投资，帮助解决慈善组织、社会企业以及其他小微企业融资难问题，但仍有部分融资需求未得到满足。根据调研数据，50% 的受访社会企业认为合意的金融服务不足，1/3 的受访社会企业认为现有金融服务不适合它们，主要是资金期限较短，在新产品或新项目实现盈利前需要偿还资金，亟需社会提供更长期、更耐心的资金。此外，部分社会企业缺乏必要的融资渠道、融资方式等专业技能，也影响其获得外部金融服务。

（三）影响力投资推动组织

为解决投融资信息不对称问题，英国推动建设影响力项目交易平台。2013 年，由大社会资本牵头成立英国社会证券交易所，主要提供社会企业等主体投融资信息，方便投融资项目对接。在社会证券交易所挂牌的企业需要通过社会影响力测试，重点检验企业社会事业方面的影响力、目标受益人、产品服务具体信息、影响力证据、社会影响力信息披露等情况。Ethex 也是此类型交易平台，提供影响力债券、投资基金等产品交易服务。通过该平台，已有超过 200 个影响力项目获得融资，20000 多个投资者参与投资。

英国影响力企业加速器或者孵化器为企业提供技术、专业能力以及融资方面的支持。以可持续影响力投资加速器项目为例。这是一个为期 3 个月的加速器项目，由英国创新署资助，选择能够在健康、气候、食品等领域切实对社会产生深刻影响的企业，在 3 个月内提供专业知识、能力建设、融资等方面的辅导和资源对接，支持企业继续扩大社会影响力。已经入围的影响力企业包括海洋能源企业 Achelous Energy、农业技术企业 Greener 等 13 家企业。

三、英国影响力投资产品服务

英国影响力投资发展具有较悠久的历史，早期体现为伦理投资，以宗教信仰作为投资指导，至今仍然有面向教会或者信徒的伦理投资产品服务。16世纪，英国开始有机构专门向社会企业、慈善组织提供投融资服务，支持其参与解决社会经济发展问题，创造更高的社会福利。2007年，影响力投资概念诞生，英国全面拥抱影响力投资。

根据大社会资本统计数据，截至2022年末，英国影响力投资规模达到94亿英镑，同比增长18%。其中，社会住房基金规模为51亿英镑，占比为54%；社会借贷规模为35亿英镑，占比为37%；社会风险投资规模为6.73亿英镑，占比为7%。根据英国影响力投资研究院统计数据，截至2020年末，英国影响力投资中资产管理公司影响力投资规模占比39%，规模最大；保险公司、开发性金融机构占比分别为16%和7%；养老金等其他机构投资规模占比较小。伦敦位居英国影响力投资最核心的地位，苏格兰等地区也在积极推动发展影响力投资。

英国影响力投资重点关注减贫、清洁能源以及可持续城市和社区三大领域，与联合国2030年可持续发展目标重点关注的领域较一致；重点聚焦贫困人口、残疾人、妇女和儿童等弱势人群（占比分别为78%、65%、65%、60%），帮助他们重新获得美好生活（图4.10）；关注全球投资机会，62.5%的影响力资金在世界范围筛选投资标的，21.2%的影响力资金投资发达国家项目，16.2%的影响力资金投资英国本土项目。

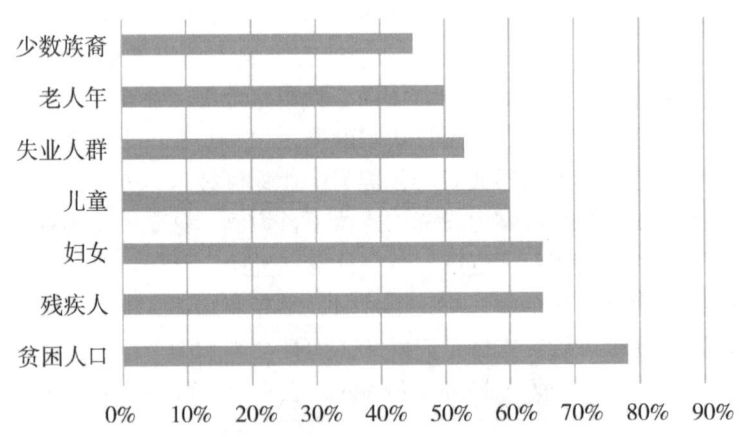

图4.10 英国影响力投资机构目标人群情况

资料来源：据Impact Investing Institute网站数据整理。

根据《英国影响力投资表现（2023）》报告，英国影响力投资中私募资产占比为32.8%，其中不动产投资占比为14.6%，私募股权投资占比为9.3%，基础设施投资占比为5.7%；公开市场资产占比为67.2%，其中股票投资占比为56.5%，债券投资占比为9.4%。

影响力投资能够在不牺牲投资收益的情况下，获得积极的社会和环境影响。从英国影响力投资研究院调研数据来看，44%的受访者认为与目标一致，36%的受访者认为略高于目标，仅有5%的受访者认为显著低于预期。具体来看，影响力回报方面，63%的受访者认为与预期一致，32%的受访者认为好于或显著好于预期，仅有5%的受访者认为低于预期；财务回报方面，49%的受访者认为与预期一致，41%的受访者认为略好或者显著好于预期，仅有10%的受访者认为低于预期。英国影响力投资回报的结论与全球基本一致，再次证明财务回报和影响力回报可以兼得。

四、启示

英国影响力投资发展时间早，政策体系较完备，面向影响力企业的创新金融服务较多，影响力投资市场发展相对成熟。

（1）完善影响力投资推动政策。政府政策对推动影响力投资发展具有重要意义，英国政府设有专门部门推动影响力投资发展；建立影响力投资论坛，促进政府、金融机构和社会企业之间的对话；在政府采购、推动市场发展、法律法规等方面，形成了强有力的政策支持。

（2）促进影响力金融创新。传统金融工具不太适合影响力投资发展，需要探索发展新型金融工具。英国积极创新发展社会影响力债券、慈善债券、社区债券等，支持社会公共服务供给模式创新，提高财政资金使用效率；建设影响力投资交易平台，降低信息不对称，提高投融资对接效率。

（3）动员社会资金支持影响力投资。英国政府动用闲置银行账户资金支持社会公益事业发展，建立大社会资本等母基金专门投资影响力基金，增强市场活力。在政府带动下，英国金融机构积极发展影响力投资，除传统商业银行、资产管理公司以外，还涌现了慈善银行等专门参与影响力经济发展的金融机构。此外，政府通过减税等政策激励个人参与影响力投资，引导养老金、慈善资金、家族资金等中长资金提升参与影响力投资的力度。

（4）加强专业能力培养。英国设立影响力投资研究院，伦敦政治经济学院等高等院校设有影响力投资研究机构，共同建立知识分享平台，开设专业培训课程，支持社会企业强化能力建设，培育专业人才。

（5）加强国际合作。英国影响力投资起步早，发展经验丰富，通过八国集团峰会等渠道，倡导影响力投资理念，牵头建设全球性行业组织，推动全球影响力市场的发展。此外，英国还参与发展中国家影响力市场建设，提供政策制定、资金等方面的支持，形成了较好的国际交流和合作。

第三节　日本影响力投资行动

日本 2023 年 GDP 为 593.43 万亿日元，排名全球第四位。近年来，日本注重发展可持续金融和影响力投资，以解决日本经济社会面临的老龄化、气候变化等突出挑战。在政策支持下，日本影响力投资加快发展，参与主体增多，影响力管理和衡量方法得到规范，投资成效日渐显现。

一、日本影响力投资支持政策

20 世纪 90 年代开始，日本向生态型经济转型，将 ESG 投资概念引入国内。1999 年，日本设立首只 ESG 投资基金——日兴生态基金。2008 年，日本开始出现影响力投资。2021 年，日本首相岸田文雄在政策演讲中首次提及影响力投资，日本政府积极出台相关支持政策，影响力投资在日本金融体系中的地位进一步上升。

（1）设立影响力投资相关机构和组织。专门成立影响力投资政府组织，为影响力经济发展提供全面的政策指导和支持举措。2014 年，日本成立全球影响力投资指导委员会日本国家咨询委员会，该组织通过研究、学术研讨等形式推动影响力投资发展和生态体系建设，2018 年开始每年对日本影响力投资市场展开调研，提出相关政策建议。2022 年 10 月，日本金融厅在可持续金融专家委员会下设立影响力投资工作组，由金融人士、学者等领域人员组成，旨在提出促进影响力投资发展的政策建议。2023 年 6 月，该工作组提出制定《影响力投资基本指引》等政策建议。2023 年 11 月，日本金融厅建立日本影响力联盟，促进监管部门与金融机构的沟通交流。

（2）建立影响力投资推动政策。日本主要制定整体规划、资金引导、建立行业标准等政策促进影响力投资发展。在整体规划方面，日本政府在《新型资本主义的总体设计和行动方案》中，强调要加强人、科技、创业企业以及绿色转型和数字化转型方面的投资，支持各类影响力项目，促进影响力投资成长。2023年5月，日本在七国集团峰会上积极倡议推动全球健康领域的影响力投资，强化了日本在全球影响力投资领域的推动作用。在资金引导方面，2018年，日本实施《休眠存款活用法》，要求闲置时间超过10年的休眠存款由日本政府用于社会公共事业，为影响力经济提供资金支持。在行业标准方面，2021年5月，全球影响力投资指导委员会日本国家咨询委员会发布《影响力管理和衡量指引》，建议资产管理机构将全球可持续发展目标作为确立影响力管理的基本参照，同时也要考虑各地政府设定的发展目标和指标；2023年6月，日本金融厅推动制定《影响力投资基本指引》，以此建立影响力投资领域的行业标准。

（3）利用公共资金支持影响力投资。公共资金能够发挥杠杆作用，撬动社会资金参与影响力投资。2022年，日本东京都政府与金融机构合作设立东京福利影响力基金。该基金主要有两个目标：一是希望通过政府和私营部门合作的方式，推动影响力投资发展，解决社会问题；二是提升东京居民福祉，使每个人都能过上健康的生活。

（4）促进影响力投资能力提升。日本中央政府和地方政府均提供影响力投资或者影响力事业的能力培训，而且地方政府一般设有专门的部门负责能力建设工作。除了政府以外，部分高校或者研究机构也提供影响力投资相关课程，组织开展培训活动。

二、日本影响力投资参与主体

（一）资金供给主体

1. 金融机构

金融机构是推动影响力投资的重要参与者，或为影响力投资提供资金支持，或整合社会资金为企业提供资金融通服务。2021年11日，日本发起日本影响力驱动型金融倡议，旨在推动各类金融机构开展影响力投资，积极参与解决社会和环境问题。截至2023年末，已有74家日本金融机构和服务机构加入该倡议。

根据《日本影响力投资的现状和挑战调研报告（2022）》调研数据，日本已有46家金融机构、慈善基金会等机构开展影响力投资，涌现了如Future Venture Capital等机构投资者（表4.2）。其中，信托银行等银行机构数量占比为22%，数量最多；其次为资产管理机构，占比为17%；保险公司、私募股权及创投机构、慈善基金会数量占比分别为15%、17%、9%。上述机构最早从2008年开始探索发展影响力投资；大部分机构2017年以后开始涉足影响力投资，占比为78%。2017年、2019年和2021年是各类主体参与影响力投资数量最多的年份。日本第一生命保险有限公司（以下简称"第一生命保险"）2015年加入责任投资倡议组织；2017年开始尝试影响力投资，是日本大型人寿公司中较早开展影响力投资的；2021年加入日本影响力驱动型金融倡议。第一生命保险开展影响力投资时，由业务部门首先确定该项投资是否为影响力投资，由责任投资会议审议和进一步确认，最终审议结果向责任投资委员会报告。第一生命保险对各类资产制定了差异化的影响力投资标准、管理和衡量方法，并根据监管政策、业务变化等因素不定期修订投资标准。

表4.2 部分日本影响力投资机构情况

机构名称	投资领域
KJR Management	不动产投资
Nissay Asset Management Corporation	股票投资
Future Venture Capital	私募股权投资
Whiz Partners	私募股权投资

日本影响力投资机构管理的资产规模中位数为69.49亿日元，管理规模在100亿日元以下的机构占比为54%，管理规模在100亿～1000亿日元的机构占比为22%，管理规模超过1000亿日元的机构占比为24%。展望未来，84%的受访机构将继续增加影响力投资规模，只有2%的机构会减少投资规模，日本金融机构参与影响力投资的积极性仍较高。

2. **个人投资者**

个人参与影响力投资热情上升，特别是千禧一代和Z世代的意愿更高。从日本情况看，日本社会创新和投资基金会2023年的调研数据显示，7.1%的受访者了解影响力投资，这一比例是自2019年以来的最高水平，而且Z世代和千禧一代更了解影响力投资，持续的政策推动和投资者教育起到了一定作用。需要注意的是，仍有82.4%的受访者从未听说过影响力投资，说明日本影响力投资的知识普及率仍不高。17.7%的受访者有意愿参与影响力投资，具有一定投资经验的Z世代和千禧一代人群对影响力投资更加感兴趣,他们希望在获得中长期投资收益的同时,为解决社会问题做出贡献。

从影响力投资方向来看,个人受访者更加青睐投资可再生能源、环境保护、可持续农业、低成本医疗照护等领域的影响力企业。比较而言,20~30岁年龄段的女性更加关注育儿领域的企业,而同年龄段的男性更加关注基础设施和城市发展领域,体现了不同性别关注影响力领域的差异性。从具体资产配置情况来看,对影响力投资感兴趣的人群中,64.3%的受访者投资金额小于50万日元,20%的受访者投资金额在50万~100万日元,15.7%的受访者投资金额大于100万日元;对影响力投资越感兴趣、家庭财产规模越高,愿意配置的影响力资产规模也越大。

日本金融机构积极研发影响力金融产品服务,日本公共养老金已全面落实ESG和影响力投资,日本居民支持金融机构开展影响力投资。17%的受访者支持日本养老金机构开展影响力投资,19%的受访者支持企业年金开展影响力投资。如果金融机构投资碳排放量较高的企业,34.5%的受访者表示将撤资或者远离该类金融机构。

(二)资金需求主体

社会企业是解决社会和环境问题的核心主体。据统计,日本社会企业超过20万家,雇佣近600万人,对日本GDP的贡献超过3%。

日本《新型资本主义的总体设计和行动方案》特别指出,要推动私营部门参与解决社会问题,鼓励发展初创企业、社会企业、非营利组织等主体,研究允许设立共益企业等新型企业组织形式。为了落实日本政府的政策导向,2023年,日本经济产业省发起名为"日本创业影响力"的项目,通过公私合作的方式,为其提供项目展示、专家咨询等服务,支持影响力创新企业发展。首次筛选了30家影响力突出的初创企业,如:自然能源集团,主要提供太阳能、风能等可再生能源开发,助力绿色低碳发展;日本高松公司,主要提供孕妇远程诊疗服务。

根据日本影响力创业协会研究显示,日本当前影响力创业的重点方向包括环境、能源、医疗、农业、教育、普惠金融等。

(三)影响力投资推动组织

公益组织和行业组织是推动日本影响力投资的重要力量,它们可以有效连接政府部门和其他市场主体,帮助解决影响力投资发展过程中的突出挑战和难题。

日本影响力投资推动机构主要有两类：①聚焦影响力企业的组织。例如，影响力创业协会成立于2022年10月，主要成员为影响力初创企业，旨在加强行业交流和学习，为政府提供政策建议。②聚焦影响力管理和社会变革的综合性组织。例如，社会影响力管理倡议组织创始于2016年，现有企业、金融机构、政府部门等近300个机构成员，主要推动日本社会影响力管理；社会创新和投资基金会主要促进影响力投资生态体系建设；日本影响力投资网络主要联合企业、投资者和其他利益相关方建立行业平台，促进经验交流。

日本已建立创业加速器或者孵化器，帮助初创企业或者社会企业成长壮大。例如，日本社会影响力实验室开展专业培训、工作坊，激发促进社会变革的新想法和新构思，依照上述构想设计社会企业运营管理模式和市场营销方案，通过对接外部金融机构资源，帮助社会企业解决融资难题，形成社会企业创意、设计、启动和成长的闭环服务。

三、日本影响力投资产品服务

根据《日本影响力投资的现状和挑战调研报告（2022）》调研数据，截至2022年末，日本影响力投资规模约为4.94万亿日元，同比增长374%，是2018年的1574.9倍，增长速度非常快。这得益于政策推动、影响力理念广泛传播、更多主体参与等有利因素。

（一）社会影响力债券发展

日本2017年落地首只社会影响力债券，在八王子市提高居民接受大肠癌筛查率，该项目规模为887万日元，服务供应商为癌症扫描公司，投资者为瑞穗银行、社会影响力投资基金会等机构投资者，项目绩效指标包括癌症筛查率、发现患有早期癌症的人数等。

根据英国社会金融网统计数据，截至2023年末，日本共实施了18个社会影响力债券项目，筹集资金超过61万美元，惠及超过8万居民，成为英国、美国和葡萄牙之后，实施社会影响力债券项目最多的国家。这18个项目中，61.1%的项目分布于健康领域，22.2%的项目分布于就业培训领域，其余分布于儿童福利、教育等领域。截至2023年末，38.9%的社会影响力债券已经顺利结束，还有61.1%的项目仍在实施过程中。

（二）影响力投资资产形式和行业领域

影响力投资适合于存款、债券、股票、私募股权投资等各类资产，不同国家会呈现一定的差异。截至2022年末，日本影响力投资包括贷款、股票、私募股权投资和债券等资产形式，占比分别为48%、34%、9%和8%。与全球影响力投资资产分布相比，日本贷款、股票占比更高，而私募股权投资、私募债占比更低。其原因主要在于：一是日本银行机构参与影响力投资比较积极，信贷资产占比会更高；二是日本影响力投资仍处于起步阶段，金融机构更加偏好信贷资产、股票等传统资产，对于私募股权投资、私募债等另类资产的运用还不成熟。

日本影响力投资的企业以上市企业和成长阶段企业为主，占比分别为74%和16%，投资企业偏成熟。不过，日本政府近年来鼓励支持影响力创业，未来初创企业占比有可能逐步增多。2022年，日本初创企业股权投资规模达到历史新高的9459亿日元。比较而言，全球影响力投资更加偏重成熟阶段和成长阶段的企业，上市公司投资占比明显低于日本。

日本影响力投资重点关注医疗健康、气候变化减缓、气候变化适应、小微金融、城市建设等领域，占比分别为29%、25%、10%、6%、3%；全球影响力投资则重点关注能源、金融、健康、小微金融、农业等领域。比较而言，二者均关注气候变化、金融、健康领域，不同之处在于日本还关注城市建设。

日本影响力投资机构加快相关产品创新研发，满足投资者需求。以日本投资管理机构Capital Medica Ventures为例，其推出东京健康影响力基金和社会影响力基金，前者主要投资社会经济、健康、护理和医疗领域的初创企业，后者旨在解决奈良及其周边地区的社会问题；BIG Impact作为一家新成立的风险投资公司，利用初创企业的力量推动日本社会变革；影响力众筹平台Music Securities为投资者提供混合融资、影响力投资产品服务。

（三）影响力投资回报向好

通常而言，影响力投资的财务回报并不比传统投资低。从《日本影响力投资的现状和挑战调研报告（2022）》调研数据来看，58%的受访机构认为影响力投资财务回报高于市场收益率，24%的受访机构认为低于市场投资回报收益率；54%的受访机构认为影响力投资回报与预期一致，37%的受访者不太确定。

从影响力回报来看，获得社会和环境影响力是影响力投资的独特特征之一。根据调研数据，59%的日本受访机构认为获得的影响力回报与预期一致，2%的受访机构认为超出预期，还有39%的受访机构不太确定。

总体来看，日本机构对于影响力投资财务和影响力回报的满意度要低于全球平均水平，主要在于很多日本投资者刚刚开始探索影响力投资，还没有经历完整的投资周期，调研中很大一部分投资者无法确定投资回报的高低。

四、启示

日本面临老龄化、可持续发展等挑战，近年来逐渐重视影响力投资。作为该领域的后起之秀，日本在支持政策、法律法规、市场分析、资金动员等方面都有较大进展，影响力投资规模进入快速增长轨道。

（1）将可持续金融和影响力投资放到更加突出的位置。全球面临可持续发展和应对气候变化的挑战，金融机构将在资金配置方面发挥重要作用。不过，传统金融范式无法适应当前经济社会发展需要，必须将可持续因素充分融入金融体系，形成可持续金融和影响力投资新范式。日本政府高度重视可持续金融和影响力投资的突出作用，制定《新型资本主义的总体设计和行动方案》等总体战略，建立与"双碳"目标相适应的发展目标，制定可持续金融中长期发展路线图，做好政策引导。

（2）加强影响力投资政策支持力度。影响力投资仍是新事物，相比其他ESG投资更加复杂，需要加大政策支持力度。日本学习英国经验，建立使用长期闲置银行账户资金支持公共事业的政策制度，加强社会资金动员力度；设立影响力投资工作组、影响力联盟等专家智库和平台，牵头聚合社会各界的力量，加强行业交流，为制定相关政策提供意见和建议；加强影响力投资专业培训，增强金融机构、企业在此方面的专业能力；加强国际交流，学习其他国家和地区的优秀做法，推动全球健康领域的影响力投资。

（3）制定影响力投资行业标准。影响力投资管理比较复杂，容易产生漂洗影响力的问题，要通过制定行业标准促进行业健康发展。日本监管部门加强影响力投资术语、影响力管理和衡量方法等标准的制定，引导参与主体注重影响力投资的社会和环境绩效；加强优秀影响力投资案例、行业数据收集整理，更好地跟踪和分析行业发展态势，为解决行业发展难题提供支持。

（4）推动影响力经济领域的创新。日本发展社会影响力债券等创新工具，探索建设社会企业交易所，为影响力企业提供融资便利；探索建立共益企业等新的企业形态，丰富社会企业法律形态。

（5）完善影响力市场生态体系建设。日本影响力投资、影响力企业等方面的行业组织、慈善基金会、加速器项目逐步增多，为影响力经济发展提供研究、资金支持、咨询等方面服务，普及影响力投资理念和文化，夯实行业发展基础，提高市场运行效率。

第四节　澳大利亚影响力投资行动

一、澳大利亚影响力投资支持政策

面对突出的气候变化、低收入人群住房困难等可持续发展挑战，澳大利亚制定了可持续金融发展战略，重视影响力投资，引导社会资金参与解决经济社会长远发展问题。

2015年，澳大利亚新南威尔士州政府成立社会影响力投资办公室，也是澳大利亚唯一的专注管理影响力投资的政府部门。2019年，澳大利亚联邦政府成立社会影响力投资工作组，为影响力投资发展提供政策建议。该工作组2020年发布中期报告，2023年发布最终报告，建议澳大利亚建立支持社会企业发展的基金会、成立澳大利亚影响力投资母基金、鼓励社会企业层面的政府采购，推动影响力经济走向成熟。

2017年开始，澳大利亚政府每年安排财政资金支持社会影响力投资、市场扩大以及生态体系建设。2017年，澳大利亚政府安排3800万澳元的财政资金，其中2200万澳元支持联邦政府及州政府层面的社会影响力投资，750万澳元用于建立产业准备基金（Sector Readiness Fund），支持社会企业发展，助力其获得其他社会资金。2019年，澳大利亚政府安排1410万澳元财政预算，支持按结果付费项目试验。2023年，澳大利亚政府继续安排1.998亿澳元政策组合，其中1亿澳元用于建立社会影响力投资成果基金，与特定组织、州政府建立伙伴关系，根据特定群体的需求提供可衡量的影响力成果；为社会企业发展提供1160万澳元资金，向符合条件的社会企业提供能力建设支持。除了关注本国市场，澳大利亚也积极参与亚太地区影响力投资发展。2016年，澳大利亚政府成立太平洋社会企业投资准备基金，与利益相关者合作，以推动太平洋地区影响力经济发展。

澳大利亚成立社会影响力中心，由提供社会变革教育、工具和研究的4所澳大利亚大学共同组建，其他大学也积极开发影响力投资等相关课程。除此之外，Y-Gap等非营利组织参与开发专业加速器项目，助力建设影响力变革能力。

为了强化影响力投资市场规则，2017年，澳大利亚财政部制定政府影响力投资原则，要求政府作为市场推动者和开发者，公平分担风险和回报，稳健地衡量和评估影响力结果。此外，澳大利亚维多利亚州发布澳大利亚首个社会采购框架体系，将社会影响融入采购决策，给予社会企业更多参与投标和提供服务的机会。

二、澳大利亚影响力投资参与主体

（一）资金供给主体

澳大利亚资产管理规模排名全球第六位，特别是养老金累积规模庞大，能够为影响力投资提供资金支持。根据澳大利亚责任投资协会调研数据，澳大利亚影响力投资机构中投资管理机构和投资顾问数量占比为44.8%，其次为慈善基金会、家族办公室等机构。

影响力投资集团、澳大利亚社会创投（SVA）是澳大利亚比较有名的影响力投资机构，投资管理机构Melior、Mind Ventures等积极发行影响力投资基金（表4.3）。以澳大利亚社会创投为例，其为一家非营利组织，致力于与合作伙伴共同努力，减轻不利因素，建设所有人和社区都能繁荣发展的澳大利亚。该组织向营利性和非营利性组织提供50万~150万澳元不等的灵活资金，用于股权投资、贷款或社会影响力债券投资等。项目筛选标准为：能够为澳大利亚处境不利的人们创造有意义的社会成果；对于股权投资，被投资企业每年收入至少达到50万澳元；对于贷款，借款企业可用的担保物价值最低为50万澳元。该基金规模已达到1500万澳元，投资组合包括教育服务初创公司Maths Pathway、Resolve社会影响力债券等，已为澳大利亚弱势群体创造160个就业岗位、22套住房。

表4.3　部分澳大利亚影响力投资基金情况

基金名称	基金管理人	投资形式	投资领域
澳大利亚影响力基金	Melior	股票投资	社会和环境
Mind Ventures	Mind Ventures	创投	健康
The Biodiverse Carbon Fund	Sentient	股权投资	不动产
Sustainable Employment Loan Fund	White Box Enterprises	贷款	就业

（二）资金需求主体

根据澳大利社会企业协会统计数据，澳大利亚社会企业超过1.2万家，每年为澳大利亚经济贡献213亿澳元，占GDP的1%；雇佣超过20万名员工，相当于每60个工作岗位中的1个由社会企业提供，占澳大利亚劳动力的1.6%，与艺术和娱乐服务或采矿业的就业人数大致相同。《Pace 2023》报告显示，经过认证的518家社会企业雇佣了3.1万名员工，其中45%的员工为社会弱势人员；社会企业总收入达到22.5亿澳元，其中17.4亿美元来自贸易活动，而且该收入的31%（6.9亿澳元）被再投资于创造社会影响力。

为支持社会企业参与社会治理，澳大利亚联邦政府社会服务部发起关于社会企业发展的倡议，投入1160万澳元支持社会企业发展，为弱势群体提供相关服务。该倡议将向社会企业提供最高12万澳元的资助，支持企业扩展业务，提高社会影响力；由澳大利亚社会企业协会组织开展行业交流活动，帮助社会企业增强能力建设。

处于不同发展阶段、发展模式的社会企业金融服务需求各不相同，澳大利亚面向社会企业的金融服务还不充足。根据澳大利亚社会影响力中心2016年的调研数据，39%的受访社会企业不同意或者强烈不同意能够获得符合需求的金融服务，而且部分地区的社会企业能够获取的影响力资金和慈善资金非常有限，金融服务不足仍制约着社会企业的可持续发展。

（三）影响力投资推动组织

澳大利亚涌现了很多为影响力投资和社会企业提供服务的行业组织和中介机构。澳大利亚影响力投资协会是澳大利亚影响力行业平台，参与行业政策、政府建言献策、建设行业标准等方面工作；澳大利亚责任投资协会参与影响力投资研究和行业监测工作；澳大利亚社会影响力衡量网络（SIMNA）主要分享影响力衡量知识，促进提升社会影响力衡量实践。

除此以外，以影响力投资中心为代表的私营机构为社会企业和金融机构提供投融资连接和信息交流机会，提高社会企业成功获取资金的概率。澳大利亚还有部分专门服务社会企业能力建设、资金获取等方面的私营机构或非营利组织，为促进社会企业良好发展发挥了积极作用。

三、澳大利亚影响力投资产品服务

（一）澳大利亚社会影响力债券

2013年，澳大利亚开始发展社会影响力债券。截至2024年3月末，澳大利亚社会影响力债券共计15只，发行数量排名全球第6位，仅次于英国、美国、葡萄牙、日本和荷兰；累计募资6600万美元，受益者超过8000人。

社会影响力债券涉及儿童及家庭福利、无家可归者、社会公正、教育、健康和就业等领域，发行数量占比分别为33.3%、26.7%、13.3%、13.3%、6.67%和6.67%。其中73.3%的影响力债券已结束，26.7%的社会影响力债券仍在运行。

以新南威尔士州Newpin社会福利债券为例。该债券2013年发行，期限7年，规模676万美元，资金来源于高净值个人、家族基金会等59名投资者。该债券通过为儿童提供安全的养育环境，支持并帮助家庭打破虐待和忽视儿童的恶性循环。该项目帮助对象为新妈妈们，她们面临孤立、精神疾病、家庭暴力、社会劣势、滥用毒品和酒精、自卑等问题，以及那些有可能在身体或情感上伤害孩子的人。Newpin项目内容包括育儿模块、治疗小组会议、儿童发展活动。当儿童受到伤害的风险降低时，将从家庭外护理项目中移除，父母可以将儿童带回家庭。许多家庭通常在孩子康复后继续参加Newpin计划6个月，以确保父母在过渡期间得到支持，最大限度地提高康复效果。

（二）影响力投资市场现状

根据澳大利亚责任投资协会调研数据，截至2022年末，澳大利亚影响力投资规模为590亿澳元，其中环境和农业领域影响力投资规模246亿澳元，健康领域影响力投资规模64亿澳元，社区建设领域影响力投资规模12

亿澳元。

（1）从投资动机来看，85%的受访机构希望通过影响力投资为经济社会问题解决方案做出贡献；82%的受访机构希望使利益相关者受益；66%的受访机构希望规避负面影响，做出正面的社会环境影响，寻找解决经济社会发展挑战的创新方案。不过，机构间存在一定差异。90%以上的家族办公室、慈善基金会、资产所有者希望为解决方案做出贡献，而投资管理机构和多元金融机构该比例仅为80%左右。

（2）从投资形式来看，19%的受访机构偏爱私募股权或创投投资，18%的受访机构更加偏爱实物资产投资，15%的受访机构偏爱基于表现付费工具。总体而言，影响力投资机构偏好私募投资形式，对债券和股票等公开发行金融工具偏好不高，可能认为其产生的社会影响力没有私募投资高。比较来看，多元金融机构偏爱贷款形式，资产所有者偏爱实物资产和基于表现付费工具，慈善基金会偏爱股权投资形式。

（3）从投资企业所处阶段来看，24%的受访机构重点投资处于成长阶段的企业，19%的受访机构重点投资已上市企业，18%的受访机构重点投资创业阶段企业。

（4）从投资回报来看，72%的受访机构希望获得有竞争力的市场投资收益率，9%的受访机构希望获得市场收益率以下的财务回报，投资者的收益率要求比较高。从实际情况来看，财务回报方面，86%的受访机构认为实际财务回报符合预期，26%的受访机构认为超出预期，仅有3%的受访机构认为低于预期，可以看出澳大影响力投资回报能够满足投资者要求；影响力回报方面，16%的受访机构认为超出预期，77%的受访机构认为符合预期，7%的受访机构认为低于预期，影响力投资回报不及预期的程度略高于财务回报（图4.11）。

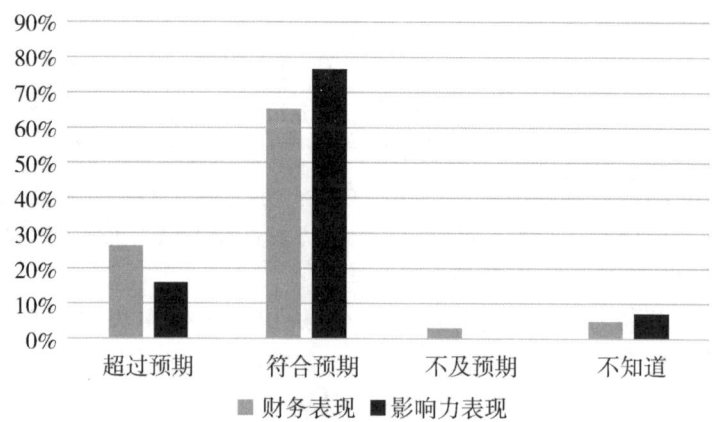

图 4.11　澳大利亚影响力投资表现情况
资料来源：据 RIAA 网站数据整理。

四、启示

澳大利亚发展社会影响力投资时间不长，但是逐步得到政府的重视和支持，生态体系建设加快，影响力投资规模稳步增长。不过，澳大利亚影响力投资市场监管政策还不完善，缺乏影响力管理和衡量的统一标准，养老金等资产所有者参与力度还不高。

（1）政府支持力度加大。澳大利亚政府高度重视影响力投资发展，组建专家工作组，为影响力投资发展提供政策建议；每年安排一定财政支出，加强社会企业财政支持力度，助力构建影响力生态体系；部分州政府建立影响力投资管理机构、市场规范。总之，澳大利亚政府在发展影响力投资方面展现了积极作为，起到了较好的示范效应。

（2）投资管理机构积极参与影响力投资。澳大利亚影响力投资以投资管理机构为主，发行私募股权基金、公募基金等产品；部分投资顾问机构也将影响力融入资产配置解决方案中。澳大利亚养老金作为重要的资产所有者，参与影响力投资力度还不足，未来需要强化对影响力经济的支持力度。

（3）生态体系发展相对较好。澳大利亚影响力投资生态体系日渐成熟，已经建立服务影响力企业发展、能力建设的孵化器，教育和研究机构普及影响力专业知识，澳大利亚影响力投资协会、澳大利亚责任投资协会等行业组织和平台较活跃，开展市场研究和数据统计，推动制定行业标准，为政策制定提供外部支持。

（4）开展国际交流合作。澳大利亚积极参与全球性影响力行业组织和倡议，推动太平洋地区影响力经济发展，国际交流合作较为活跃。

第五节 印度影响力投资行动

一、印度影响力投资支持政策

印度作为发展中国家，面临较大的可持续发展挑战。根据联合国统计数据，印度可持续发展指数仅排名全球第89位，排名相对靠后，需要加快可持续发展步伐。为了解决资金缺口问题，印度政府加快推动影响力投资，动员社会资金流向可持续发展领域。

（1）在组织保障方面，2014年，印度设立影响力投资者委员会（Impact Investors Council），是印度重要的影响力投资行业组织，拥有60余家会员。影响力投资委员会负责引导私人资本流向普惠金融、清洁能源、教育等高影响力行业，建设市场生态体系，与政府有效合作，支持建立行业影响力衡量和管理标准。

（2）在资金支持方面，其一，印度要求企业净利润的2%用于社会责任支出，可为由政府或公共部门资助的孵化中心、公立大学或者为实现可持续发展进行的科研项目提供资金支持。其二，政府加大社会影响力领域财政支持，2011年印度政府推出4.3亿卢比社会风险投资基金，为减少贫困、提升环境福利的企业提供资金支持；此后又设立印度普惠创新基金、印度机会创业投资基金，以提供资金或者担保方式，支持小微企业发展。其三，印度允许设立社会创业基金，投资社会创业项目或社会企业，以获取社会回报和财务回报，也可以接受外部捐赠，但是直接或间接投资单一企业的规模不超过基金的25%。

（3）在社会企业发展支持方面，印度《公司法》第八条规定，企业主要促进商业、艺术、科学、体育、教育、研究、社会福利、宗教、慈善、环境保护等非营利目标，或者任何其他目标，利润（如果有的话）再投资于影响力事业，而不是作为股息分配给股东。印度政府授予这些企业特殊地位，免除它们适用于其他商业公司的部分要求，可以享受税收优惠等政策支持。按照第八条成立的组织形式包括信托、基金会、协会、非政府组织等。2015年,印度政府设立技术开发和企业家政策支持计划,鼓励高等院校开发社会企业家课程。

(4) 在基础设施建设方面,印度政府建立社会证券交易所,降低投资者与致力于促进社会福利和环境可持续发展的社会企业之间的信息不对称程度,提高影响力驱动型企业获得资本的机会。

二、印度影响力投资参与主体

(一) 资金供给主体

印度部分金融机构积极参与影响力投资,包括 Yunus Social Business、Village Capital、Omidyar 等(表4.4),既可以提供股权融资,也可以提供债权融资。根据监管政策要求,印度允许保险机构投资创业投资基金,但不能超过基金规模的10%;养老金计划可以投资创业投资基金,但基金规模至少为10亿卢比且评级为 AA 以上;银行也可以投资社会创业投资基金的10%,但是印度央行将社会创业投资基金划分为高风险资产,占用资本比较高。企业必须支出的社会责任资金也是影响力投资的重要资金来源,可以直接捐赠给影响力企业。

表4.4 印度部分影响力投资机构情况

机构名称	支持的企业发展阶段	融资类型
Yunus Social Business	早期以及成长阶段	债权投资
Elevar Equity	早期以及成长阶段	股权投资
Village Capital	早期	债权投资和股权投资
Caspain	早期	债权投资和股权投资
Omidyar	早期	股权投资

印度影响力投资者委员会将影响力投资者划分为三类:以影响力为首位的影响力投资者,单纯以财务回报为目的的商业投资者,兼顾财务回报和社会回报的平衡投资者。2023年,印度影响力投资交易资金中,商业投资者占比为70.09%,平衡投资者占比为23.80%,影响力投资者占比为6.11%,

影响力投资市场仍以商业投资者为主导。从企业周期来看，种子轮投资占比为6.82%，A轮投资占比为40.34%，B轮投资占比为24.43%，B轮之后的投资占比为28.41%，以早期成长阶段企业投资为主。

以印度奥米迪亚网络（Omidyar Network India）为例，其主要投资城市发展、数字社会、教育和就业、新兴技术、普惠金融等领域，以帮助数亿中低收入印度人摆脱贫困。在推进城市建设方面，重点投资提高气候适应规划能力、减少商业建筑对环境的影响、中小企业开展业务便利性等领域，已投资 Presolv 360 等企业；新兴技术方面，重点投资农业新型技术、电动汽车生态体系、卫生健康和中小企业科技等领域，已投资在线药房和综合健康应用程序 IMG 公司等企业；普惠金融方面，重点投资中小企业信贷创新模式、专注于金融科技和普惠金融的孵化器和加速器等领域，已投资医疗保健金融解决方案金融科技平台 AffordPlan 等企业。

印度奥米迪亚网络主要衡量直接影响和行业影响。其中，直接影响衡量被投资企业产品服务对客户的影响，包括：①覆盖范围，即直接服务的人员总数；②深度，即最终客户生活受到的积极影响程度；③包容性，即印度收入分配最底层60%客户的占比。行业影响主要衡量以下方面：①模仿者，即有多少组织复制了被投资企业的模式，以评估被投资企业的模式是否提高了其他企业家的参与意愿；②后续筹集的资金，即评估后续募资规模，评估是否吸引了其他投资者；③对影响力生态体系的贡献，即投资对象的工作对影响力生态系统变化的贡献程度。印度奥米迪亚网络2022年实现的影响力表现为：在直接影响力方面，33%的用户生活得到了显著的改善，印度收入分配最底层的60%用户占比为30%；行业影响力方面，模仿者达192家。

（二）资金需求机构

印度社会企业对于改善底层人群生活质量至关重要。印度社会企业有约200万家，主要由小微企业、非政府组织、慈善组织构成，重点分布于农业、清洁能源、健康、普惠金融、水资源和教育等行业领域。

根据印度影响力投资机构 Yunus Social Business 调研数据，41%的受访社会企业第一笔融资来自影响力基金，10%的受访社会企业资金来自政府或者私募股权投资机构。进一步细分社会企业获得资金的形式，股权融资占比为40%，债权融资占比为36%，捐赠占比为24%。

就债权融资而言，受访社会企业更加偏好开发性金融机构或者孵化器等资金来源，传统银行信贷偏好较低，可能在于影响力投资机构的资金成本相对较低，而且一般期限较长，与社会企业融资需求较匹配。也可以发现，银行信贷要求融资担保、流程烦琐等因素制约了社会企业的债权融资，需要面向社会企业开发针对性的信贷模式。

就股权融资而言，80%的受访社会企业偏爱从影响力投资机构获取股权资金，61%的受访机构偏爱从私募股权或风险投资机构获取股权资金。从融资障碍来看，社会企业产品开发和营销周期较长，不太符合传统私募股权机构的要求，同时未结合社会企业特点进行估值，导致实际估值偏低。

（三）影响力投资推动组织

印度积极建立影响力投资行业组织，设立创新孵化器或者初创企业孵化器，支持影响力企业成长壮大。

以 Atal Innovation Mission 为例，该项目 2016 年启动，旨在为专注创造积极社会和环境成果的初创企业提供技术和基础设施支持，致力于培育具有影响力的初创企业，为能源、健康、教育、农业和人工智能等领域带来技术创新。再如新月创新孵化委员会（Innovation & Incubation Council），这是一家非营利组织，受到印度科技部生物技术局资助，是生命科学、工业 4.0 技术、交通运输领域初创企业的一站式技术企业孵化器，提供市场营销、专业指导和资金支持，将创新技术转化为具有高影响力的可扩展商业模式，帮助初创企业从政府种子基金中筹集 5.06 亿卢比以及从私募股权基金筹集 4.17 亿卢比资金，创造了 450 多个就业机会。

三、印度影响力投资产品服务

（一）印度社会影响力债券发展情况

2015 年，印度发起首只社会影响力债券，截至 2023 年末已发行 4 只社会影响力债券，规模约 1000 万美元，受益者 2.8 万人，涵盖教育、健康、就业和培训等领域。其中已有 3 只影响力债券顺利结束，仍有 1 只影响力债券在持续中。比较来看，印度社会影响力债券发展要好于亚洲其他国家，但是仍远低于日本。

以印度优秀教育影响力债券为例。为了解决印度儿童识字和算术成绩低于预期的问题，2018 年，印度优秀教育影响力债券旨在支持印度教育机构改善德里、古吉拉特邦、马哈拉施特拉邦和北方邦 20 万名 1～8 年级学生的学习成绩。该债券投资者为瑞银慈善基金会，服务商为凯瓦利亚教育基金会等社会组织，期限为4年。2022年，该债券顺利结束，参与该计划学生的学习成绩是未参与学生的2.5倍，投资者获得了8%的投资回报。

（二）印度影响力投资市场现状

2023年，印度影响力股权投资规模为29.07亿美元，同比下降51.89%，与投资者需求下降等因素有一定关系，与全球股权投资规模下降趋势相同；交易数量为290笔，同比下降32.71%；被投资企业数量为275家，同比下降30.56%（表4.5）。

表4.5 印度影响力投资市场现状

项目	2021年	2022年	2023年
股权投资规模	69.29亿美元	60.43亿美元	29.07亿美元
交易数量	377笔	431笔	290笔
被投资企业数量	316家	396家	275家

资料来源：据IIC网站数据整理。

2023年，从所投资企业阶段来看，印度影响力股权投资以C轮及以后阶段投资为主，占比为62.51%；A轮投资规模占比次之，种子轮投资规模最低（表4.6）。

表4.6 印度影响力投资企业所处生命周期阶段

单位：百万美元

周期	2021年	2022年	2023年
种子轮	288	466	233
A轮	605	934	468
B轮	573	1056	385
C轮及以后	5463	3587	1811

资料来源：据IIC网站数据整理。

2023年，从所处行业来看，印度影响力股权投资中，气候技术投资占比为 27.8%，普惠金融占比为 23.9%，技术创新占比为 17.5%，健康占比为 16%，农业投资占比为 10.3%，教育投资占比为 4%。农业领域方面，影响力股权投资规模为 3 亿美元，37 笔交易，A 轮及 C 轮以后投资规模最大，占比分别为 33% 和 58%；气候技术投资方面，影响力股权投资规模为 8.04 亿美元，123 笔交易，A 轮和 B 轮阶段企业投资规模最大，占比分别为 24% 和 36%；教育领域方面，影响力股权投资规模为 1.17 亿美元，15 笔交易，种子阶段企业投资规模占比最高，为 73%。可以看出，不同行业被投资企业所处阶段差别较大。

四、启示

面对较高的可持续发展挑战，印度迫切需要影响力投资变革，促进经济社会发展。印度影响力投资仍处于培育阶段，生态体系建设初见雏形，整体市场规模偏低，缺乏影响力管理和衡量规范。

（1）政策支持力度升高。印度提高影响力投资重视程度，增加财政支出，建立支持社会企业发展的各类基金，建设行业组织，促进政府与社会企业、金融机构之间的沟通和交流。

（2）加快社会企业发展。印度在《公司法》中特别规定了社会企业，允许营利性机构或者非营利性机构定位为社会企业，参与应对经济社会挑战，并给予一定的优惠政策支持。

（3）动员社会资金。印度探索发展社会影响力债券，要求企业将净利润的一定比例用于社会责任支出，支持设立创业投资基金，培育国内影响力投资机构，并引入海外慈善基金会等影响力投资机构。

（4）构建生态体系。印度设立社会证券交易所，专门服务社会企业投融资；政府背景或者私营的社会创新孵化器或加速器涌现，提供社会企业初期发展支持；支持各类研究、中介服务机构发展，助力社会企业能力建设。

第六节　中国影响力投资行动

中国 2004 年引入社会企业理念，2010 年前后海外以及国内机构开始发展公益创投。2014 年社会企业和影响力投资论坛正式成立，TPG 等海外影响力投资机构进入国内，同时本土的青云创投等影响力投资机构活跃起来。

不过，受限于参与主体较少、生态体系不健全等因素，中国影响力投资仍然处于萌芽状态。

一、中国影响力投资支持政策

中国进入中国式现代化建设新时期，面临产业结构调整、乡村振兴、减排降碳、老龄化等经济社会发展挑战。这既需要政府加大财政支出，也需要引导社会资金参与发展影响力投资。

（一）中央政府支持政策

中国中央政府尚未出台影响力投资相关的支持政策，但针对乡村振兴、普惠金融、绿色发展等影响力领域出台了一系列支持政策。

（1）在乡村振兴方面，《中共中央 国务院关于实施乡村振兴战略的意见》指出，到2035年，乡村振兴取得决定性进展，农业农村现代化基本实现；到2050年，乡村全面振兴，农业强、农村美、农民富全面实现。坚持农村金融改革发展的正确方向，健全适合农业农村特点的农村金融体系，推动农村金融机构回归本源，把更多金融资源配置到农村经济社会发展的重点领域和薄弱环节，更好满足乡村振兴多样化金融需求。支持符合条件的涉农企业发行上市、新三板挂牌和融资、并购重组，深入推进农产品期货期权市场建设，稳步扩大"保险+期货"试点，探索"订单农业+保险+期货（权）"试点。

（2）在普惠金融方面，《国务院关于推进普惠金融高质量发展的实施意见》指出，鼓励金融机构开发符合小微企业、个体工商户生产经营特点和发展需求的产品和服务，加大首贷、续贷、信用贷、中长期贷款投放；支持金融机构在依法合规、风险可控前提下，丰富大学生助学、创业等金融产品；完善适老、友好的金融产品和服务，加强对养老服务、医疗卫生服务产业和项目的金融支持；支持具有养老属性的储蓄、理财、保险、基金等产品发展；引导金融机构为小微企业、农业企业、农户技术升级改造和污染治理等生产经营方式的绿色转型提供支持。

（3）在绿色发展方面，央行等七部门发布《关于进一步强化金融支持绿色低碳发展的指导意见》，鼓励金融机构利用绿色金融标准或转型金融标准，加大对能源、工业、交通、建筑等领域绿色发展和低碳转型的信贷支持力度，优化绿色信贷流程、产品和服务；大力支持符合条件的企业、金融机构发行绿色债券和绿色资产支持证券；积极发展碳中和债券和与可持续发展挂钩债券。

（二）地方政府支持政策

除了中央层面的相关政策外，地方政府在影响力投资支持政策方面有一些有意义的探索。

北京、安徽等省市开展了社会企业认定和培育试点工作，支持社会企业发展。2022年，北京市社会建设工作领导小组印发《关于促进社会企业发展的意见》，其中认定条件要求以追求社会效益为优先目标，有具体明确的社会目标指向，且在公司章程或相关材料中有明确表述；在可持续发展方面，能提供有价值的产品或服务，有清晰的商业模式，能实现财务可持续性和盈利性；在利润分配方面，有一定比例的税后利润投入公益事业或企业自身发展。北京重点扶持养老助残、家政服务、物业管理、托幼服务、特殊群体就业、环境保护、应急管理、社区服务等民生保障类社会企业，并加大财税、金融、政府采购等方面的支持力度。同年，安徽出台《安徽省社会企业认定培育试点管理办法（试行）》，从发展重点、发现机制、登记政策、财税政策、政府购买、党建工作、人才培养、宣传推广等方面支持社会企业发展。

深圳在支持影响力投资方面走在全国前列。2017年，深圳福田区政府发布《关于打造社会影响力投资高地的若干意见》，要大力发展五种社会影响力投资业态，包括发行社会影响力债券、探索设立一批社会影响力投资引导基金、发展慈善信托、支持社会企业和有关中介组织发展、鼓励社会责任型投资。2023年，深圳市地方金融监督管理局发布《关于推动深圳社会金融发展的意见》，提出支持社会金融领域理论研究，鼓励社会金融产品和服务创新，推动金融服务社会民生；完善与社会金融创新发展相适应的监管体系，引导社会金融发展合规路径；加强服务保障，优化环境配套，推动社会金融发展，助力深圳打造可持续金融中心。

总体来看，影响力投资尚未进入中国主流金融行列，较少在政策文件中提及，深圳等地方政府发展影响力投资和社会金融的探索提供了有益经验，中国仍需要继续加大影响力投资支持力度。

二、中国影响力投资参与主体

（一）资金供给主体

中国影响力投资仍处于萌芽阶段，参与影响力投资的机构较少，能够严格遵循国际影响力投资原则或标准的机构更少。

1. 机构投资者

私募股权投资机构是参与影响力投资的重要主体，在践行影响力投资理念方面走在其他金融机构前列。中国比较知名的影响力私募股权投资机构包括绿动资本、禹闳资本、青云创投等（表4.7）。禹闳资本成立于2007年，是一家专门从事股权投资的机构。禹闳资本明确秉持社会价值取向，不投资在社会或环境方面存在负面影响的行业和项目。2007—2012年，禹闳资本主要聚焦金融、科技、新能源材料和现代农业等领域。2013年开始，禹闳资本参照国际影响力投资的一般准则，逐步完善并确立了在低碳环保、可持续农业、健康养老和优质教育等行业的分类投资标准，形成从分析社会问题着手选择投资行业和投资主题的基本投资方法。此后，禹闳资本超过70%的投资项目集中于上述行业旨在解决社会环境问题的影响力驱动型企业。2018年，设立由公益基金会作为基石有限合伙人（limited partner，LP）的禹禾影响力专项基金，是国内首只由公益基金会作为基石LP的影响力投资基金。2021年，禹闳资本募集成立第二支影响力基金万得影响力股权投资基金，以助推低碳、包容的美好社会建设为宗旨，重点关注全球气候变化和国内不均衡发展两大问题，集中投向低碳环保和为弱势群体增加健康福祉的商业创新方案。

表4.7 中国部分影响力投资机构情况

机构名称	关注领域	投资形式
绿动资本	绿色化工、清洁能源	股权投资
禹闳资本	低碳环保、可持续农业、健康养老和优质教育	股权投资
道资本	环保、教育和新生代食品消费	股权投资
青云创投	环境与生态系统、清洁能源供应、绿色建筑和设备等	股权投资

续表

机构名称	关注领域	投资形式
中和农信	农业等	小微信贷

中国涌现了部分小微金融机构，它们专注农户等银行机构服务覆盖度较低的人群或区域，推动普惠金融发展，支持弱势群体的脱贫致富。中和农信是国内领先的综合助农服务商，通过提供技术驱动的综合性产品和服务，包括农村普惠信贷服务、农业生产服务、农村消费品服务和农村清洁能源服务等，赋能小农户和农村小微企业主。农村普惠信贷致力于扩大与完善农村地区金融服务供给，推动物理网点和数字渠道等有机协同发展；将绿色发展理念深度融入金融服务之中，增加符合绿色标准的普惠金融资源投放，带动农村地区绿色产业发展；加大普惠金融服务创新，增强对特色产业、农业产业链的金融服务能力，持续满足农村居民日益增长的综合性金融服务需求。

此外，部分公益爱心人士探索支持社会企业的新模式。以磐星影响力投资为例，其投资了慈善商店——善淘。慈善商店起源于美国，是"公益+商业"的一种新模式。慈善商店主要接受、处理、销售公众的闲置物品或者企业库存，并将盈利资金用于开展公益项目，帮助社会困难群众。成立于2011年3月的善淘网是中国第一家线上慈善商店，它将电子商务和慈善商店结合起来，为人们提供一个便捷的公益参与方式。善淘网着力解决残障人士培训就业和社会融入问题，10多名全职员工中残障人士占据一半；善淘网还有100多名兼职员工，全部是残障人士或者残障人士的家属。

2. 个人投资者

中国还没有关于个人投资者参与影响力投资的统计数据和调研。这里以个人参与绿色金融的情况，来分析个人投资者的心态和诉求。

根据2023年数字100的调研数据，中国仅有29%的受访居民比较了解绿色金融，45%的受访居民了解一些，不了解或者了解很少的占比为26%。虽然对绿色金融了解不多，但是84%的受访居民愿意通过投资绿色金融产品的方式，为社会或环境的积极变化做出自身贡献。绿色理财、绿色存款最受居民青睐，占比分别为62%和51%；ESG公募基金、ESG信托等占比较低（图4.12）。40%的受访居民计划拿出家庭年收入的10%～20%配置绿色金融产品，20%的人计划配置比例在5%～10%，资产配置比例并不高。

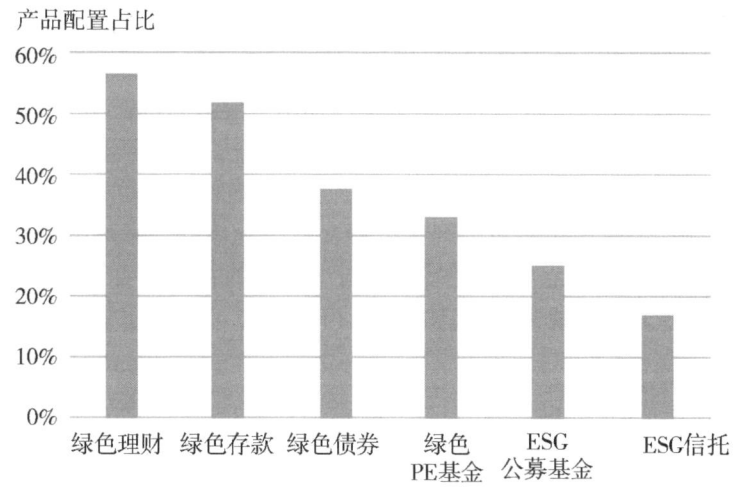

图 4.12　中国居民计划配置的绿色金融产品

资料来源：据数字 100 网站数据整理。

普通百姓投资绿色金融产品的意愿不高，受到多种因素制约，不了解产品特性、安全性低、产品不丰富是排名前三的因素，占比分别为 41%、21% 和 18%。除了上述制约因素，57% 的受访居民还担心绿色金融产品的虚假宣传问题，也就是通常所说的"洗绿"，这也提示我们要进一步加强对绿色金融产品的监管。

（二）资金需求主体

根据民政部的统计，2017 年全国民办非企业单位达到 40 万家。从各地认证的情况来看，截至 2023 年 4 月末，北京市共认证社会企业 119 家，经营地遍布 11 个区；成都市自 2018 年开展首批社会企业认定工作以来，截至 2023 年 11 月，共认定各类社会企业 160 家，服务各类城乡社区累计超过 700 个，受益人群超过 100 万人次。根据社会企业认定平台统计，中国已认定社会企业 551 家，涵盖营利性企业、民办非企业单位等。

根据《中国社会企业与社会投资行业扫描调研报告 2019》调研数据，91.6% 的社会企业从事市场经营活动，并从中获得收入；8.4% 的机构不从事任何市场经营活动，或并未从中获得收入。具体来看，58.4% 的社会企业主要的收入来源于市场经营收入，18% 的社会企业主要的收入来源于政府采购，16.6% 的社会企业主要的收入来源于社会捐赠或企业捐赠，5.3% 的社会企业主要的收入来源于政府支持（拨款、补贴、奖金等），还有5.1%的社会企业主要的收入来源于由母体组织获得的经费；72.2%的社会企业将残障人士、长期病患者、贫困人群等弱势群体纳入服务范围，40.4%的社会企业将弱势群体纳入市场经营的客户群体中，35.3%的社会企业雇佣弱势人群。

中国社会企业对于教育、社区发展、就业、环境等影响力领域较为关注，其中21%的社会企业关注教育领域，13%的社会企业关注社区发展，12%的社会企业关注就业与技能（图4.13）。

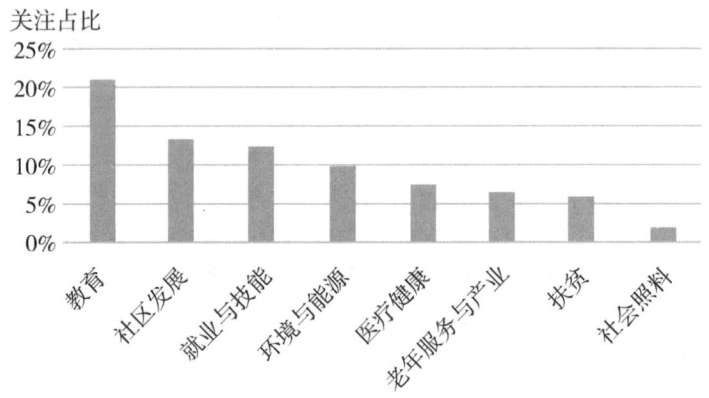

图4.13　中国社会企业关注的影响力领域

资料来源：《中国社会企业与社会投资行业扫描调研报告2019》。

中国金融机构未对社会企业提供定制化的金融服务。很多社会企业是小微企业，其投融资需求难以得到满足，除了少部分通过影响力投资等渠道获得资金外，所获得的金融服务非常有限。中国社会企业普遍面临投融资难的问题。《中国社会企业与社会投资行业扫描调研报告2019》显示，23.9%的社会企业累计融资总额在10万元以下，39.4%的社会企业累计融资总额为11万～100万元，28.3%的社会企业累计融资总额在101万～1000万元，只有6.8%的社会企业累计融资总额为1001万～10000万元，1.6%的社会企业累计融资总额达到10000万元以上。

（三）影响力投资推动组织

中国与影响力投资相关的服务机构、行业组织逐步增多，为社会企业、影响力投资机构提供专业服务。

中国社会企业与影响力投资论坛成立于2014年9月，由中国17家支持社会企业和影响力投资发展的基金会、公益创投机构和社会企业研究机构共同发起，是GIIN、亚洲公益创投网络会员，通过链接社会企业、影响力投资机构、商业向善企业，搭建交流、学术研究平台，推动以商业手段解决社会问题，实现社会可持续发展。

深圳市社创星社会企业发展促进中心是开展社会企业认证并提供社会企业孵化服务的非营利性机构，以构建中国社会企业孵化器为目标，通过认证、孵化、赋能、传播、咨询、产品与影响力投资等社会企业服务产品，帮助传统社会组织转型，支持企业参与社会问题解决。

三、中国影响力投资产品服务

中国影响力投资规模还很小，当前无权威统计数据，也缺乏相关调研数据。以下主要以部分宽口径指标来展示中国影响力投资市场的概况和特点。

（1）股权投资方面。根据清科统计数据，2022年中国绿色股权投资基金募集资金数量122只，规模1137.68亿元；绿色投资案例数量726个，投资规模1154.5亿元，重点聚焦新能源等领域；中国中西部股权投资案例数分别为871个和720个，合计占比为14.9%，有利于促进区域协调发展。

（2）公募基金方面。根据WIND统计数据，截至2023年末，中国ESG公募基金规模为5392亿元，同比下降4.20%。从存续ESG公募基金数量来看，环境保护主题公募基金224只，占比为43.58%；ESG策略公募基金119只，占比为23.15%；纯ESG公募基金86只，占比为16.74%，社会责任、公司治理主题等ESG公募基金数量较少。2023年，公募基金管理机构发行ESG公募基金316.44亿元，同比下降52.04%，与资本市场调整等因素有很大关系。其中纯ESG主题公募基金发行218.39亿元，占比为69.01%；环境保护主题公募基金发行65.31亿元，占比为20.64%；ESG策略公募基金发行32.39亿元，占比为10.24%。

（3）银行理财方面。根据中国理财网统计数据，截至2023年末，中国ESG主题理财产品存续规模达到1480亿元，同比增长13.50%。根据WIND统计数据，2023年中国发行ESG主题理财产品214只，同比增长12.09%。其中，纯ESG主题理财产品114只，同比下降6.56%；环境保护主题理财产品70只，同比增长45.83%；社会责任主题理财产品57只，同比增长26.67%。

（4）财务绩效方面。影响力投资机构大多实现了与预期一致或高于预期的财务回报，无低于预期的情况；影响力绩效方面，政府类机构和商业投资机构均没有低于预期的影响力绩效，其中76.9%的政府类机构实现了与预期一致的影响力绩效，70%的商业投资机构实现了高于预期的影响力绩效（图4.14）。

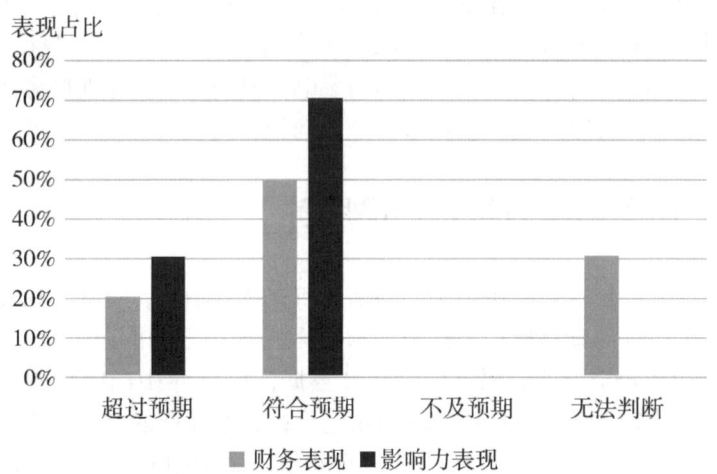

图4.14　中国影响力投资表现情况

资料来源：《中国社会企业与社会投资行业扫描调研报告2019》。

四、启示

中国正处于中国式现代化建设的关键时期，需要动员社会资金参与可持续发展，在持续发展ESG投资的基础上，加快发展影响力投资。

（1）普及影响力投资理念。中国影响力投资理念还不普及，对其认知和研究还不足。建议政府部门组建专家小组，加强研究影响力投资在中国式现代化建设中可能发挥的作用，结合中国实际情况深化理论和实践研究；支持高校建设专门的研究机构，建立知识分享平台，加强专业人才和能力培养；通过短视频、网站平台等方式，开展影响力投资金融知识普及，提升社会公众的认知和参与热情。

（2）完善影响力投资推动政策。政府政策对于推动影响力投资发展具有重要意义。建议将影响力投资纳入现代化金融体系建设框架，谋划影响力投资中长期发展规划,加强市场体系建设;支持社会企业等主体发展,鼓励金融机构积极发展影响力投资,探索建立从事影响力投资的专业金融机构;制定税收优惠政策,引导更多社会资金流向气候解决方案、乡村振兴等高影响力行业领域;推动建立影响力投资市场标准,建设行业交流平台,促进优秀经验分享。

(3) 创新影响力金融工具。传统金融工具不太适合影响力投资发展,应大力发展社会影响力债券、社会责任项目债券、可持续发展债券等ESG债券,支持企业开展社会或环境影响力项目;建设影响力投资交易平台,降低信息不对称,提高投融资对接效率。

(4) 大力动员社会资金。金融机构应积极发展影响力投资,支持社会可持续发展,满足公众此方面投资需求,特别是慈善组织、养老金投资管理机构更应参与其中。政府可以以引导基金的方式,或者开展混合融资,撬动更多社会资金,支持影响力市场发展。积极研发适合个人投资的产品服务,可以将适当的产品纳入第三支柱养老保险建设,帮助个人投资者在累积养老资金的同时,实现更高的社会影响力。

(5) 深化国际合作。中国影响力投资还处于起步阶段,应加入全球影响力投资网络等全球性行业组织,加强国际交流,向海外学习发展和推动影响力投资的方法;借鉴影响力投资的管理和衡量技术方法,参与制定全球市场标准,增强国际话语权;促进更多国际机构"走进来",参与中国影响力投资市场建设,引进国际资金和资源,带动行业更好发展;积极与国际机构合作,探索解决影响力衡量、管理、数据累积等方面的发展难题。

第五章　影响力投资新兴主题

影响力投资涉及的领域和主题很多,近年来可持续发展、气候变化、生物多样性、性别平等等领域关注度越来越高,金融机构积极贡献资金和解决方案,推动上述领域的深刻变革。

第一节　影响力投资与可持续发展

一、可持续发展资金缺口扩大

全球面临环境、社会等方面的挑战。2015 年,联合国 2030 年可持续发展目标(Sustainable Development Goal,SDG)获得通过,包括 17 个大类目标(表5.1)、169 个具体目标和 232 个指标,为全球经济社会可持续发展提供指引。

表5.1　联合国 2030 年可持续发展目标

序号	17 个大类目标	序号	17 个大类目标
SDG1	无贫困	SDG10	减少不平等
SDG2	零饥饿	SDG11	可持续城市和社区
SDG3	良好健康与福祉	SDG12	负责任消费和生产
SDG4	优质教育	SDG13	气候行动
SDG5	性别平等	SDG14	水下生物
SDG6	清洁饮水和卫生设施	SDG15	陆地生物
SDG7	经济适用的清洁能源	SDG16	和平、正义和强大机构
SDG8	体面工作和经济增长	SDG17	促进目标实现的伙伴关系
SDG9	产业、创新和基础设施		

资料来源:据联合国网站数据整理。

受新冠疫情、地缘政治冲突等因素影响，全球可持续发展目标进展缓慢，按照现有进度，很难在 2030 年完成既定目标。根据可持续发展解决方案网络统计数据，2015 年以来，只有 18% 的具体目标完成时间进度要求，67% 的具体目标无进展或者进展有限，15% 的具体目标出现倒退。其中，良好健康与福祉、性别平等、清洁饮水和卫生设施、经济适用的清洁能源、负责任消费和生产等目标有所改善，无贫困、零饥饿、优质教育、可持续城市和社区、气候行动、水下生物、陆地生物等目标进展滞缓。

从全球各国来看，2023 年，丹麦、捷克、爱沙尼亚、拉脱维亚、斯洛文尼亚是全球可持续发展目标进展相对较好的国家，缅甸、委内瑞拉、巴布亚新几内亚、也门、黎巴嫩是全球可持续发展目标偏离度最大的国家。可持续发展解决方案网络计算了 2023 年全球各国的可持续发展指数，芬兰、瑞典、丹麦、德国、奥地利、法国、挪威、捷克、波兰、爱沙尼亚排名前 10 位，得分分别为 86.8 分、86 分、85.7 分、83.4 分、82.3 分、82 分、82 分、81.9 分、81.8 分、81.7 分（图 5.1）；也门、乍得、南苏丹等国家排名最后。

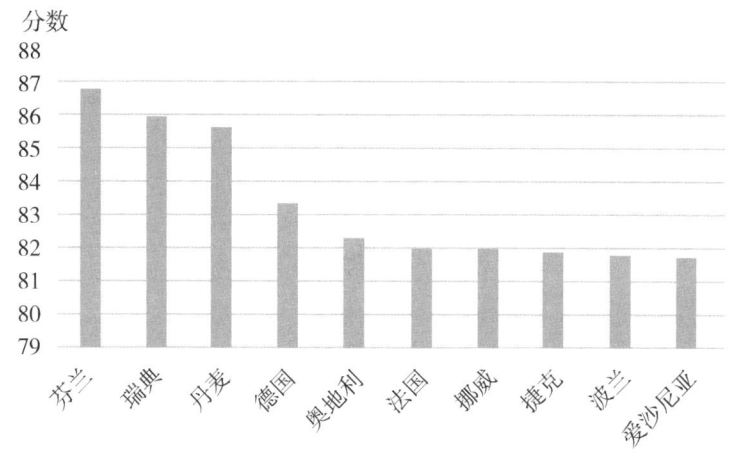

图 5.1　2023 年可持续发展指数排名前 10 位国家
资料来源：据可持续发展解决方案网络网站数据整理。

制约全球可持续发展的重要因素是投资缺口较大。根据联合国贸易和发展会议统计数据，2022 年，全球向发展中国家投资的与可持续发展相关项目 2182 个，其中绿色领域投资规模 2429.59 亿美元。发展中国家要完成可持续发展目标,每年资金缺口约为 4.2 万亿美元,到 2030 年总缺口约为 30 万亿美元。其中,能源领域资金缺口 2.2 万亿美元,清洁饮水和卫生设施领域资金缺口 0.5 万亿美元,基础设施领域资金缺口 0.4 万亿美元,食品和农业领域资金缺口 0.3 万亿美元,生物多样性保护领域资金缺口 0.3 万亿美元。

为了实现可持续发展目标,各国必须加大财政资金支持力度,同时引导社会资金参与可持续发展。2018 年,联合国开发计划署发起可持续发展目标影响力倡议(SDG Impact Initiative),旨在为金融机构和企业提供投资所需的数据、可持续发展项目信息等支持,帮助它们为全球可持续发展做出更大贡献。联合国全球契约组织、联合国环境规划署金融倡议组织(UNEP-FI)和责任投资倡议组织共同发起联合国可持续发展目标金融联盟,协同提供一整套解决方案,动员私人资本加快流向可持续发展领域。此外,部分国家也发起了相关倡议活动。2021 年,瑞士国家经济事务秘书处(SECO)、瑞银慈善基金会、瑞士信贷慈善基金会和瑞士发展与合作署联合成立可持续发展目标影响力金融倡议组织,旨在通过创新金融方案和公私合作等方式,调动 10 亿瑞士法郎支持贫困国家可持续发展。

二、可持续发展投资框架

(一) UN-PRI 可持续发展投资原则

联合国责任投资原则组织(UN-PRI)成立于 2006 年,主要推广 ESG 投资理念,建设行业投资标准。截至 2024 年 3 月末,全球已有 5300 多家机构签署落实责任投资原则。为了帮助金融机构实现与 SDG 一致的投资结果,UN-PRI 提出可持续发展投资原则,主要内容包括识别结果、建立政策和目标、投资者塑造成果、金融体系塑造成果、全球利益相关者合作实现与 SDG 一致的成果。

(1) 识别结果。投资机构需要了解投资活动和运营产生的结果。一般而言,可以将现有投资与 SDG 对应,了解与 SDG 相一致的投资范围或规模;其次,识别被投资企业的运营、产品、服务产生的正面或负面影响。《欧盟可持续金融分类法》《东盟可持续金融分类方案》等法律法规或者行业标准为投资者提供了识别绿色经济活动的规则,部分机构开发了相关基准指数,便于金融机构对比分析。

（2）建立政策和目标。金融机构建立可持续发展投资政策和目标，降低与 SDG 相关的负面影响，提升相关积极影响，为可持续发展做出贡献。可持续发展投资政策和目标要有效融入现有投资理念和投资政策体系，并制定与 SDG 相关的绩效指标。例如，为了助力气候行动，金融机构纷纷建立净零转型政策和目标，设定减排路径和举措，积极推动高碳企业绿色低碳转型。

（3）投资者塑造成果。金融机构需要根据政策和目标，通过投资、参与沟通等方式形成可持续发展成果，定期对外披露目标进展情况。

（4）金融体系塑造成果。一个金融机构的行为无法完全改变企业和社会现状，需要银行、投资管理机构等各类金融机构共同参与，塑造与 SDG 一致的成果。金融机构参与混合融资，其中银行提供债权融资，养老金投资管理机构提供中长期股权投资，政府、慈善机构或者开发性金融机构提供风险缓释支持。此外，金融机构也可以开展政策参与沟通，促进政府部门制定与 SDG 投资相关的分类法则、投资规范和信息披露框架，强化政策引导。

（5）全球利益相关者合作实现与 SDG 一致的成果。要达成 SDG，不仅需要金融机构竭尽全力，还需要企业、非政府组织等利益相关者参与。各国制定可持续金融发展战略时，会邀请利益相关方共同参与，以提供政策建议，达成共识，形成可持续发展的合力。

UN-PRI 是全球最具影响力的 ESG 投资行业组织，其制定的可持续发展投资原则较容易在会员单位推广，形成更强的影响力。

（二）联合国可持续发展影响力标准

联合国开发计划署制定了《可持续发展影响力标准》，帮助金融机构将可持续发展目标融入投资决策流程，助力社会可持续发展。联合国开发署已制定可持续发展融资影响力标准，以及面向企业、债券投资和私募股权投资的影响力标准。下面以私募股权投资影响力标准为例，介绍可持续发展影响力标准的具体要求。

私募股权投资可持续发展影响力标准主要包括战略、管理方法、透明度和治理四个部分。①战略。要求私募股权投资机构将为 SDG 做出积极贡献纳入发展战略和投资目标。②管理方法。要求私募股权投资机构将影响力管理和为 SDG 做出积极贡献纳入运营管理流程，包括：筛选潜在投资标的时，考量 SDG 影响力等因素；尽职调查时将 SDG 影响力纳入投资条款；实时监测投资组合整体和每项投资的 SDG 影响力状况，及时采取措施强化影响力成果；退出时注重考虑退出投资后对 SDG 的影响。③透明度。要求私募股权投资机构披露将 SDG 纳入投资的目标、战略、管理方法、治理和决策情况，至少每年披露影响力绩效报告。④治理。要求私募股权投资机构通过自身及基金管理人的治理实践，落实为 SDG 做出积极贡献的承诺。

三、可持续发展影响力投资现状

根据 GIIN 2023 年调研数据，影响力投资机构积极参与全球可持续发展，重点关注体面工作、气候行动、性别平等、清洁能源、降低社会不平等、健康等领域，受访机构占比分别为 80%、74%、71%、67%、63%、62%（图 5.2）。从关注的人群来看，贫困人口、残疾人、妇女、儿童等人群受关注度最高，占比分别为 78%、65%、65%、60%。

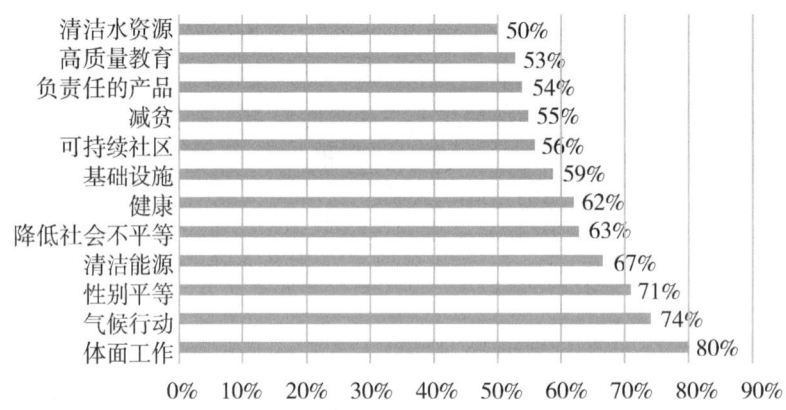

图 5.2　影响力投资机构关注的可持续发展领域

资料来源：据 GIIN 网站数据整理。

凤凰资本集团将所搜集的影响力基金映射到 17 个可持续发展目标，截至 2023 年末，SDG7、SDG9、SDG3、SDG2、SDG11 类影响力基金数量排名前 5 位，均超过 700 只；SDG16 类影响力基金最少，仅为 33 只（图 5.3）。从增速来看，SDG13、SDG10、SDG8 类影响力基金数量同比增速最高，分别为 70.04%、51.64%、40.16%，均超过 40%。

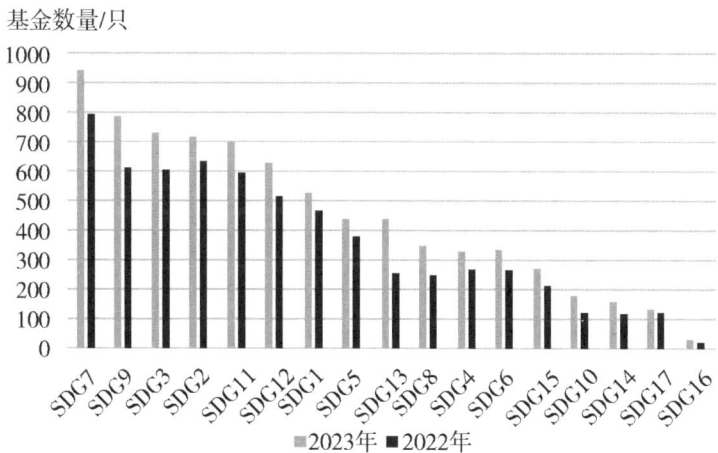

图 5.3　2022—2023 年 SDG 影响力基金数量情况

资料来源：据凤凰资本集团网站数据整理。

从新发行基金来看，2023 年 SDG13、SDG7、SDG12 类影响力基金新发行数量最多，分别为 74 只、63 只和 62 只，均超过 60 只；SDG2、SDG9、SDG3 类影响力基金新发行数量分别为 59 只、56 只和 52 只，位居第二梯队；其他类别的影响力基金新发行数量均低于 50 只（图 5.4）。

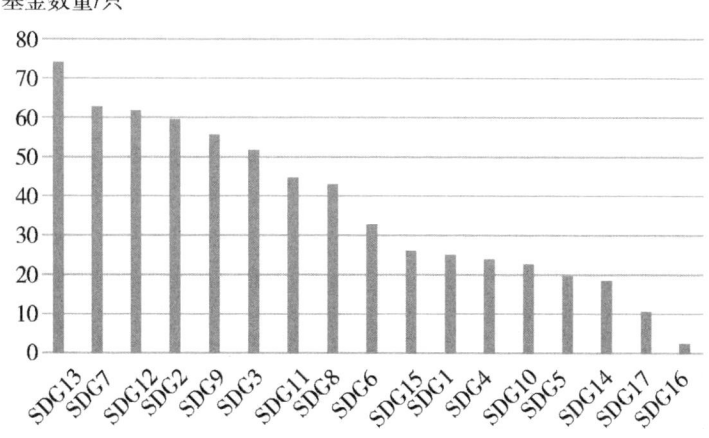

图 5.4　2023 年新发行 SDG 影响力基金数量情况

资料来源：据凤凰资本集团网站数据整理。

可持续发展基金与普通基金到底有什么区别呢？2024年1月，欧洲证券和市场监督管理局对欧盟地区的可持续发展主题股票和债券基金进行检验，结果表明市场上该类基金存续数量并不多，2020年以来增速较快；同时，发现该类基金通常没有明确表明如何对可持续发展做出贡献。与普通基金相比，可持续发展主题基金投资的企业没有对可持续发展做出更多贡献，说明部分可持续发展主题基金存在虚假宣传问题，需要逐步规范基金的命名和投资行为，保护投资者合法权益。

四、可持续发展影响力投资实践

为可持续发展做出积极贡献已成为影响力投资机构的重要发力点，越来越多的金融机构基于现有的可持续发展投资标准或框架，探索将可持续发展目标融入投资决策流程。以下重点分析荷宝资产管理公司（以下简称"荷宝"）和投资管理机构 Blue like an Orange sustainable capital（BLaO）的具体实践。

（一）荷宝可持续发展影响力投资实践

荷宝践行责任投资理念，重视影响力投资，助力可持续发展，于2017年开始研发可持续发展主题资产管理产品，现已形成以可持续发展评分为核心的投资框架。

1. **内部治理体系**

为了确保可持续发展投资框架有效运行，荷宝明确了各部门的职责分工，建立了较完善的内部治理体系。可持续发展影响力和战略委员会指导可持续发展投资框架建设和运行，对重大事项进行决策；可持续发展策略分析师、信用分析负责人、可持续发展投资负责人作为可持续发展投资治理主体，负责SDG投资框架的建立、修订以及优化工作；两名可持续发展投资分析师负责监督管理SDG投资框架运行情况；投资团队以及使用可持续发展评分的分析师主要为可持续发展治理主体提供工作建议，复核可持续发展评分分布以及确保有效使用评分。荷宝持续监督各治理主体决策行为，确保符合内部流程管控要求；如有必要，需向可持续发展影响力和战略委员会报告。

2. **投资流程**

荷宝可持续发展影响力投资框架的核心是可持续发展评分，使用清晰、一致的方法评估企业对 SDG 的贡献,该评分体系包括产品、流程和争议事件三部分。①产品。基于每个行业价值链对 SDG 的影响,荷宝建立企业评估的行业基准。此外,对每个 SDG 目标建立绩效指标,有部分绩效指标是正面影响指标,超过一定阈值后,得分会越来越高;同理,对于负面影响指标,超过一定阈值后,得分会越来越低。荷宝可持续发展分析师使用超过 200 个指标分析和评估企业影响力。②流程。第一步是评估企业产品服务的影响,第二步是分析生产产品服务的流程是否与 SDG 保持一致,如是否会产生废弃物、董事会是否多元化等,分析师主要分析公司治理、制度、流程以及有关可持续发展的记录等资料信息。③争议事件。荷宝关注企业的争议事件,重点评估企业争议事件是否对 SDG 造成负面影响,企业是否采取了纠正举措,能够避免未来继续发生此类事件。企业可持续发展评分区间为 -3～3 分,-3～-1 分表明企业对 SDG 具有负面影响,0 分为中性,1～3 分为企业对 SDG 具有正面影响。

从 SDG 投资流程来看,筛选环节,荷宝会剔除可持续发展评分为负的企业,研究表明剔除该类企业不会损害投资业绩;尽职调查环节,投资团队开展自上而下和自下而上的基本面分析,将可持续发展评分融入估值体系;参与沟通环节,荷宝特别关注可持续发展评分较低的企业,加强参与沟通,帮助企业改善 ESG 表现,助力可持续发展评分提升至平均水平。

3. 产品服务

围绕可持续发展投资策略,荷宝已建立多样化的主题基金产品。固定收益类基金产品包括全球可持续发展信用债投资产品、欧元可持续发展信用债投资产品、可持续发展高收益债券投资产品等,这些基金产品均要求投资可持续发展评分大于 0 分的企业。权益投资类基金产品包括全球可持续发展权益投资产品、全球可持续发展参与权益投资产品、全球可持续发展和气候贝塔权益投资产品等。其中,全球可持续发展权益投资产品和全球可持续发展参与权益投资产品主要采用自下而上的基本面分析,而且前者要求企业可持续发展评分大于等于 2 分,后者要求评分介于 -1 和 1 之间,通过参与沟通提高企业可持续发展影响力;全球可持续发展和气候贝塔权益投资产品采用量化选股方法,要求企业评分等于或大于 0 分。

以全球可持续发展参与权益投资基金为例。这是一只 2021 年成立的主动管理基金,截至 2024 年 4 月末,该基金规模 12.3 亿欧元,近一年年化收益率为 18.32%。其核心策略是通过 3～5 年的参与沟通,帮助企业改善对可持续发展目标的贡献,实现积极社会影响,获得清晰且可衡量的可持续发展贡献。该基金会剔除违反国际规范的上市公司，根据评分，重点投资对可持续发展目标产生负面或正面影响较低的上市公司股票，利用股东权利加强尽责管理，帮助改善企业表现。截至2023年末，该基金投资组合对体面工作和经济增长，良好健康与福祉，产业、创新和基础设施三个可持续发展目标贡献最大。2023年，该基金以会议、书面函件等方式开展了178次参与活动，其中北美地区的参与活动数量占比54%，欧盟地区占比24%，其他地区均低于10%。2023年，荷宝共达成49个与可持续发展目标相关的里程碑事件，18家上市公司均至少实现1个里程碑事件。以沃尔沃汽车为例，其生产电动汽车、卡车等产品，对气候行动、可持续城市和社区等可持续发展目标具有积极贡献；不过沃尔沃向军队和受冲突影响或高风险地区的买家销售车辆，会对SDG16（和平、正义和强大的机构）产生负面影响。为此，荷宝积极推动沃尔沃践行负责任销售理念。2023年，沃尔沃汽车开始提升风险管理和负责任销售标准，建立军队销售评估流程，在提升可持续发展贡献方面取得较大进步。

4. 信息披露

除了常规产品信息披露，荷宝每年会披露可持续发展策略投资产品的评分、投资收益情况，特别是强化披露实际影响力。以投资1亿欧元的荷宝全球可持续发展信用债投资产品为例，其可以产生的影响力是使250人获得小微金融服务、接待4000名病人、10000人获得健康保险覆盖等。

（二）BLaO可持续发展影响力投资实践

BLaO重点投资新兴市场企业，期望获得突出的风险调整收益回报和与SDG相关的社会影响力。

1. 内部治理体系

除了常规的投资委员会，BLaO还设立了可持续发展和ESG咨询委员会，由外部影响力投资专家等12人组成。该委员会提供可持续发展相关政策以及提升影响力投资表现的建议，给予投资机会影响力评估、突发事件分析等方面的指导。

2. 投资战略

BLaO主要开展夹层、次级债务融资等投资，使新兴市场企业能够享受除担保抵质押债务融资和股权融资之外的多元融资方式。BLaO主要投资可以影响社会变革的领域，包括高质量的信息技术、可负担和清洁可靠的能源、可持续基础设施等；投资那些促进改善农场主和工人生计的企业，提供有效的可持续发展技术、加工设备、能力建设和技术教育；投资为持续改善人口健康做出贡献的企业，提升所有人的福祉。

3. 投资管理

BLaO 将 SDG 融入投资决策流程，主要分为四个阶段。

（1）项目发起和尽职调查阶段。投资团队需要明确潜在业务对 SDG 做出的贡献，说明对哪些目标、指标等做出贡献，并进行 SDG 贡献评级。该评级主要聚焦创造就业机会、性别平等、创新、环境四个主题，综合考虑企业核心活动、补充活动以及对其他 SDG 目标的影响等因素。评级结果分为 5 等 13 级，只有达到 D 级及以上的企业才能进行投资（表 5.2）。其次，基于 SDG 目标以及所投资产业，分析潜在投资资产或企业是否符合投资组合要求。最后，估算 SDG 影响力。

表 5.2 BLaO 可持续发展贡献评级结果体系

分等	级别	分数	投资建议
A	A +	≥9.50	可持续投资级
A	A	≥9.00	可持续投资级
A	A -	≥8.75	可持续投资级
B	B +	≥8.50	可持续投资级
B	B	≥8.00	可持续投资级
B	B -	≥7.75	可持续投资级
C	C +	≥7.50	可持续投资级
C	C	≥7.00	可持续投资级
C	C -	≥6.75	可持续投资级
D	D +	≥6.50	可持续投资级
D	D	≥6.00	可持续投资级
D	D -	≥5.75	不可投资
E	E	<5.75	不可投资

资料来源：据 BLaO 网站数据整理。

（2）投资组合构建阶段。BLaO 与企业一同使用 SDG 指标制定影响力目标，并持续管理投资组合影响力以达到预设目标。

（3）投资管理阶段。BLaO 将投资实际取得的 SDG 影响力与预期影响力目标比较，做好过程管理。如果企业 SDG 影响力不达标，BLaO 会积极开展参与沟通，或者制定改善方案，努力提升企业的 SDG 影响力表现。

（4）信息披露阶段。每年向 LP 披露基金 SDG 影响力目标进展情况。

4. 产品服务

BLaO 管理了 SICAV-SIF SCS-拉丁美洲基金Ⅰ，正在募集基金Ⅱ。BLaO 2020 年 2 月投资了哥伦比亚金融服务机构 MOVii 1000 万美元，该公司通过数字金融解决方案以及庞大的代理商和零售商网络，为客户提供账单支付、代理银行、公共交通和预付费充值（如电话费、水电费等）等便捷服务。BLaO 2021 年投资了巴西教育平台 Rede Decisão，帮助该企业运营可负担的私立 K12 学校，扩大圣保罗州和米纳斯吉拉斯州业务规模。

5. 信息披露

BLaO 每年定期披露影响力报告，披露内容涵盖影响力战略、投资策略、社会和环境影响力情况。根据 2022 年影响力报告，BLaO 投资组合中 SDG 评分大于 8.75 分的企业占比 39%，较 2021 年上升 14 个百分点，对 SDG 的贡献进一步提升。从实际影响力看，通过 BLaO 的 SDG 影响力投资，15789 名员工能够在体面的环境下工作，46% 的员工和 46% 的经理为女性，32% 的被投资企业开发了创新的产品和服务，100% 的被投资企业在投资 4 年后将可持续发展目标融入经营管理。

第二节　影响力投资与气候行动

一、气候投融资需求显著上升

人类经济活动排放了大量温室气体，导致全球气温持续上升，气候变化加剧，极端天气明显增多，严重威胁全球经济社会安全。1992 年，《联合国气候变化框架公约》的签署标志着全球共同努力控制温室气体排放的开始，后续又达成了《京都议定书》《巴黎协定》，形成控制全球气温上升的共同目标。

技术是碳达峰碳中和的核心所在，资金是重要的物质基础。自全球共同控制温室气体排放以来，气候投融资是政府降碳减排政策的重要内容。根据

《联合国气候变化框架公约》，气候金融（climate finance）是指支持适应和减缓行动以解决气候变化的金融活动。世界银行对于气候投融资活动的定义与此类似。中国发布的《关于促进应对气候变化投融资的指导意见》指出，气候投融资是指为实现国家自主贡献目标和低碳发展目标，引导和促进更多资金投向应对气候变化领域的投资和融资活动。国内外气候金融定义尚不统一，不过均指向支持绿色低碳发展。

  按照资金使用目的，气候金融包括气候适应投融资和气候减缓投融资。气候适应是指应对气候变化引发的自然灾害等挑战，提高农业、林业、海洋等方面的适应能力；气候减缓是指发展低碳、碳捕捉和碳汇技术，优化能源结构，降低碳排放水平。气候政策倡议组织（CPI）统计数据显示，截至2021年末，全球气候适应投融资规模占比仅为10%，而气候减缓投融资规模占比高达90%。各国家面临的两类投融资需求大不相同：发达国家温室气体排放多，气候减缓投融资需求更高；发展中国家碳减排压力相对较小，但基础设施建设落后，应对气候变化挑战的能力不足，气候适应投融资需求更迫切。

  为了应对气候变化挑战，努力达成《巴黎协定》提出的控温目标，全球气候投融资需求将显著增长。CPI认为，到2030年全球气候投融资规模需求将达到8.1万亿～9万亿美元，2030—2050年气候投融资需求将达到每年10万亿美元。世界银行认为2060年前中国电力和交通碳中和总投资将达到13.8万亿美元（表5.3）。全球气候投融资需求非常庞大，现有投融资规模很难满足上述需求，存在较高缺口，特别是对于发展中国家更是如此。未来需要进一步健全气候金融体系，丰富资金来源，动员社会资金参与应对气候变化的行动。

表5.3 中国碳达峰碳中和投资规模情况

单位：10亿美元

领域	2021—2030年	2031—2040年	2041—2050年	2051—2060年
电力	704	1386	1992	200
交通	1426	4578	2355	1159
合计	2130	5964	4347	1359

资料来源：据世界银行网站数据整理。

各国需要结合自身实际,加快建设气候投融资体系。欧盟气候投融资政策体系日渐完善,金融工具不断丰富;中国气候投融资体系建设刚刚起步,开展气候投融资试点,鼓励发行绿色债券,绿色贷款增速较快;印度加强气候领域财政支出力度,积极发展绿色债券、绿色股权投资,强化社会资金动员力度(表5.4)。

表5.4 中国、印度和欧盟气候投融资体系情况

投融资体系	中国	印度	欧盟
顶层设计	《关于促进应对气候变化投融资的指导意见》《气候投融资项目分类指南》《国家适应气候变化战略2035》等	2070年实现碳中和	《可持续发展融资行动计划》《欧盟可持续金融分类方案》等
政府公共资金层面	中国清洁发展机制基金、国家气候投融资基金(筹建)	国家清洁能源基金、国家气候适应基金、国家灾害响应基金等	欧洲气候基金、复苏基金等
社会资金层面	绿色信贷、绿色债券、股权投资等	绿色债券、股权投资、私人投资风险担保等	绿色债券、股权投资、气候韧性债券、蓝色债券等

二、气候投融资异军突起

(一)全球气候投资融资规模明显上升

为了实现绿色低碳发展,加强气候投融资规划,2020年,欧盟发布《欧洲绿色协定》,中国发布《关于印发2030年前碳达峰行动方案的通知》,明确了碳达峰碳中和行动目标和投入规划,为气候投融资发展奠定基础。根据CPI统计数据,截至2021年末,全球气候投融资规模达到12650亿美元,近两年投入资金规模明显加速(图5.5)。

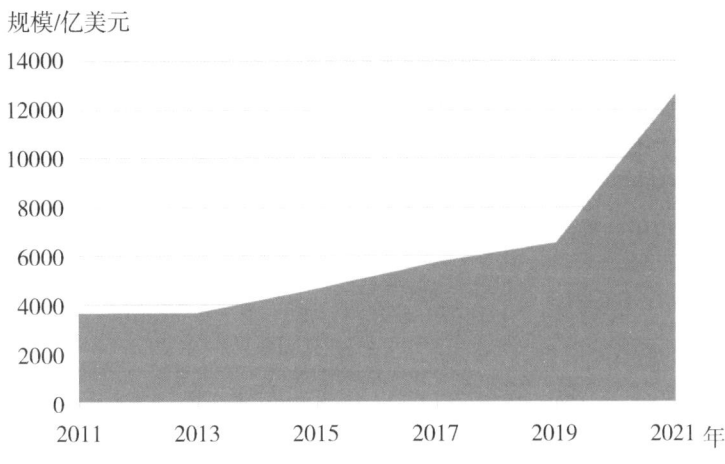

图 5.5　2011—2021 年全球气候投融资规模情况

资料来源：据 CPI 网站数据整理。

从各地区气候投融资规模来看，东亚和太平洋地区、西欧地区以及北美地区气候投融资规模排名世界前三位，合计占全球总规模的 83.64%，发展相对较快，与这些地区重视降低碳排放有很大关系（图 5.6）。中东和非洲等地区气候金融规模仍较小，这些地区发展中国家和低收入国家集中，很多国家面临较严重的气候变化挑战，如果不能加快推动气候投融资发展，经济社会吸纳气候冲击的韧性和能力将大大降低。

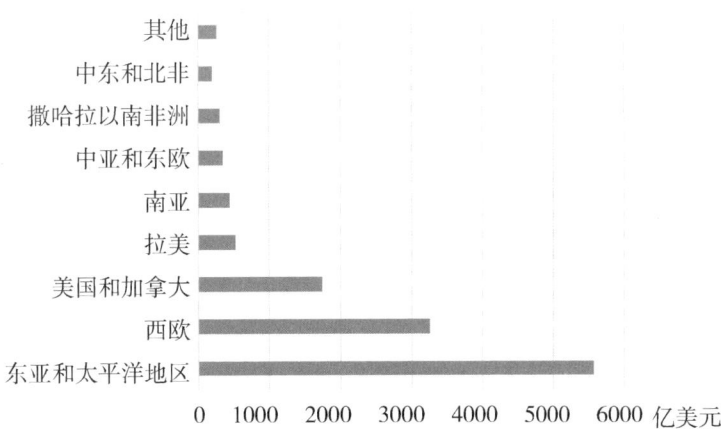

图 5.6　2021 年全球各地区气候投融资规模情况

资料来源：据 CPI 网站数据整理。

气候投融资可利用的金融工具较多，包括基于企业资产负债表的债务融资和股权融资、基于项目工程建设的债务融资和股权融资以及政府拨款。从统计数据看，企业债务融资和股权融资规模明显增长，对项目本身的投融资依赖度降低，有利于企业更好地使用资金研发低碳技术。此外，债务投融资仍是气候金融最重要的工具，2020年合计占比近60%；相比2019年，股权融资有明显提升，有利于促进气候金融工具应用的均衡性（表5.5）。

表5.5　2019—2020年全球气候金融工具应用情况

单位：10亿美元

工具名称	2019年	2020年
企业债务融资	97	113
企业股权融资	131	179
政府拨款	38	34
低成本项目债务融资	58	37
项目股权融资	56	46
项目市场化债务融资	239	226
其他	5	5
合计	624	640

资料来源：据CPI网站数据整理。

从资金流向看，90%的气候金融资金流向气候减缓领域，用于低碳技术、开发新能源等领域；10%的气候金融资金流向气候适应领域，用于水利工程建设等领域。总体来看，气候适应领域的资金流入仍然过少，不利于各国做好应对气候变化的现实影响。

（二）全球气候投融资资金来源

气候投融资资金来源于政府、金融机构、企业和个人，公共部门资金规模与私人部门资金规模基本相当，私人部门重要性日渐上升。

1. 公共部门气候投融资支持力度上升

各国政府从财政支出等方面提供资金支持气候投融资。截至2021年底，全球气候投融资来源于政府方面的公共资金规模达到6400亿美元，占总体规模的50.96%。欠发达国家财力有限，需要发达国家给予支持。因此，在控制温室气体谈判过程中,发达国家承诺提供一定规模的资金支持,帮助发展中国家应对气候变化挑战。在此背景下,一方面,在《联合国气候变化框架公约》下,发达国家资助设立气候适应基金和绿色气候基金。其中,气候适应基金获得资金 11.6 亿美元,对外投融资 5.11 亿美元;绿色气候基金获得 103 亿美元资金支持,按照 1∶1 的比例提供气候适应和气候减缓投融资。另一方面,在《联合国气候变化框架公约》之外,发达国家成立多边或者双边的气候投融资基金,如气候投资基金、国际气候基金、全球气候合作基金等。此外,发展中国家自主设立部分气候投融资基金,如墨西哥气候变化基金、印度尼西亚气候变化信托基金等。上述基金很多通过开发性金融机构实施和完成。截至 2020 年末,全球主要开发性金融机构气候领域承诺资金规模 660.45 亿美元,76% 的资金用于适应气候适应领域,24% 的资金用于气候减缓领域。

绿色气候基金(GCF)是在 2010 年于墨西哥坎昆举行的《联合国气候变化框架公约》第十六次缔约方大会上设立的,旨在帮助发展中国家适应气候变化。截至 2024 年 5 月末,GCF 对外融资 530 亿美元,支持了 129 个发展中国家的 253 个项目,气候减缓领域的投融资规模占比为 34%,重点支持能源获取及发电、低排放交通、建筑、城市、工业、森林和土地利用等领域项目;适应气候领域的投融资规模占比为 29%,重点支持健康、食品和水安全、基础设施和建筑环境、生态系统和生态系统服务等领域项目;混合目的领域的融资规模占比为 37%。资金使用方式上,贷款占比为 42%,捐赠占比为 41%,股权投资占比为 9%,基于结果的支付占比为 4%,担保占比为 3%(图 5.7)。

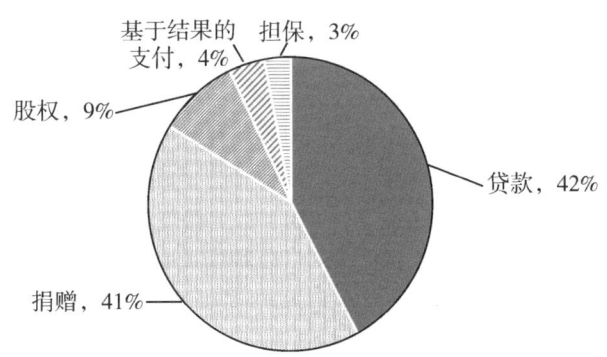

图 5.7　GCF 资金使用方式

资料来源:据 GCF 网站数据整理。
说明:因数据有四舍五入,加总不等于 100%。

2. 私人部门积极支持气候投融资

银行、资产管理机构等金融机构为企业提供贷款、股权投资等资金支持。随着监管要求的提升、客户需求的升高，金融机构更加重视气候金融，探寻新的投资策略，为客户创造更高的投资收益。调查显示，大约24%的机构投资者表示气候变化是投资政策的核心，51%的机构投资者表示这是一个重要因素。贝莱德已将可持续投资作为核心策略进行研究和实施，摩根大通投入超过1000亿美元用于支持可再生能源、提升能效和建设可持续交通。CPI数据显示，截至2021年末，全球来自金融机构的气候投融资规模达到2350亿美元，占私人资金的37.6%。

企业通过购买机器设备、技术研发等方式参与气候投融资。外部融资渠道的通畅降低了企业参与气候投融资的难度。数据显示，2021年全球气候技术企业股权融资规模为158亿美元，较2020年翻番，其中交通运输和电池企业投资额占比达到80%。很多企业开始关注气候投融资机遇，履行社会责任，设立气候相关基金。截至2021年末，全球企业气候投融资规模达到1920亿美元。

个人对气候投融资贡献还不大。截至2021年末，个人气候投融资规模为1330亿美元，占比为29.44%，有明显上升。各国居民对气候变化的关注度越来越高，未来有望成为气候投融资资金来源的主力。以英国为例，调查显示，70%的受访者希望个人投资避免对社会和地球产生破坏影响，50%的受访者认为可以牺牲一定收益实现对社会发展的积极影响。全球老龄化趋势下，居民养老金日渐增多，可以将养老金配置与气候金融相结合，解决气候投融资不足问题。

（三）全球气候投融资创新趋势

气候投融资项目多处于技术前沿阶段，项目周期长，不确定性高，风险-收益性价比不高，不具有社会资金吸引力。传统政策支持方式主要是提供贴息、担保等，虽然能够起到一定作用，仍无法最大化地动员私人资本。为了有效推动气候金融发展，满足各类主体的投融资需求，气候金融工具处于不断创新发展的阶段，重点创新方向包括混合融资（blended finance）模式、气候挂钩金融工具、基于结果的气候金融模式、结构化融资模式（表5.6）。

表 5.6　气候投融资工具创新情况

特点	混合融资模式	气候挂钩金融工具	基于结果的气候金融模式	结构性融资模式
原理	融合不同风险偏好和投资目标主体的资金,建立分层的融资结构	将金融工具要素与气候适应和气候减缓目标挂钩,有利于推动社会可持续发展	基于最终实现的气候目标决定是否偿付债务本息	将现有与气候相关的绿色资产打包重构,发行绿色债券
解决的难题	气候投融资项目风险大、周期长,社会资金参与积极性不高	传统气候金融工具无法保证取得特定目标或者效果	公共资金投资效率不高等问题	存量资产流动性低,使用效率不高
推广潜力	受限于公共部门资源投入	与发行人或者融资人资质相关	取决于政府财政资源	推广潜力较大

资料来源：据 IMF 网站数据整理。

1. 混合融资模式

混合融资模式是将不同性质和目的的资金组合起来,降低气候投融资项目的投资风险,或者提升投资收益吸引力,增强社会资金吸引力。通常,开发性金融资金或者慈善捐赠资金关注投资产生的社会影响力,愿意降低投资收益要求,有利于吸引社会资金,助力发展中国家应对气候变化挑战。混合融资模式通常为开发性资金或者慈善资金获取低于市场平均水平的收益率或者提供损失优先吸收机制、为气候投融资项目提供担保等模式。

2015 年以来,混合融资模式逐步在应对气候变化等可持续发展领域推广。根据全球混合融资网络组织 Convergence 统计数据,截至 2022 年 9 月末,气候类混合融资项目 359 个（占项目总数的 47%）,规模为 1080 亿美元（占总规模的 64%）,成为混合融资交易的重要方向和领域。

2. 气候挂钩金融工具

为了进一步丰富气候投融资工具,各国政府及专业组织推动发展与气候投融资直接相关的金融工具,如气候债券、气候挂钩债券、气候挂钩贷款等。这些金融工具有明确的标签,遵循严格的分类和统计口径。

气候债券是绿色债券的一种,也是快速发展的气候投融资金融工具。为了避免洗绿，气候债券倡议组织发布气候债券标准和认证机制，包括资金用途、项目和资产的评估和筛选流程、募集资金管理以及信息披露等方面，推动发行人落实与《巴黎协定》相一致的气温上升控制目标。气候债券多用于支持新能源发展或者企业技术改造，但是支持气候适应投融资的气候债券数量不多。2017年，欧洲复兴开发银行发行气候韧性债券，为欠发达国家农业、水利基础设施建设提供资金支持。2023年，全球认证的绿色债券发行规模为5873亿美元。特别是2018年以来，气候债券发行规模明显加速，与各国重视应对气候变化的政策导向有很大关系。

气候挂钩债券（贷款）是一种基于绩效表现的气候投融资工具，创新地将债券（贷款）发行与企业绿色低碳发展目标挂钩，当预定目标实现时，可以下调票面利率，反之亦然；也可以设置其他债券要素与绩效目标相挂钩。2019年，全球发行首个可持续发展挂钩债券。全球发行的可持续发展目标挂钩债券中，60%左右与应对气候变化有关。2020年，全球资本市场协会发布气候（可持续发展）挂钩债券标准，要求设定关键绩效目标，设定与目标相关的债券要素，定期报告绩效目标实现情况，聘请外部专业机构审核披露信息的真实性。

2017年以来，新兴市场国家和发展中国家以气候等可持续发展目标挂钩的贷款投放规模快速攀升，2021年和2022年均维持在300亿美元以上。2022年8月，中国邮政储蓄银行作为银团独家牵头行和可持续发展协调行，为华能天成融资租赁有限公司贷款6亿元，贷款期限3年。该贷款将贷款利率与清洁能源项目投放金额、装机规模、二氧化碳减排量挂钩，激励企业加快清洁能源项目的资金投放，提升企业绿色发展动力。预计到2024年底，该可持续发展挂钩贷款对应的绿色项目可至少减排二氧化碳2300万吨。

3. 基于结果的气候金融模式

基于结果的气候金融模式与社会影响力债券机制相似，强化结果导向，以真正对社会可持续发展做出贡献。该模式强调只有当私营机构达到预定效果或者目标，政府部门等公共部门才会支付融资或者项目建设款项。

基于结果的气候金融模式包括环境影响力债券、公共项目融资等形式。环境影响力债券与可持续挂钩债券类似，其最大不同之处在于：一旦没有达到预定效果，可持续挂钩债券通常调整债券要素，而环境影响力债券投资者将得不到债券本息。公共项目融资也类似，达不到预期目标，政府将不会支付项目融资款项。总体来看，该模式并不像混合融资和气候挂钩金融工具那样普遍，仍在尝试和推广过程中。以秘鲁废弃物处理项目为例，Antamina

是秘鲁最大的锌和铜加工企业，与当地政府合作建设废弃物处理系统。该地区每日产生生活垃圾1.83吨，公共服务无法承担全部废弃物的处理要求。Antamina与政府签署基于结果的项目建设协议，约定建设废弃物处理基础设施，提供技术支持，达到该地区未来20年能够每日处理废弃物3.62吨的目标。

4. **结构化融资模式**

结构化融资模式主要是将气候领域的绿色信贷、绿色工程项目等存量资产，打包重新分层后对外发行债券融资，有利于盘活存量资产，加快资金周转。与此同时，政府等公共部门可以提供担保等支持，帮助投资者分担风险，降低融资成本，支持绿色主体融资或者发放绿色贷款。

美国等国家绿色债券多以资产证券化形式发行，中国绿色资产证券化发行规模占比也较高。2023年，中国发行了346只绿色资产证券化债券，规模为2395.09亿元，募集资金主要投向清洁能源领域。

三、气候影响力投资现状

全球气候变化既孕育了风险，也提供了投资机遇。影响力投资机构积极参与此领域的投资，希望提供更多资金和解决方案，加快全球净零转型步伐。咨询机构Simon-Kucher调研显示，81%的受访PE机构在一定程度上愿意参与和助力解决气候变化问题。荷宝2023年调研数据显示，55%的受访投资管理机构已经认识到投资组合对碳排放的实质影响，53%的受访投资管理机构希望提供低碳类股票和债券投资策略产品，52%的受访投资管理机构希望提供更多与降碳相关的影响力投资。咨询机构Simon-Kucher调研表明，56%的受访欧洲PE机构将大幅增加气候影响力投资，逐步将减碳要求融入投资全过程。

根据凤凰资本集团统计数据，截至2023年末，全球已有847只与净零目标保持一致的影响力投资基金，同比增长11%，约占全部影响力投资基金的33%（图5.8）。其中37%的净零影响力投资基金为无固定期限，36%为封闭式基金，23%为开放式基金。

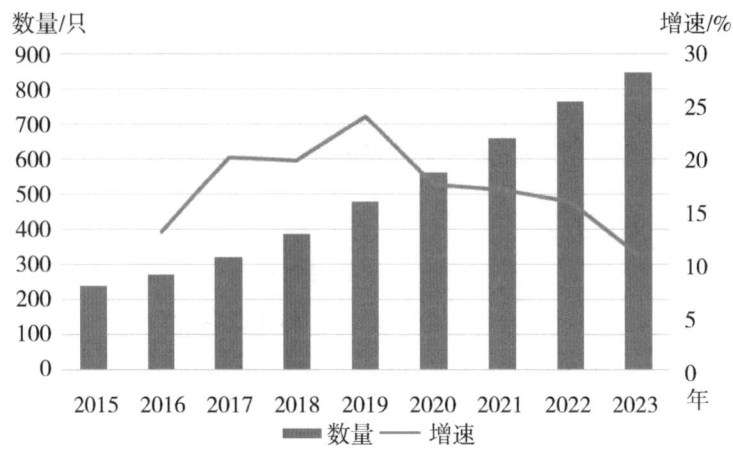

图 5.8　2015—2023 年净零影响力投资基金数量及增速情况
资料来源：据凤凰资本集团网站数据整理。

（1）从资产分布来看，按照基金数量计算，30%为实物资产投资，26%为 PE 投资，20%为股票投资，11%为私募债投资，私募类资产合计占比为 67%，表明净零影响力投资基金更加偏好私募类资产（图5.9）。

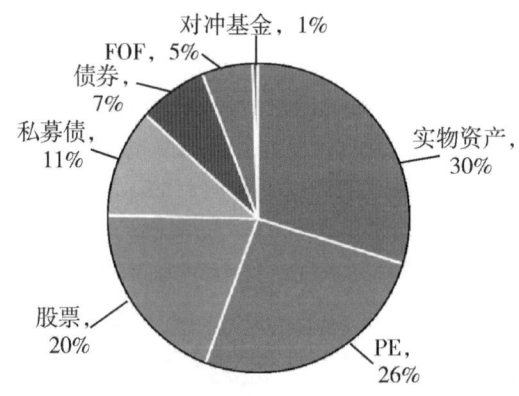

图 5.9　2023 年净零影响力投资基金资产分布情况
资料来源：据凤凰资本集团网站数据整理。

（2）从区域分布来看，52%的净零影响力投资基金分布于发达国家，19%的基金分布于发展中国家，29%的基金分布于全球其他地区。专门投资发展中国家的净零影响力基金还不够多。

（3）从投资者类型来看，55 只养老基金聚焦气候行动，慈善机构和 FOF 投资的气候行动主题影响力投资基金数量分别为 47 只和 40 只，拥有长期资金的资产所有者参与气候行动的投资更加活跃。

四、气候影响力投资实践

面对气候变化带来的投资机遇，除了传统影响力投资机构参与其中，还涌现了部分专门聚焦气候变化领域的投资机构，在推进气候投融资的道路上起到良好的示范作用。以下以投资管理机构 Just Climate 和 GenZero 为例，介绍这类机构的运作方式及效果。

（一）Just Climate 气候影响力投资实践

投资管理机构 Just Climate 由英国世代投资公司（Generation Investment Management）于 2021 年设立，聚焦气候投资管理，重点参与投资气候解决方案，减少或消除碳排放，获得优良的风险调整财务回报。

1. 投资框架

Just Climate 投资框架主要包括研究、投资分析和尽职调查、交易审查和执行、价值创造和报告等环节，涵盖影响力路线图、风险评估、影响力管理和衡量三大部分。

（1）影响力路线图。Just Climate 以研究驱动投资，结合世界资源研究所等研究资源，建立最具潜力的减排解决方案列表，通过内部评估制定影响力路线图，指导后续投资。Just Climate 影响力评估方法涉及规模性和时间性、变革性、催化性和可持续性等方面。规模性和时间性要求投资解决尚未进入脱碳正轨的技术方法，变革性要求投资能够推动高碳行业步入 1.5 摄氏度控温路径的解决方案，催化性要求投资能够加速商业化的解决方案，可持续性要求投资在社会和环境约束下提供最高气候影响力的解决方案。以工业气候解决方案为例，Just Climate 主要投资氢能源、碳捕捉、储能等领域的技术和企业。

（2）风险评估。Just Climate 在尽职调查时，重点考虑气候影响力质量、商业质量和管理质量。气候影响力质量的范围和及时性评估重点了解企业是否能够加速推进降碳行动，企业碳排放目标与行业目标是否一致；革命性评估重点了解所要解决的碳排放在全球碳排放总量中的占比是否显著，气候解决方案能否大面积推广，实现整个行业净零转型路径的变革；可持续性评估重点了解企业是否最大限度地利用了有限资源,是否未对环境和人类产生显著伤害。商业质量重点评估气候解决方案的财务潜力,如未来市场空间是否很大、客户价值主张是否清晰、是否具有市场定价权、面临的监管压力是否较小等方面。管理质量重点评估管理团队实现上述商业计划的能力,如管理团队具有很强的变革能力以及实现长期成功的激励机制,企业内部文化具有多元性和包容性,股权结构能够支持商业目标。

(3) 影响力管理和衡量。Just Climate 影响力衡量贯穿研究、尽职调查和价值创造全过程。首先,了解企业经营活动、商业关系、可持续发展等情况。其次,确定利益相关者群体以及环境和社会成果。再次,从受影响的利益相关者出发,评估环境和社会成果发生的可能性和影响显著性,评估指标包括碳足迹、公平工作机会等方面(表5.7);显著性评估维度包括变革程度、重要性、受影响人群的数量、持续时间等方面。最后,建立与实质性成果相关的指标,选取定性和定量指标,在每个企业投资全过程评估实质性环境和社会成果的表现。

表 5.7　Just Climate 影响力尽职调查关注的社会和环境成果指标

影响力领域	指标
社会	地区污染和健康影响、成本和收益的公平分配、公平的工作机会、生活和基本需求、生活质量、社区自主性、气候适应能力等
环境	碳足迹、资源使用、生物多样性、土地资源使用、污染和废弃物等
其他	职业健康和安全、客户健康和安全、客户隐私保护、培训和教育、人权保护、童工、反腐败、反不正当竞争、吹哨人政策、合规等

资料来源:据 Just Climate 网站数据整理。

2. 投资实践

Just Climate 聚焦工业气候解决方案和自然气候解决方案。

工业气候解决方案投资优先考虑排放最高、难以减排行业的解决方案,这些行业未来10年有可能大幅减排。有了正确的投资支持,这些行业的解决方案可以快速扩展,实现更高的毛利率、更低的资本成本和广泛的市场拓展,这是对投资者产生最大气候影响力和有吸引力的风险调整回报的重要途径。工业气候解决方案投资组合中,瑞典可再生能源企业 Meva Energy 发明了创新的模块化气化技术,用于生产可再生合成燃气,在轻工制造领域作为化石天然气的低碳替代品；美国电动机制造商 Infinitum 生产的电机比传统电机更小、更轻、更耐用，显著提高效率，降低电力消耗。

Just Climate 2023 年 9 月发布自然气候解决方案战略，侧重避免农业、林业和其他土地利用的碳排放，以及通过恢复土壤、森林和湿地来固碳。考虑拉美地区有较多的自然气候解决方案投资机会，Just Climate 在巴西开设了办事处，增强在该地区的投资能力。

（二）GenZero 气候影响力投资实践

投资管理机构 GenZero 由淡马锡创立，总部位于新加坡，专注脱碳解决方案领域，重点投资需要耐心资本培育成有影响力和可规模化的解决方案，为地球和人类带来积极影响，同时产生可持续的回报。

1. 投资管理体系

ESG 和影响力因素贯穿 GenZero 尽职调查、决策、投后和退出等阶段。

（1）尽职调查阶段。投资团队收集和分析被投资企业 ESG 数据，借鉴可持续会计准则委员会、气候相关财务披露工作组（TCFD）和全球报告倡议组织（GRI）等机构提供的指导建议，确定与被投资企业所在行业、活动或地理位置相关的重大 ESG 因素。基于尽职调查，投资团队提供 ESG 风险评估报告，确定优先 ESG 问题，并提出风险缓释措施。

（2）决策阶段。投资团队提交包含尽职调查结果、关键 ESG 风险缓释举措、投资规模、期限等内容在内的投资备忘录，投资委员会根据风险、收益和影响力等因素进行整体评估，做出最终投资决策。

（3）投后阶段。如有必要，投资团队将与被投资企业合作，制定适当的参与、监控和缓释计划。作为该计划的一部分，GenZero 要求被投资企业每年报告关键绩效指标信息。

（4）退出阶段。虽然仍处于资本部署的早期阶段，GenZero 努力在适当的时候制定并实施负责任的退出。

为了更好地反映 GenZero 的气候影响，其与波士顿咨询公司合作建立气候影响力管理和衡量体系，重点衡量直接气候影响、间接气候影响、变革气候影响。其中，直接气候影响是指被投资企业能够直接减少或者避免碳排放，间接气候影响是指能够为减少或者避免碳排放提供基础设施或者技术，变革气候影响是指企业开发下一代技术或者解决方案。根据分配原则，GenZero 分别计算不同气候影响的量化指标，更直接地反映对气候变化的影响力。

2. 气候投资实践

基于自然的解决方案旨在保护、恢复和管理自然生态系统，避免、减少或消除碳排放，同时造福当地社区，增强生物多样性。GenZero 投资了新加坡气候解决方案企业 AJA，其在非洲多个国家培育和管理基于自然的气候缓解项目，扩大碳市场机会。GenZero 投资了 AJA 开发的 Kwahu 项目，助力恢复加纳东部地区退化和被砍伐的森林，改善当地居民生活质量。GenZero 还投资了农业科技初创企业 Rize，其致力于实现亚洲水稻种植的去碳化，GenZero 支持 Rize 识别和实施减少水稻种植温室气体排放的最有效策略，建立可持续种植技术广泛应用的激励机制。

基于技术的解决方案聚焦通过资本部署支持能源、电力、交通、建筑以及制造业等碳密集型行业的转型路径变革，更快地实现低碳未来。GenZero 投资了美国可再生能源企业 CleanJoule，其以经济、高效的方式利用农业残留物和其他废弃生物质生产可持续航空燃料，助力航空运输低碳转型。GenZero 投资了美国生物材料制造商 Newlight，其开发了专有工艺，使用甲烷和空气制成可重复使用、环保可降解的材料，能够有效替代塑料。

作为碳生态系统推动者，GenZero 投资支持发展高效和可信的碳市场生态系统的公司和解决方案，包括碳咨询和基础设施相关领域。GenZero 投资了挪威技术公司 Chooose，其成立于 2017 年，为企业提供构建、管理和报告气候影响的软件平台，GenZero 支持 Chooose 将该平台扩展到新的企业领域，扩大该平台支持的即时可用、前沿的碳解决方案组合。

第三节　影响力投资与生物多样性保护

生物多样性面临前所未有的威胁，将带来突出的金融风险，需要加快生物多样性保护，加大资金支持。

一、生物多样性保护及支持政策

（一）生物多样性风险加大

生物多样性是全球经济增长的重要基础，世界经济论坛估算每年约 40 万亿美元经济增加值依赖自然的相关服务。生物多样性损失必将影响全球

GDP 增速，预计每年将导致 10 万亿美元的 GDP 损失，对于严重依赖自然和生物多样性的国家而言更是灾难性的。瑞士再保险认为，全球最依赖自然和生态体系的国家是肯尼亚、越南、巴基斯坦、印度尼西亚、尼日利亚、伊朗、阿曼、摩洛哥、印度和阿尔及利亚，多是发展中国家。

生物多样性损失将提高金融机构风险，重点是物理风险和转型风险。前者是指生物多样性损失带来的生产等方面冲击，进而影响企业产出、销售等经营绩效，降低偿债能力和投资价值，影响金融机构的信用风险和市场风险；后者是指政策导向转变，企业如果不能适应新的政策要求，将面临行政处罚、客户流失等经营风险，也会带来信用风险和投资风险（图 5.10）。研究表明法国金融机构投资组合中有 42% 的投资资产高度或者非常高度地依赖一种自然服务，巴西 20% 的信贷组合资产依赖自然服务，金融机构业务经营与生物多样性状态密切相关，必须重视相关风险。

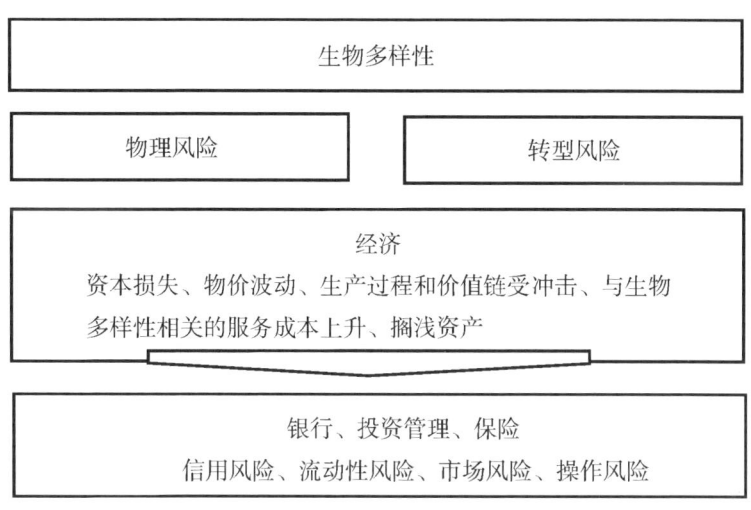

图 5.10 生物多样性风险传导机制

资料来源：据央行与监管机构绿色金融网络网站数据整理。

根据瑞士信贷 2021 年调研数据，46% 的受访机构有些担忧生物多样性损失对金融市场的影响，非常担忧的机构占比达到 40%，不担忧的机构仅占 5%（图 5.11）。可见，金融机构逐步重视生物多样性损失对投资的负面影响。

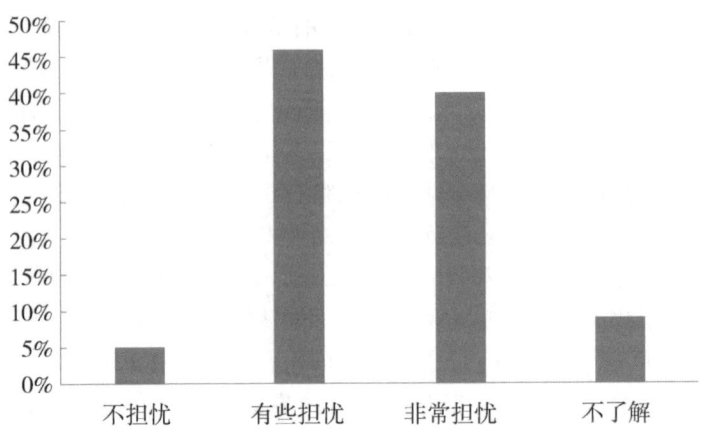

图5.11　金融机构担忧生物多样性损失对金融市场的影响
资料来源：据瑞士信贷网站数据整理。

（二）生物多样性保护政策

20世纪末以来，全球非常关注生物多样性问题。1992年，联合国通过《生物多样性公约》，188个国家和地区签署了该公约。2020年，全球生物多样性框架为未来十年生物多样性保护指明方向。

欧盟推出生物多样性十年战略，提供近1000亿欧元财政资金，用于生物多样性保护支出：消除河流障碍，到2030年，25000公里河流畅通无阻；保护海豚和鲨鱼等海洋物种；阻止传粉媒介种群的流失；确保每个欧洲城市和城镇至少有10%的树木覆盖率。

澳大利亚发布2019—2030年自然战略和行动方案，主要有三个目标：让所有澳大利亚人与自然紧密联系，提升对自然的理解，重视自然在生活中的作用和贡献；保护所有自然物种，维持生态系统多样性，可持续利用自然资源；建立知识分享平台，更好地理解自然和生物多样性，提高自然管理的科学性。

中国2015年印发《生态文明体制改革总体方案》，阐明中国生态文明体制改革的指导思想、理念、原则、目标和保障措施。中国政府制定并实施《中国生物多样性保护战略与行动计划（2011—2030年）》，提出未来20年生物多样性保护总体目标、战略任务和优先行动；同时，中央政府率先出资15亿元人民币，成立昆明生物多样性基金，支持发展中国家生物多样性保护事业。

为了加强生物多样性保护的金融支持，政府部门、非政府组织和金融机构联合成立各类生物多样性保护行业组织，如金融业生物多样性融资承诺（Finance for Biodiversity Pledge and Foundation）、私人生态保护投资联盟（Coalition for Private Investment in Conservation）、自然相关财务信息披露工作组（Taskforce on Nature-related Financial Disclosures）等。除了国际性倡议，中国金融机构也发起了《银行业金融机构支持生物多样性保护共同宣示》等倡议。

二、生物多样性金融创新发展

（一）生物多样性投融资现状

生物多样性保护资金主要来自政府部门、各类国际组织和私人部门，但是缺乏比较系统性的统计数据。根据 OECD 统计数据，2015—2017 年，每年用于生物多样性的支出为 790 亿～910 亿美元，以政府部门支出为核心，占比超过 72%。具体来看，政府公共支出约为 678 亿美元，约占政府整体支出的 0.1%，支出较高的国家占比可达到 0.6%；国际组织支出为 39 亿～93 亿美元，其中多边公共组织支出的平均值为 5.65 亿美元，双边组织为 54.87 亿美元，占整体支出的 4% 左右；私人部门支出为 66 亿～136 亿美元，其中慈善资金为 2.86 亿美元。

保尔森基金会估算 2019 年全球有 1240 亿～1430 亿美元支出用于生物多样性保护，相比 OECD 的评估，支出增长比较明显，说明生物多样性保护投入力度正在加大。具体来看，公共支出为 750 亿～780 亿美元，生物多样性抵消支出为 60 亿～90 亿美元，慈善支出为 20 亿～30 亿美元（表 5.8）。

表 5.8　2019 年全球生物多样性保护支出结构

单位：亿美元

资金来源	规模
绿色金融产品	40～60
可持续供应链	50～80
政府发展支持	40～100
生物多样性抵消	60～90

续表

资金来源	规模
自然基础设施	270
碳市场	8~14
慈善资金	20~30
国内财政和税收政策	750~780

资料来源：据保尔森基金会官方网站数据整理。

生物多样性保护资金需要持续上升。保尔森基金会预测，2030年前每年支出需求为7220亿~9670亿美元，相当于2019年全球GDP的0.7%~1%。其中，农业方面的支出需求为3150亿~4200亿美元，森林方面的支出需求为190亿~320亿美元，渔业方面的支出需求为230亿~470亿美元，入侵物种治理方面的支出需求为360亿~840亿美元。

整体来看，生物多样性保护公共支出占比较低，生物多样性保护资金来源过于单一，支持力度还不足。为了有效应对日益增长的生物多样性支出，有必要多措并举，包括减少对生物多样性有负面作用的补贴政策，如农业补贴等；加大财政支出，引导更多私人资本参与生物多样性保护；建立公私合作机制，共同促进生物多样性水平提升。

（二）生物多样性金融创新

PPP（public-private partnership）是政府部门和私营部门签订长期合作协议，依照风险分担、利益共享的原则，共同开发公共基础设施项目，降低政府部门公共基础设施投资压力，提高项目运作效率。广义的PPP包括建设—营运—移交（BOT）、建设—拥有—营运（BOO）、转让—营运—移交（TOT）等模式，政府部门可以根据项目特点，选择不同的PPP模式。PPP模式已在全球大范围推广，用以解决基础设施建设资金缺口问题。欧洲、北美等地区PPP市场相对成熟，亚洲、非洲等发展中国家PPP市场刚刚起步。

PPP模式在生物多样性投融资中得到应用。以非洲公园PPP项目为例，该项目旨在修复和保护野外生态，实现自然可持续利用和发展。在此模式下，政府是公园有所者，公园运作、管理等功能由各类私人机构承担，包括生物多样性保护、社区建设、旅游、基础设施建设等。非洲公园建设为公园内以及附近的居民带来了生态、经济方面的好处，以创造就业为例，95%的员工为当地居民。

(三) 债务自然互换机制

债务自然互换 (debt-for-nature swaps) 是指债权国与债务国达成协议, 债务国的债务得以重组, 作为交换, 债务国承诺保护自然环境, 将重组方案中的一部分债务等值置换, 投入生态保护领域。

债务自然互换始于 20 世纪八九十年代, 牙买加、秘鲁等国实施了一批债务自然互换交易。本世纪前 20 年该机制落地较少, 自 2020 年以来逐步增多 (图 5.12)。以塞舌尔为例, 2016 年, 塞舌尔完成以海洋保护和应对气候变化为目标的债权置换项目, 塞舌尔政府承诺成立 40 万平方公里的海洋保护区, 将受到保护的海洋面积从仅占其海域面积的 0.04% 提高到 30%。

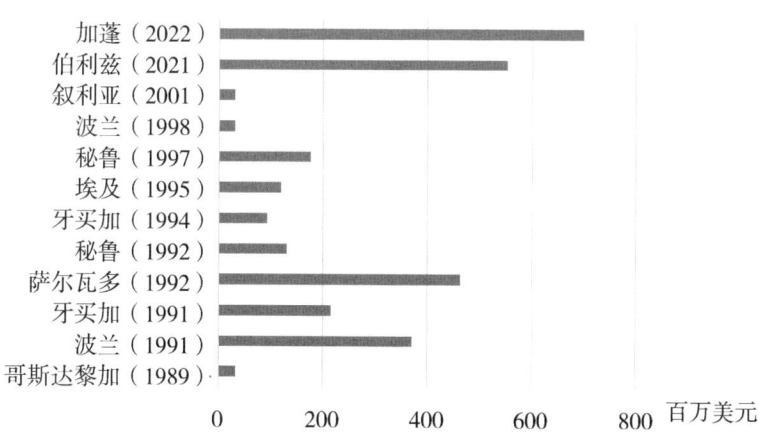

图 5.12 部分国家债务自然互换实施情况

资料来源: 据彭博官方网站数据整理。

(四) 混合融资创新

混合融资除了适用于气候投融资, 也适用于自然保护。慈善基金会等机构能够为企业或者生物多样性保护项目提供低于市场利率水平的资金, 支持技术能力等方面建设, 有助于提升商业化经营水平。以加利福尼亚森林韧性债券为例, 美国加利福尼亚当地 1/3 的家庭面临野火的威胁, 提高森林管理和降低野火风险的资金缺口大约为 60 亿美元, 森林韧性债券 (Forest Resilience Bond) 用于吸引私人资本和慈善资本解决资金缺口问题。洛克菲勒基金会提供项目前期设计和筹备捐赠资金,并在该项目后期发行债券时,提供优惠利率资金,以便让其他私人投资者能够获得更高的投资收益,增强债券吸引力。

三、生物多样性影响力投资现状

金融机构主动参与生物多样性保护投资。根据凤凰资本集团统计数据,截至 2023 年末,全球生物多样性影响力投资基金数量为 1067 只,同比增长 10%,近年增速有放缓趋势(图 5.13)。咨询机构 Carbon Pluse 指出,2023 年全球名称带有"生物多样性"字样的基金规模超过 15 亿美元。

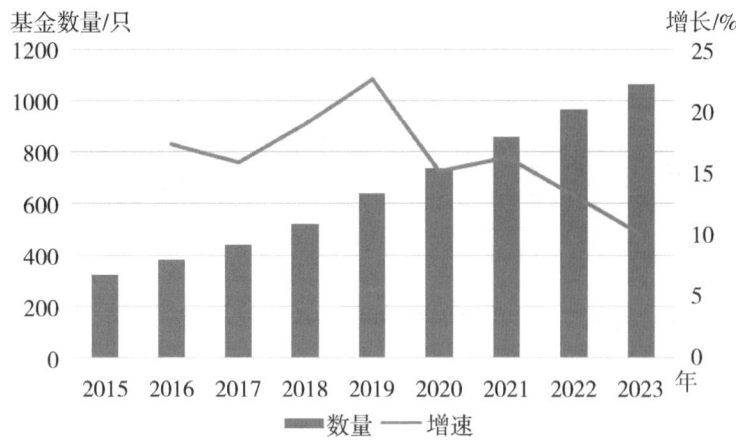

图 5.13　2015—2023 年生物多样性影响力投资基金数量及增长情况
资料来源:据凤凰资本集团网站数据整理。

(1)从资产分布来看,生物多样性影响力基金有 33% 投向实物资产,30% 投向非上市股权,12% 投向债券,11% 投向股票(图 5.14);实物资产占比最高,以森林、农地、相关基础设施为主。各区域的生物多样性影响力基金资产分布呈现较大差异:北美地区以实物资产和非上市股权投资为主,合计占比 82%;欧洲和中东地区主要投资非上市股权,占比超过 50%;大洋洲以实物资产为主,占比达到 53%。这可能与不同地区的投资偏好、所需保护的生物多样性资产类型等因素有较大关系。

第五章 影响力投资新兴主题

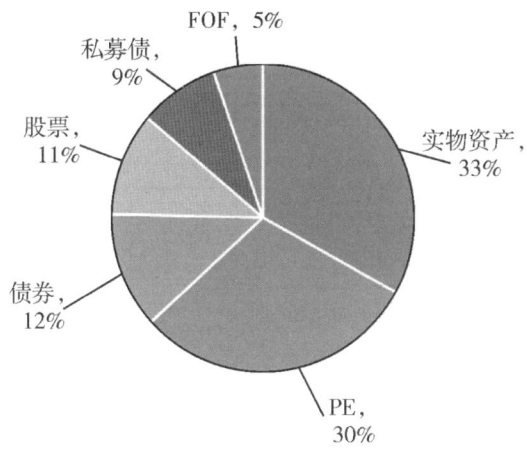

图 5.14 生物多样性影响力投资基金资产分布情况

资料来源：据凤凰资本集团网站数据整理。

（2）从区域分布来看，38% 的生物多样性影响力基金聚焦发达国家地区，34% 的基金聚焦全球市场，28% 的基金聚焦发展中国家。

（3）从投资者情况来看，根据欧盟 2023 年调研数据，开发银行和投资管理机构数量占比均为 25%，慈善基金会和捐赠基金会占比分别为 17% 和 13%，其他类型机构数量较少。上述机构投资自然领域的资产规模小于 1% 的占比为 34%，1%～5% 的占比为 10%，5% 以上的占比为 24%，投资者在此领域的资产配置比例仍不高。投资者最关心的自然领域投资机会分别为绿色空间和管理、健康和福祉、海洋韧性等。

（4）从投资回报来看，2023 年除了 ASN 生物多样性基金外，其他重点生物多样性基金均实现了正回报（表 5.9）。不过，部分基金未跑赢基准指数，凸显该领域投资回报并不理想，可能与很多生物多样性领域的企业仍处于初创期等因素有很大关系。

表 5.9　2023 年全球部分生物多样性主题基金收益情况

机构名称	基金名称	成立日期	规模/百万美元	2023 年收益
ASN Impact Investors	ASN Biodiversiteitsfonds	2021 年	33.9	-1.3%

续表

机构名称	基金名称	成立日期	规模/百万美元	2023年收益
AXA IM	ACT Biodiversity Equity UCITS ETF	2022年	381.9	10.7%
AXA IM	World Funds-ACT Biodiversity	2022年	203.8	0.2%
BNP Paribas	Easy ESG Eurozone Biodiversity Leaders PAB	2022年	78.6	16.5%
BNP Paribas	Oasis Biodiversity Leaders	2023年	22.5	—
Fidelity International	Sustainable Biodiversity Fund	2022年	5.3	7.6%
HSBC	World ESG Biodiversity Screened Equity UCITS ETF	2022年	9.7	26.8%
Impact Earth	Amazon Biodiversity Fund	2019年	48.2	15.1%
Kamer Blue	Biodiversity Impact Fund	2019年	11.0	16.6%
Mirova	Biodiversity Solutions Equity Fund	2023年	—	—
Swiss Life	Equity Environment & Biodiversity Impact	2021年	189.8	5.8%

资料来源：据 Carbon Pluse 网站数据整理。

四、生物多样性影响力投资实践

部分金融机构聚焦生物多样性领域的投资机会，以便更好地保护生态环境。以下以投资管理机构 EcoEnterprises Fund 和生物多样性影响力基金 RRG Sustainable Water Impact Fund 为例，研究生物多样性影响力投资实践。

（一）EcoEnterprises Fund 生物多样性影响力投资实践

EcoEnterprises Fund 是一家由女性主导的风险投资基金公司，聚焦拉美地区生物多样性投资机会，在构建自然保护、性别平等投资组合方面拥有较突出的成绩。EcoEnterprises Fund 主要投资生物多样性和自然生态体系，支持可持续林业、生态旅游等生态体系保护和修复；投资气候解决方案，支持可再生能源、循环经济发展，减少碳排放；投资支持社会公平，聚焦性别包容和妇女领导的企业。EcoEnterprises Fund 共管理三只基金，分别为 Fondo EcoEmpresas、EcoEnterprises Partners Ⅱ 和 EcoEnterprises Partners Ⅲ。

该机构遵守影响力管理操作原则，并经过外部机构核验。尽职调查方面，调查潜在投资企业对可持续发展目标的贡献以及影响力目标，寻找扩大影响力的机会。EcoEnterprises Fund 开发了尽职调查清单和 ESG 评级体系，明确治理、多元化、能源使用等方面的量化指标，识别影响力投资风险和机遇，形成环境和社会方面的行动。投资审查方面，组建由环境和社会领域专业人士组成的影响力委员会，协助投资团队和被投资企业识别、管理和提升特定环境和社会方面的事项。投资管理方面，EcoEnterprises Fund 一方面为被投资企业提供 ESG 和影响力方面的培训；另一方面加强沟通交流，提供与影响力管理相关的技术支持。EcoEnterprises Fund 采用 IMP 影响力衡量方法，即从什么、哪些利益相关者、有多显著、贡献以及风险五个维度衡量影响力水平；定期收集影响力指标数据，向投资者报告影响力成效。投资退出方面，与被投资企业一同确保影响力融入企业文化和基因，形成流程和制度，保障投资者退出后，影响力能够持续较长时间。

EcoEnterprises Fund 管理的第一支基金 Fondo EcoEmpresas 投资先行者和市场建设者，它们提供各种新颖产品，从有机虾、有机香料、可持续认证家具到巴西莓果汁冰沙。EcoEnterprises Partners Ⅱ 促进可持续企业规模扩张，这些企业是拉丁美洲具有高影响力企业的代表。EcoEnterprises Partners Ⅲ 投资专注自然资本和气候解决方案的企业，该基金投资了 12 家企业，涉及 8 个国家和地区，650 万英亩森林得到了可持续管理，1000 万吨有机废弃物得到处理和再循环；创造了 3000 个就业岗位，其中 1100 个就业岗位为女性，30.4 万人口获益。

（二）RRG Sustainable Water Impact Fund 生物多样性影响力投资实践

RRG 资本管理团队（RRGCM）专注可再生资源投融资，致力于农业和农学、水文和水利基础设施、栖息地保护和可再生能源领域的工作，投资区域包括美国西部（加利福尼亚州、亚利桑那州、华盛顿州）、拉丁美洲（墨西哥、智利、秘鲁、哥伦比亚、乌拉圭）和澳大利亚。与全球非营利组织大自然保护协会（TNC）合作设立 RRG Sustainable Water Impact Fund（SWIF），将在三大洲开展土地和水资源保护，资金来自保险公司、慈善基金会、养老金投资管理机构等机构投资者。RRGCM 作为投资者、开发商、管理者和运营商，在创造投资价值的同时，提供有意义的、可衡量的影响力。

SWIF 主要聚焦尚未有效利用的资产，重点是水资源管理、生物多样性保护、可持续农业和气候领域。从资产组合看，截至 2022 年末，该基金水资源领域投资占比为 42%，农业领域投资占比为 56%，可再生能源领域投资占比为 2%；从区域分布来看，美国投资占比为 57%，拉美投资占比为 27%，澳大利亚投资占比为 16%。

以智利马乌莱大区榛子种植投资项目为例。在被 SWIF 收购之前，当地大部分土地种植水稻，水资源消耗比较严重。榛子灌溉需求较低，农艺要求较高，与该地的土壤和气候较匹配，具有较大的市场开发潜力，被选为水稻的替代作物。全球榛子供应链主要集中在土耳其的出口上，然而土耳其榛子供应不稳定、生产低效和存在 ESG 风险，导致主要买家寻找新的供应商，以满足对可追溯和可持续性榛子日益增长的需求。智利成为重要的替代生产商，在很大程度上要归功于其相对稳定的经济、理想的种植条件、较完善的出口基础设施、环境保护和规范的工作环境。TNC 科学家全面评估当地的生态体系，开发符合项目农业目标的综合土地利用计划，同时创建生物走廊和半天然湿地，提高生物多样性水平。农场实施可持续农业实践，提高地上产量和地下生物多样性，并提供其他环境效益。农场实施综合虫害管理，这是一种生物、文化、物理和化学相结合的害虫防治方法，尽可能减少使用化学杀虫剂。

RRGCM 与 TNC 共同制定生物多样性保护影响力目标，形成项目规划，执行该规划并监控执行过程。在项目过程中，定期收集与影响力主题或者其他特定目标相关的数据信息，监测影响力目标进展情况。有些目标实现需要较长时间，执行过程很难用量化指标展现，RRGCM 就用定性指标设定影响力目标。RRGCM 每年开展基金层面可持续发展和运营指标调研，以便监测影响力目标和提升运营效率。从 2022 年影响力成果来看，生物多样性保护方面，该基金改善了 1 英里河流状况，727 英亩陆地栖息地得到修复和更好管理；可持续农业方面，76% 的农业实现了负责任的养分管理，78% 的农业实现了负责任的虫害管理，82% 的农场废弃物获得再利用；高质量就业方面,78%的工人获得医疗保健服务,向44%的工人提供托儿服务,向71%的工人提供通勤服务。

第四节 影响力投资与性别平等

一、性别差距亟待缩小

根据联合国2021年统计数据,全球女性人口数量为39.1亿,占总人口的49.74%,是全球人口的重要组成部分。其中,高收入国家女性人口占比为50.25%,比例最高;中等收入国家女性人口占比为49.58%,低收入国家女性占比为50.08%(图5.15)。

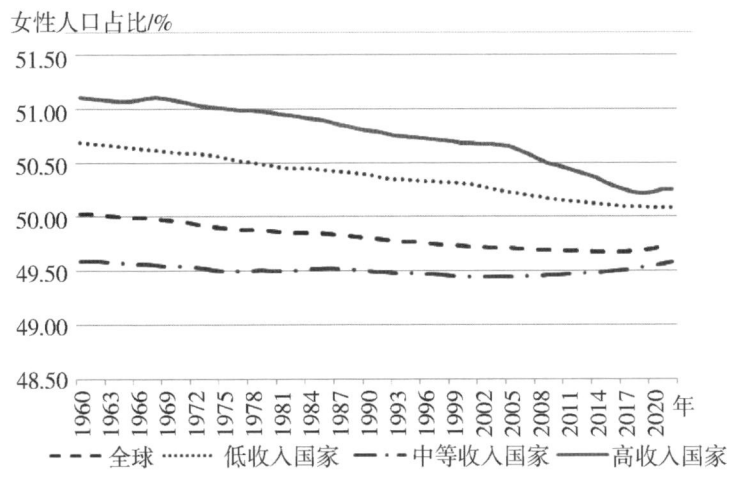

图5.15 不同收入国家地区女性人口占比情况

资料来源:据WIND。

受社会、文化等因素影响,很多国家女性社会地位仍然不高,在就业、教育、薪酬等方面受到不平等对待。根据联合国妇女署2024年统计数据,10%的女性生活在极度贫困的国家,预计到2030年全球约有3.4亿女性仍将处于极度贫困的生活状态,25%的女性将遭受中度或者严重的食品安全问题;54%的国家未在关键领域制定性别平等法律法规,全球女性仅占有

26.7%的政府议会席位、35.5%的地方政府公职岗位、28.2%的企业管理岗位，亦未能与男性获得相同水平的薪酬。

根据世界经济论坛发布的2023年全球性别差距报告，2023年全球性别差距指数为68.4%，较2022年上升0.3个百分点，略有改善。从四个构成指数来看，受教育指数、健康指数分别为95.2%和96.0%，经济参与度和机会指数为60.1%，政治赋能指数为22.1%，后两项指数需要进一步提升。分国家来看，没有国家实现性别完全平等，性别差距较小的国家为冰岛、挪威、芬兰、新西兰、瑞典、德国，性别差距指数均高于80%；阿富汗、乍得、阿尔及利亚等国家排名最后，性别差距指数低于60%。从区域来看，欧洲、北美、拉美地区性别差距指数最高，均超过70%；南亚、中东和北非地区性别差距指数相对较低，分别为63.4%和62.6%（图5.16）。

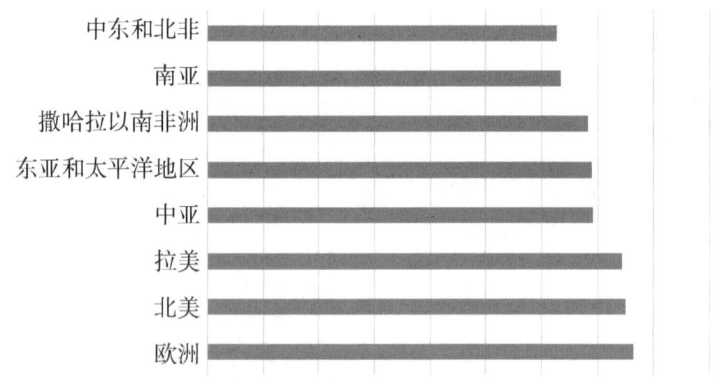

图5.16 2023年全球各区域性别平等指数情况

资料来源：据世界经济论坛网站数据整理。

实现性别平等是联合国2030年可持续发展目标之一，而且该目标与其他目标有较高的内在关联性。性别平等有利于女性获得更高的教育，提升女性就业机会和收入水平，女性将收入用于改善子女教育和家庭生活，提升社会福祉。麦肯锡研究认为，如果女性在劳动力市场获得与男性一样的对待，到2025年全球GDP将增加26万亿美元。女性领导或者企业管理层多样化有利于提升企业业绩表现。影响力投资机构Calvert Impact Capital研究发现，女性在企业领导层占比最高的企业资产收益率和资本收益率分别为3.9%和8.6%，女性占比最低的企业资产收益率和资本收益率分别为0.3%

和 4.4%。

女性对经济社会有显著的影响，然而性别不平等导致女性未能充分发挥其应有的作用，将制约经济社会可持续发展。有鉴于此，2010 年，联合国妇女署制定了《赋权予妇女原则》，指导企业在工作场所、市场及社区赋权予女性。该原则包含七项具体要求：建立高层次的企业领导机制，促进性别平等；尊重并支持人权和无歧视原则，平等对待所有男女员工；保障所有男女员工的健康、安全和福祉；加强女性员工的教育和培训，促进其职业发展；推广有利于提高女性能力和权利的企业发展计划、供应链及市场营销方式；通过社区行动和宣传促进性别平等；评估和公开披露企业推动性别平等的进展情况。

各国积极加强女性权益保护，建设缩小性别差距的政策制度。印度制定《保护妇女免受工作场所性骚扰法》，加强职场女性保护；韩国为家庭提供六岁以下儿童照护便利，允许父母一方申请为期一年的育儿休假；马来西亚开展性别数据统计，为缩小性别差别提供数据支持；美国、欧盟等国家和地区要求上市公司披露男女员工薪酬情况，加强市场监督。

二、性别视角投资框架

（一）性别视角投资内涵

2009 年，性别视角投资概念开始出现。当下全球尚未对性别视角投资内涵达成一致。较多金融机构采用 GIIN 的定义，认为性别视角投资是一种在投资过程中考虑性别因素，以促进性别平等并更好地为投资决策提供信息的投资策略或方法。从实践看，金融机构开展性别视角投资时重点关注女性创业企业、为女性提供产品服务的企业、改善性别差距的企业。

（1）女性创业企业。女性创业企业在投融资方面处于劣势，获得的资金支持要少于男性创业企业。因此，很多金融机构希望加大对女性创业企业支持力度。而且实践表明，女性创业企业会招聘更多女性员工，为女性提供就业支持，有利于促进性别平等。那么，什么样的企业才算女性创业企业呢？不同金融机构的要求略有不同，通常需要至少由 1 名女性持有 51% 的企业股权。

（2）为女性提供产品服务的企业。部分企业专门为改善女性生活提供产品服务，如服装、食品、健康等。开展此类企业投资时，金融机构一般要求企业战略明确聚焦女性或者性别平等，或者具有明确的使命致力于改善女性福祉或者性别平等；企业提供的产品服务能够使女性受益。

（3）改善性别差距的企业。企业通过改善员工性别比例、平衡不同性别的薪酬水平以及提升管理层女性占比等方式，推动缩小男女性别差距。国际金融公司等机构通常要求企业高级管理层中至少有1名女性，或者至少20%～30%的管理层人员为女性；董事会成员中至少30%为女性。

性别视角投资能够在一定程度上改善女性福祉，但未关注影响性别差距的社会、文化、制度等根本性因素。这些改变可能无法完全通过商业方式实现，但是可以在投资基础上，继续推进社会深层次变革，彻底根除造成男女不平等的因素。

（二）国际金融公司性别视角投资框架

性别视角投资本质是将性别因素纳入投资决策流程，既有利于防范相关风险，也可以收获进一步挖掘企业价值等收益。为了更好地推动性别视角影响力投资的发展，国际金融公司面向私募股权投资机构推出投资指引，帮助金融机构更好地将性别因素融入投资决策流程。该框架体系包括公司层面和投资层面两方面。

（1）公司层面。建议私募股权投资机构加强内部多元化建设，设立机构层面的性别视角投资策略。为了加强内部多元化水平，私募股权投资机构需要自上而下明确董事会、员工的性别多元化目标，积极招聘和发展女性员工，建立尊重女性的企业文化，定期衡量多元化指标完成情况并对外公开披露，让利益相关者了解进展情况。

（2）投资层面。私募股权投资机构要将性别因素融入投资决策流程的交易发起、尽职调查、性别分析、交易结构设计、投资组合管理和退出等环节。交易发起环节，私募股权投资机构可以根据已设定的性别标准挑选潜在投资机会，选择能够产生最大性别影响力的项目。尽职调查环节，一方面，收集被投资企业的女性员工、女性高管、女性薪酬等方面的数据，深化性别投资分析基础；另一方面，结合法律尽职调查、财务尽职调查，通过调查问卷等方式，开展企业内部文化、制度、战略等方面的性别尽职调查，全面深入地了解企业面临的性别机遇和风险。性别分析环节，通过数据和其他材料分析，明确性别差距，与被投资企业达成缩小性别差距的行动和指标，与投资委员会讨论该行动方案。交易结构设计环节，交易法律文件要约定性别行动事项，将该事项与被投资企业高管薪酬挂钩，进一步强化激励约束机制。

投资组合管理环节,要与被投资企业确认好实现性别成果的具体举措,并获得企业高管认可和承诺;定期监测行动进展和指标完成情况,对于进展不利的企业加强督促和推动。退出环节,要做好性别事项的分析报告,向潜在投资者证明被投资企业战略、流程、制度等方面已经持续推进性别平等,尽量选择与自身价值观相近的投资者,确保已取得的性别影响力能够持续下去。

性别视角投资框架出现时间较短,仍有很大的完善空间,需要在今后的实践中进一步提升和优化。

三、性别视角影响力投资现状

根据凤凰资本集团统计数据,截至2023年末,全球性别视角影响力基金数量为443只,同比增长4.5%,增速略有放缓(图5.17)。根据研究项目Project Sage 4.0统计数据,截至2021年6月末,全球性别影响力基金募资目标为132亿美元,实际募集60亿美元。性别影响力基金在募资方面存在一定困难,可能与其投资回报不高、投资者了解甚少等因素有一定关系。

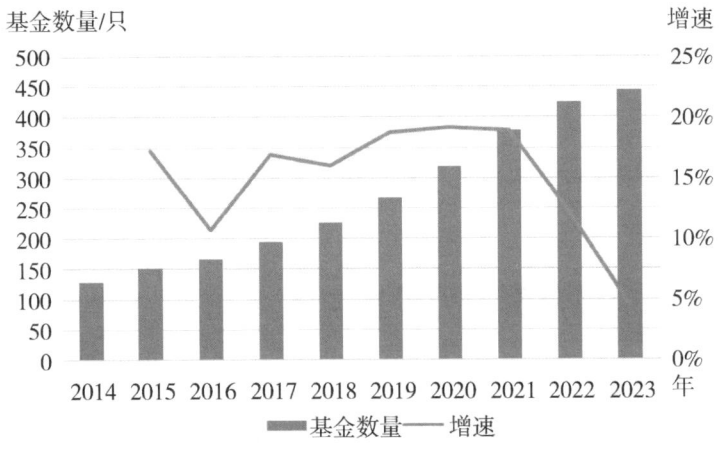

图5.17 2014—2023年性别视角影响力投资基金数量及增速情况

资料来源:据凤凰资本集团。

(1)从资产分布来看,私募股权投资基金数量最多,为270只,占比为60.94%;其次为实物资产投资基金,为132只,占比为29.80%;其他类型资产基金占比较小。

(2)从所投资企业成长阶段来看,根据Project Sage 4.0统计数据,

67%的性别视角影响力基金投资早期成长阶段企业，55%的基金投资种子阶段企业，51%的基金投资A轮或者B轮融资，其他阶段占比较低。

（3）从基金聚焦的区域来看，20.64%的性别视角影响力基金聚焦中东和非洲，19.04%的基金聚焦亚洲，18.68%的基金进行全球配置，15.84%的基金聚焦北美地区，南美和欧洲地区的基金数量最少（图5.18）。

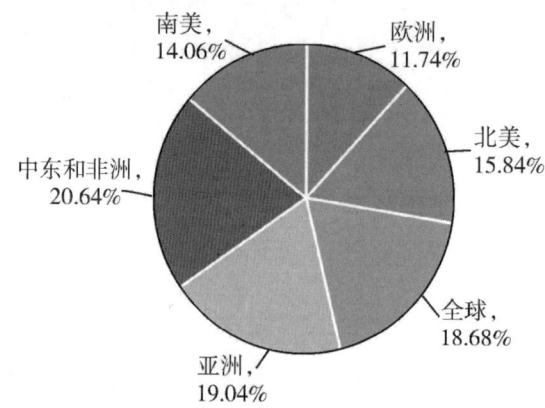

图5.18　性别视角影响力投资聚焦全球区域情况

资料来源：据凤凰资本集团。

（4）从行业分布来看，医疗、农业、金融科技、教育和培训是关注度最高的行业领域，占比超过40%；住房、基础设施和艺术领域关注度最低，占比不到10%。

四、性别视角影响力投资实践

影响力投资机构加快开展性别视角影响力投资。以下主要分析公开市场投资和私募市场投资的实践情况。

（一）Impax性别视角影响力投资实践

美国资产管理公司Impax成立于1998年，主要投资能够从可持续发展中受益的企业和资产，是ESG投资领域的著名资产管理机构，在全球以及美国发起设立多只可持续基金。Impax在债券、股票以及多资产策略领域均有涉猎，截至2024年3月末，管理资产规模超过500亿美元。

1993年，Impax成立全球女性领导力基金，旨在投资促进性别多元化和性别平等的上市企业，80%的基金资金投资被认为是全球女性领导的企业。该基金投资策略是通过性别评分，识别那些促进领导者多元化、工作场所性别平等以及致力于制定支持多元化的政策和计划的企业，并剔除评分排名后50%的企业，以及不满足ESG或者可持续性标准的企业；重点投资那些始终由女性担任领导职务的企业以及在整个运营过程中促进性别平等和多元化的企业；Impax通过股东参与进一步促进工作场所的性别平等和多元化。

截至2024年4月末，该基金资产规模7.45亿美元，基金份额净值32.55美元。资产配置构成为现金及等价物1.1%，美国股票64.7%，外国股票34.2%，以美国股票为主。从产业分布来看，信息技术行业占比为24%，为第一大配置行业；金融、医疗健康、可选消费排名其次，占比分别为18.2%、14.2%和13.2%；通信、工业等占比均低于10%（图5.19）。从前十大持股来看，分别为微软公司、苹果公司、英伟达、亚马逊、摩根大通、博通、礼来、强生、可口可乐以及迪斯尼。

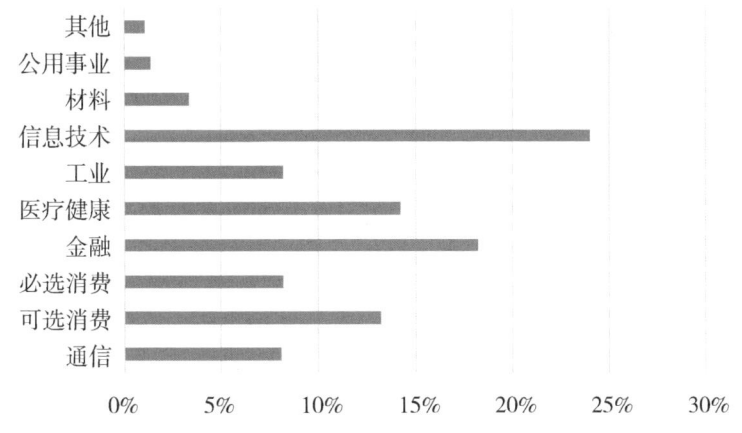

图5.19　全球女性领导力基金产业分布情况

资料来源：据Impax网站数据整理。

（二）Aruwa Capital Management性别视角影响力投资实践

影响力投资机构Aruwa Capital Management成立于2019年，总部位于尼日利亚拉各斯，是由女性创立和领导的成长型股权投资公司。作为整个非洲大陆为数不多的女性拥有的投资管理公司之一，该机构主要投资为快速增长的女性经济提供基本商品和服务的企业，以及由女性或者性别多元化团队创办或共同创办的企业。该机构认为资本配置者之间的性别失衡为女性作为资本配置者提供了尚未开发的机会，可以投资具有天然竞争优势的尚未开发的经济领域。

投资标准方面，Aruwa 重点投资中小型或中低端市场中快速成长的企业，要求被投资企业提供迎合女性的基本商品和服务，由女性创立或共同创立，其员工队伍、高级管理团队或价值链中均有女性，对多元化团队的态度积极，年营业额至少为 50 万美元，管理团队经验丰富，拥有交付基本业务计划的历史。

ESG 和影响力管理方面，Aruwa 将 ESG 和影响力分析纳入从筛选到退出的投资流程中，限制利益相关者的风险，使被投资企业实现可持续增长和成功。在每笔交易之前，交易团队会对被投资企业业务计划和运营管理的所有 ESG 因素进行深入审查。如有必要，将聘请第三方机构帮助评估潜在的 ESG 风险和机遇。交易完成后，Aruwa 在每项投资的整个生命周期中继续监控 ESG 绩效和进展。通过与被投资企业管理层和领导层的定期对话、书面记录以及季度会议期间的董事会监督，确保 ESG 措施得到实施。

截至 2023 年末，Aruwa 资产管理规模超过 2500 万美元，重点投资医药、金融科技、消费、可再生能源等行业企业。2022 年 12 月，Aruwa 向 Koolboks 投资 100 万美元，这是一家女性联合创办的企业，为非洲地区女性创办的中小微企业提供太阳能冰箱。超过 7 亿非洲人无法用上电，Koolboks 利用太阳和水创新地开发冷却解决方案，确保企业在不接入电网的情况下能够负担得起且方便地获得长达 4 天的冷却服务。自 Aruwa 投资以来，该企业营业收入增长近 3 倍，为非洲离网地区 2000 多名妇女提供用电服务；扩大了业务范围，目前在非洲 15 个国家销售产品和服务，在此过程中创造了数千个直接和间接就业机会。

第六章　影响力投资机构实践

私募股权投资机构、慈善组织等主体深入开展影响力投资，累积了丰富的影响力管理和衡量、风险管控等实践经验，为其他机构做出了表率，有利于推动慈善资金、家族资金、养老金等中长期资金加大影响力经济支持力度。

第一节　私募股权投资机构影响力投资实践

全球可持续发展挑战日渐严峻，需要政府和私人部门共同提供资金加以应对。影响力投资更加注重为社会和环境产生正面贡献和提供解决方案，是促进世界可持续发展的重要投资形式。私募股权投资（以下简称"PE"）机构积极参与影响力投资，正成为重要的业务策略。

一、PE 机构开展影响力投资的优势

PE 机构专门投资非上市股权或者上市公司非公开交易股权，在私募资产管理市场占据重要地位。近年来，受到加息等因素影响，全球 PE 市场发展明显放缓。根据贝恩咨询公司统计数据，2023 年全球 PE 市场可投资资金规模增长至 3.9 万亿元，但是交易规模下降 37%，退出规模下降 44%，募资规模下降 20%。中国也遭受了与全球 PE 市场相同的境遇。清科研究中心统计数据显示，2023 年，中国 PE 市场募集资金 1.82 万亿元，同比下降 15.5%；投资金额 6928.26 亿元，同比下降 23.7%；退出数量 3946 笔，同比下降 9.6%（图 6.1）。

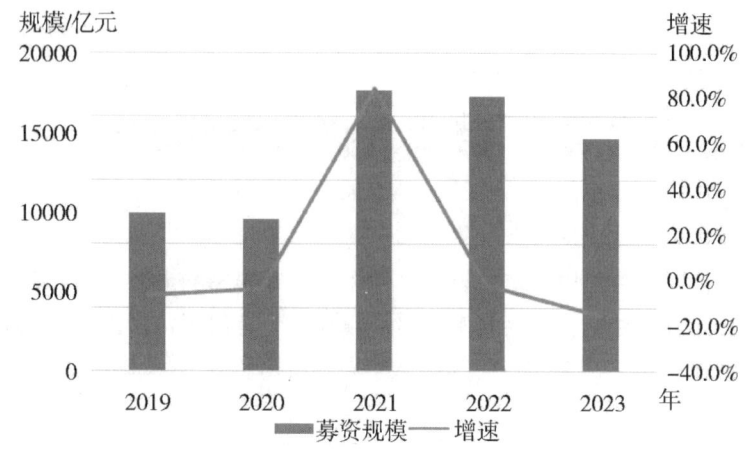

图 6.1　2019—2023 年中国 PE 市场募资情况

资料来源：据清科研究中心网站数据整理。

PE 机构是众多参与影响力投资的机构之一，与其他机构相比，其独特优势表现为以下四方面：

（1）PE 投资期限长。社会企业等影响力主体发展创新产品服务，从业务培育到实现盈利所需时间较长，影响力投资资金来源逐步多元化，但很多是短期资金，无法满足影响力企业资金需求。PE 投资期限多在 3～5 年，甚至更长，属于中长期资金，与影响力企业资金期限需求匹配，可支持企业深入研发可持续发展解决方案。

（2）PE 机构风险偏好较高。影响力项目多处于行业前沿领域，部分项目或者解决方案属于技术创新，市场拓展有很大的不确定性，呈现高风险、高收益的特点。而且，影响力企业也无法提供不动产等抵质押物缓释风险，很难满足银行信贷、债券等债权融资要求。PE 机构风险偏好更高，通过股权投资方式能够介入处于早期发展阶段的影响力项目，为初创企业提供资金支持。

（3）PE 机构具有较强的专业优势。PE 机构一般专注若干行业领域，对于产业特点、商业模式、市场发展趋势具有较强的洞察力，能够及时发现新技术、新模式、新业态的投资机会，有利于孵化可持续发展所需的技术、产品和服务。

（4）PE 机构能够影响被投资企业经营管理。银行等机构对债务人的影响有限。PE 机构参与企业股权投资，获得董事会席位，对被投资企业重大经营管理事项拥有投票表决权。PE 机构利用股东身份，影响被投资企业的 ESG 表现，还可以为企业经营管理提供能力建设、资源协调等支持，推动企业为社会发展做出更大贡献。

二、PE 机构影响力投资概况

有限合伙人影响力投资需求上升。根据咨询机构 REDE 的调研数据，55% 的受访有限合伙人增加 2023 年的影响力投资配置比例，影响力投资成为最受关注的投资主题。根据凤凰资本集团统计数据，企业、基金会、养老金和 FOF 机构是 PE 机构影响力投资最主要的资金来源，归属上述机构的影响力基金数量分别为 218 个、202 个、183 个和 164 个。近年来，养老金、慈善基金会等资产所有者日渐关注影响力投资，增大配置比例。根据英国非营利组织 Pensions for Purpose 调查数据，43% 的受访英国养老金投资管理机构已投资 PE 类影响力基金，个人养老金可配置影响力投资产品日渐丰富。

政策推动和市场需求拉动提升了影响力投资的发展速度，PE 机构影响力投资规模呈现稳步上升态势。根据凤凰资本集团统计数据，截至 2023 年末，全球 PE 机构影响力基金 1243 只，同比增长 7.16%。其中，创投类影响力基金占比为 55.24%，成长类影响力基金占比为 35.78%，并购类影响力基金占比为 8.98%（图 6.2）；创投影响力基金数量最多，能够较好地支持初创企业或者早期融资企业发展。

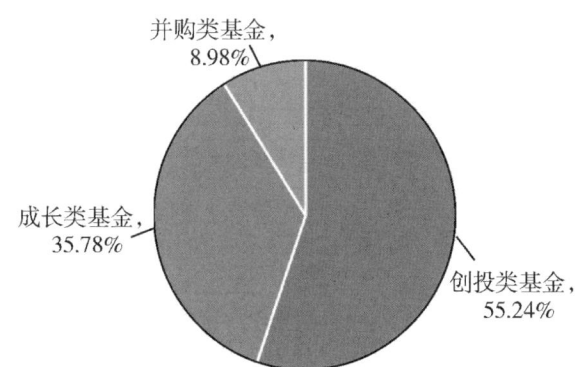

图 6.2　PE 机构影响力基金构成情况

资料来源：据凤凰资本集团网站数据整理。

从资金投向来看，57%的基金投向发达国家，35%的基金投向新兴市场国家，8%的基金投向全球。发达国家监管相对完善，市场更成熟，成为影响力投资的首选；不过，新兴市场需求空间较大，PE机构对非洲等欠发达区域的关注度逐步升高。

从行业投向来看，气候变化、清洁能源等行业是最受追捧的领域，技术创新、无饥饿等可持续发展目标也得到很大的资金支持。

投资收益水平是投资者筛选金融产品的重要标准。根据GIIN 2023年调研数据，PE机构影响力基金投资回报均值为25%，优于预期值（21%）。

三、PE机构影响力投资经验

（一）海外PE机构影响力投资实践

欧美是影响力投资发源地，开展影响力投资时间早，加之外部环境相对成熟和市场需求逐步升高，海外PE机构加快拥抱影响力投资，将其作为重要的投资战略，在影响力目标、影响力产品设计、影响力衡量和管理、信息披露等方面形成良好实践。根据资讯机构New Private Markets统计数据，2022年，影响力投资规模排名前两位的机构分别为英联投资（Actis）和TPG（表6.1），其中TPG近5年影响力投资募集资金规模约111.7亿美元。

表6.1 全球部分PE机构开展影响力投资情况

机构名称	影响力投资规模/亿美元	关注领域	国家
TPG	180	气候、医疗、普惠金融等	美国
Leapdrog	10	气候、医疗、金融服务等	英国
Actis	250	基础设施	英国
Bamboo Capital	4.5	金融普惠、清洁能源、医疗保健和农业	卢森堡
Vital Capital	3.5	农业、水、医疗保健和可持续基础设施	乌干达

海外既有专门从事影响力投资的 PE 机构，如 Actis 等，将创造突出的影响力作为核心投资理念，贯穿投资决策流程和内部治理，也有大中型 PE 机构跟随市场步伐，布局影响力投资业务板块，如 TPG、纽文投资等。

影响力投资机构 Vital Capital 成立于 2011 年，专注撒哈拉以南非洲的私募股权投资，通过投资农业、水资源、医疗保健和可持续基础设施追求社会、环境和财务目标，曾荣获年度影响力资产管理人奖等奖项。

1. 内部治理

Vital Capital 设有影响力委员会，负责独立审查投资项目，从影响力、财务等方面评估项目可行性，其与投资委员会均可否决项目。Vital Capital 设有影响力负责人，负责制定中长期影响力战略，监督战略执行情况；指导投资团队将影响力融入项目筛选、尽职调查、投资组合管理、影响力衡量等环节。

2. 变革理论

Vital Capital 相信创造积极、可持续的影响力的同时，也可以让投资者获取市场水平的投资回报。Vital Capital 的影响力使命是助力构建解决基本社会挑战的创新商业模式，提升社会服务覆盖不足的社区和自然环境福祉。Vital Capital 通过企业层面和主题层面逻辑模型形成影响力战略。企业层面主要明确实现影响力使命的路径，主题层面主要证明投资活动、产出、成果与长期影响力目标存在因果关系，确保投资 100% 能够创造影响力。

为此，Vital Capital 聚焦撒哈拉以南非洲地区的食品、水资源、医疗健康和可持续基础设施，解决必需品的可获得性，实现应对关键社会和环境挑战的变革性影响力。围绕上述主题，Vital Capital 希望与被投资企业在气候、性别、就业等战略性领域推进创新解决方案。

3. 影响力管理和衡量

Vital Capital 遵循影响力管理操作原则，将 ESG 和影响力融入投资决策全过程，开发了影响力钻石模型，实现统一的影响力评估。影响力钻石模型评估四个方面：①使用 IMP 经典影响力模型，评估拟投资项目与自身影响力目标的一致性；②评估作为投资者为社会和环境成果提供的独特贡献；③识别阻碍影响力目标实现的最重要的三类风险，从发生概率和影响程度深入分析每类风险；④重点推动气候、性别和就业一个或者多个方面的影响力绩效。

影响力具体管理流程包括以下五部分内容：①初选环节。建立筛选标准，审查企业 ESG 表现与自身影响力目标的一致性，初步评估影响力水平，剔除评分过低的企业。②尽职调查环节。对通过初选的企业开展财务、ESG和影响力尽职调查，重点评估企业对联合国可持续发展目标的贡献水平，选取影响力评估指标并建立基准数据指标，进一步验证影响力评估结果，形成ESG行动方案。③项目决策环节。投资委员会和影响力委员会从财务和影响力双重角度，评估拟投资项目，分别进行决策。④投后管理环节。定期收集数据，评估影响力指标进展情况；每年更新影响力钻石模型评估结果；评估ESG行动方案落实情况，积极影响被投资企业，提供必要的支持，帮助企业改善ESG表现；被投资企业定期报告重大社会和环境事件。⑤退出环节。临近项目结束时，Vital Capital总结实现的环境和社会影响力成果，以此吸引投资者关注。选择买方机构时，Vital Capital会考虑买方机构是否有能力将已实现的社会和环境影响力延续下去，如果有必要，会要求买方机构在法律文件中做出相应承诺。

4. 影响力投资业务

成立以来，Vital Capital管理资产规模达到3.5亿美元，投资了16家企业；已有6家企业实现退出，内部投资回报超过20%。

（1）食品方面，青睐投资利用本地原料加工食品的企业，以此提升基本食物的可获得性，增加农民收入，实现社区健康和财务状况的改善。以Aldeia Nova投资项目为例，其是一个具有强大商业基础的农工业中心，以与小农户合作和为当地居民销售基本食品为主业。Vital Capital投资后，聘请经验丰富的管理团队，将该企业打造成农工业综合体，建立和运营大型农工中心，将农业生产与服务提供和社会发展融合在一起。2019年该项目退出时，Aldeia Nova与一个由700多个小农户组成的社区合作，小农户的平均收入上升至每月1335美元，净收入为最低工资的6.5倍；每年销售5850万个鸡蛋，为210万人提供基本蛋白质。

（2）水资源方面，专注饮用水供给、灌溉基础设施和废水处理项目，提升清洁水资源供给，建立废水处理解决方案。2020年，Vital Capital成立水资源基础设施平台Vital Capital Environment，在新兴市场投资和开发与水资源相关的环境基础设施项目，利用先进技术和环境解决方案提供饮用水、灌溉基础设施和废水处理服务。

（3）医疗健康方面，投资高质量、负担得起的医疗资产，改善人们获得医疗的机会，重点关注医院和诊所、专业护理、药品制造和分销领域投资机会。Vital Capital 2013年开始改造安哥拉罗安达医疗中心，率先在安哥拉开展远程医疗，投资X射线、超声波、CT和MRI等高端技术仪器，提供最先进的诊断设备,显著提升了罗安达医疗中心的诊疗能力。

5. 影响力成效

Vital Capital 专注影响力投资,成立以来实现的影响力包括:约 2260 万人口的基本需求得到满足,其中 44% 的人口居住在农村地区;所投企业实现 7.3 亿美元的当地采购,其中约 8400 万美元直接支付给小农户;创造 6.4 万个就业岗位;使用新能源,减少二氧化碳排放 104 万吨;为 16 个联合国 2030 年可持续发展目标做出了贡献。

(二) 中国 PE 机构影响力投资实践

中国影响力投资发展时间晚,正处于理念普及和初步探索阶段,加之监管政策制度缺失,开展影响力投资的机构并不多,相关统计数据较少。根据中国证券投资基金业协会 2023 年调研数据,25.6% 的受访 PE 机构已将绿色投资融入企业战略,77.5% 的受访 PE 机构建立了绿色投资目标。总体来看,中国 PE 机构以绿色投资为切入口开展影响力投资。以下重点分析绿动资本的具体实践。

绿动资本成立于 2016 年,关注绿色化工、清洁能源、先进制造等领域,为投资者提供风险可控的投资回报和可量化的绿色影响力评估。绿动资本直接管理基金 38 亿元,参股基金 129 亿元,投资了东方低碳、诺客环境等 30 余家企业。绿动资本建立了较为完善的绿色影响力投资流程和生态网络,在"募、投、管、退"关键环节深度融合绿色影响力评估。例如,在投资环节,计算潜在标的的绿色影响力指数,评估潜在标的的 ESG 风险;在投后管理环节,定期跟踪/量化被投资企业的绿色影响力,帮助被投资企业形成 ESG 战略和整合绿色技术,提升被投资企业绿色影响力以及基金的社会责任综合表现。绿动资本碳中和及绿色影响力评估体系框架如图 6.3。

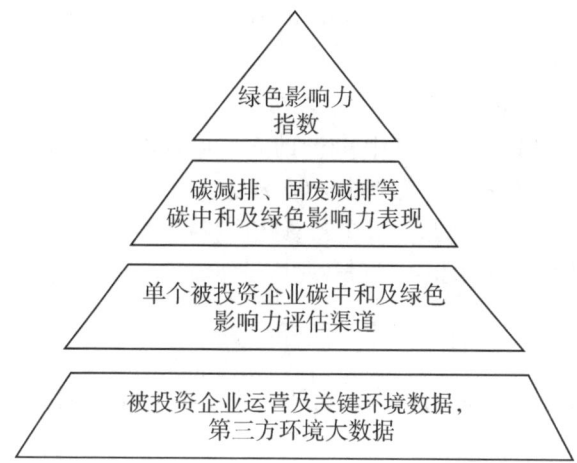

图 6.3 绿动资本碳中和及绿色影响力评估体系框架
资料来源：据绿动资本网站数据整理。

绿动资本绿色影响力评估包括信息采集、指标量化、数据标准化和整合等环节。

（1）信息采集。绿动资本主要收集被投资企业的财务、运营和环境数据，行业环境大数据，产品和应用场景排放因子数据。

（2）指标量化。绿动资本基于对被投资企业和潜在投资标的企业的业务及商业模式的了解与分析，为每一个被投资企业建立企业级碳中和及绿色影响力量化渠道。企业评估渠道是与企业业务流程和商业模式紧密相关的环境模型组合，可以追踪企业从供应链、生产、运输、消费、处置及循环模块的排放情况，优化企业相对于基线情形的减排战略，发现最适用于企业的环境评估算法并经过第三方权威机构的认证，生成企业层面的各项绿色影响力关键指标。为满足评估结果的客观性和公允性，每个被投资企业评估渠道的设计均严格遵循国际通行的碳排放评估标准，包括企业和项目碳排放核查标准 ISO14064、ISO14069，产品全生命周期碳足迹评估标准 ISO14044、ISO14067、PAS2050 等，参考了清洁发展机制（CDM）、联合履约机制（JI）、中国核证自愿减排量（CCER）等各类权威碳信用核证机制的方法学。

（3）数据标准化和整合。在评估渠道建设基础上，通过一系列标准化方法整合被投资企业数据，形成基金碳中和及绿色影响力指标，包括基金在管资产的总碳减排，废水、固废、大气污染等其他减排量；碳中和投资绿动效应,反映基金在管资产平均每亿元投资在评估期内撬动的碳减排量;基金绿色影响力指数,即绿动资本每元投资在评估期内助力碳排放和环境综合治理成本的下降,反映资本对绿色影响力的放大作用。

根据绿色资本 2020 年碳中和及绿色影响力报告,2020 年绿动资本实现碳减排 26.39 万吨二氧化碳当量,减少危废排放 45023 吨,减少污水排放 164.47 万吨;绿动资本每元投资在 2020 年助力碳排放和环境综合治理成本下降 0.36 元。

四、未来展望

PE 机构影响力投资正处于快速成长期,投资者对其认可度逐步提升,市场生态体系日渐健全。

(1) 政策制度逐步完善。一方面,为了吸引更多私人资金参与可持续发展,帮助解决贫困、气候变化等发展难题,除欧洲地区外,日本、澳大利亚、印度等国家均加强税收优惠、能力提升等政策支持,希望加快扩大影响力市场规模;另一方面,投资者对于影响力漂洗的担忧日渐上升,认为 PE 机构可能存在虚假宣传。为此,欧盟、英国等国家和地区探索可持续金融分类,要求影响力投资机构更加规范地披露产品信息,加强市场监督。

(2) 气候变化等领域得到更多关注。全球面临的可持续发展挑战较多,其中气候变化、生物多样性损失是最突出的风险,正在深刻影响经济社会发展,需要提出创新解决方案,加强应对举措。气候变化、清洁能源、就业等已成为最受关注的影响力投资领域,PE 机构将向非洲等地区配置更多资金,帮助解决新能源可获得性、贫困地区气候适应性基础设施建设、脱贫等问题。

(3) 投资者深入参与 PE 机构影响力投资。投资者对于经济社会发展的关注日渐提升,希望通过投资为社会发展做出积极贡献。家族办公室、慈善组织、养老金投资管理机构等机构掌握了较多中长期资金,将与 PE 机构合作开展社会和环境问题解决方案的孵化和培育。以盖茨基金会为例,其重点投资清洁能源新技术、医疗健康方面的创新企业或者 PE 基金。

(4) 技术方法日渐成熟。政府部门、国际行业组织与 PE 机构持续完善影响力衡量和管理标准,GIIN 建设影响力评估基准和指标体系,PE 机构联合其他国际组织发起影响力投资信息披露倡议。这些共同努力有望解决 PE 机构影响力投资的技术方法困扰,进一步提升投资规范化水平。

第二节 慈善机构影响力投资实践

一、全球慈善机构发展现状

(一) 慈善机构蓬勃发展

慈善机构掌握了大量社会财富,是参与社会治理的重要主体。瑞士银行2018年调研报告显示,全球慈善机构超过26万个,90%的慈善机构为独立机构或者家族机构。根据欧洲投资银行2022年的调研数据,75.41%的欧洲慈善机构为企业慈善组织,16.51%为储蓄银行慈善组织,企业在欧洲慈善事业中扮演重要角色。从区域分布看,全球60%的慈善机构位于欧洲,35%的慈善机构位于北美,慈善机构集中分布在发达国家和地区。

根据中国基金会中心网统计数据,截至2023年末,中国正常运作的慈善基金会共9711家,具有公开募捐资格的基金会1061家;截至2022年末,全国共有1850家企业慈善基金会,占全国慈善基金会总数的20%。中国慈善基金会数量排名前五位的地区分别为广东、浙江、北京、江苏、上海,其基金会数量约占全国总数的50%。

英国慈善救助基金会统计数据显示,2022年全球42亿人通过各种方式帮助他人,全球捐赠指数达到39分,处于近10年较高的水平,仅低于2021年的40分。从主要国家来看,根据美国咨询机构CCS Fundraising统计数据,2022年,美国慈善捐赠规模为4993.3亿美元,同比下降3.4%。其中,个人捐赠3190.48亿美元,占比为64%;慈善基金会捐赠1052.1亿美元,占比为21%。根据英国慈善救助基金会调研数据,2022年,54%的受访个人曾进行过慈善捐款,较2021年升高1个百分点;平均每月捐款73英镑,较2021年增长23.73%。从中国看,北京师范大学中国公益研究院发布的2023年度中国捐赠百杰榜100位上榜人共计捐赠275亿元人民币,为2011年以来均值的95%。

(二) 慈善基金会配置结构

全球慈善基金会资产超过1.5万亿美元,主要分布于欧美地区。中国慈善基金会 2021 年净资产规模达到 2493 亿元人民币，主要集中在北京、广东、上海、浙江等地，占全国慈善基金会总资产规模的 64.3%。

美国美世咨询公司 2023 年调研报告显示，81% 的受访慈善机构投资了发达国家股票，51% 的受访慈善机构投资了新兴市场股票，其他比较常见的资产包括现金类资产、发达国家政府债券、不动产基金、基础设施基金。总体来看，全球慈善机构股票投资占比为 41.9%，PE 投资占比为 19.6%，对冲基金占比为 16.7%，债券投资占比为 9.2%，不动产投资占比为 6.7%。不同国家情况有所差异。以英国为例，股票类资产投资占比为 67%（高于全球平均水平 18.1 个百分点），债券类资产占比为 16%，不动产投资占比为 6%，其他资产占比为 11%（图 6.4）。

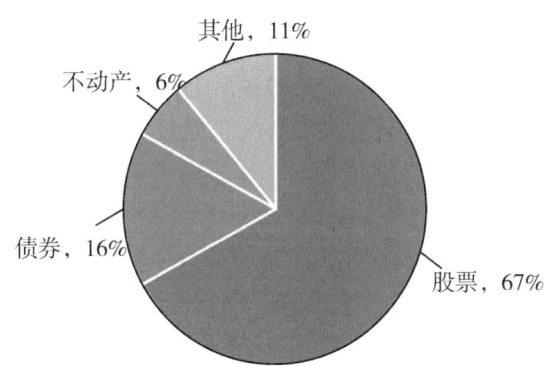

图 6.4　英国慈善机构资产配置情况

资料来源：据美世咨询网站数据整理。

根据中国基金会中心网统计数据，2021 年，中国 2486 家慈善基金会有投资行为，占比为 33.57%，其净资产占全国总量的 73%。2017—2021 年，全国慈善基金会开展投资活动的数量逐年增加。中国慈善基金会资产配置偏保守，积极开展投资管理的慈善基金会资产配置也偏单一，投资活动以短期投资为主，2/3 的慈善基金会选择银行理财产品，缺乏长期资产配置。此外，不同类型的慈善基金会资产配置差异较大，学校型慈善基金会股票配置比例较高，个人型和企业型慈善基金会主要配置银行理财，其他类型的慈善基金会配置现金类资产比例较高，这与慈善基金会的专业投资能力有很大关系。

二、慈善机构开展影响力投资的必要性

传统慈善资金使用仅关注投资回报,部分投资还会对社会产生负面影响,与慈善机构的发展初衷并不一致。慈善机构有必要积极拥抱影响力投资,在追求投资回报的同时,实现可衡量的社会和环境贡献,进一步提升慈善机构的社会影响力水平。

(1)有利于与慈善机构发展目标保持一致。慈善机构有自身明确的社会贡献目标,如果慈善资金投资管理行为与发展目标背离,会引发声誉风险。因此,发展影响力投资,可以更好地将自身投资管理行为与社会发展目标保持一致。

(2)有利于扩大慈善机构的社会影响。慈善机构主要通过慈善捐赠或者参与公益项目,帮助解决社会发展难题。开展影响力投资,一方面,可以在追求投资回报的同时,实现社会和环境正面效应,有利于扩大慈善机构的整体作用;另一方面,仅仅依靠慈善捐赠无法完全解决所有的社会和环境发展问题,结合影响力投资形成丰富的工具组合,可以增强参与社会治理的能力。

(3)有利于管控可持续发展风险。可持续发展风险日渐上升,气候变化风险将对金融市场和金融资产形成较大的冲击。开展影响力投资可以有效挖掘可持续发展机遇,提供应对气候变化等方面的解决方案,有效管控可持续发展风险。

(4)有利于形成较强的带动作用。慈善资金是重要的资产所有者,其资金性质和发展目标都与影响力投资较好地匹配。通过参与影响力投资,可以对金融机构等商业化资金起到很好的示范作用,能够推动影响力投资规模扩大。

三、慈善机构影响力投资概况

慈善机构不只是简单地对外捐赠资金,其开展影响力投资也较早。20世纪90年代,美国慈善机构探索将风险投资技术用于慈善实践。2000年,公益创投在欧美兴起,由慈善机构募集社会资金,用于支持社会组织发展,同时提供营销、管理等专业技能,进一步扩大社会影响力。此阶段涌现了大量公益创投机构和行业组织,如欧洲公益创投协会,丰富了公益创投的生态

体系。2010年公益创投理念传入中国，上海、南京、宁波、重庆等地相继开展公益创投大赛，建立社会企业服务中心，通过社会企业孵化和项目投资等方式，支持社会企业做大做强。2023年，广州市社会组织管理局印发《广州市社会组织公益创投项目管理办法》，规范公益创投项目管理，提高公益创投资金的使用效率。公益创投与影响力投资具有很大的相似性，公益创投更加注重社会影响，而影响力投资兼顾财务回报及社会和环境效益。随着影响力投资发展壮大，公益创投发展态势有所减弱。2024年，欧洲公益创投协会更名为欧洲影响力协会，体现了公益创投与影响力投资两种社会金融模式逐步归一的趋势。

除了公益创投，美国慈善机构也较多开展项目相关投资（PRI），这与美国税收制度有很大关系。美国慈善机构发达，但是面临较高的监管要求，要求每年使用慈善资金的5%用于对外捐赠。美国税法规定，将慈善资金用于与慈善目的相关的投资，不以获得回报为首要目的，不用于政治游说等领域，该项目投资可以计入5%的对外捐赠规模，有利于丰富慈善资金使用方式。以美国加利福尼亚捐助基金为例，1999—2022年，开展了56个项目相关投资，提供资金支持1.79亿美元，每个项目相关投资中位数为200万美元。PRI与公益创投有很大相似之处，二者都以追求社会积极影响为核心，获取投资回报并不是首要目的。PRI可以看作美国税法版的公益创投，其投资内涵更加丰富。PRI、公益创投与影响力投资均追求积极的社会和环境影响，不同之处在于如何平衡财务回报和社会回报。

ESG和影响力投资兴起并成为重要投资策略后，全球慈善机构逐步重视负责任投资，将环境、社会以及公司治理纳入投资决策流程。咨询机构Foundation Source 2018年调研数据显示，40.9%的受访慈善基金会对ESG和影响力投资非常感兴趣，不感兴趣的占比仅为11.8%。根据美世咨询公司2023年调研报告，64%的受访慈善机构将ESG因素纳入外部管理人的筛选标准中，31%的受访慈善机构配置ESG投资，31%的受访慈善机构基于ESG理念排除武器制造、酒精制造、煤炭等领域企业。资产规模越大的机构实施的ESG投资策略越复杂。英国慈善基金会在应用ESG标准筛选外部管理人、配置ESG投资等方面表现要好于其他国家。加拿大慈善基金会在参与上市企业投票方面更为积极。澳大利亚和新西兰慈善基金会在企业参与沟通、投票等方面表现更好。

慈善机构对影响力投资很感兴趣，但是影响力投资成效仍不显著。美世咨询公司调研数据显示，仅20%的受访慈善机构开展了影响力投资，美国慈善机构影响力投资更为积极,占比为29%,欧洲地区占比并不高;规模越大的基金会影响力投资越积极。对于影响力投资占整体配置比例而言,多数慈善基金会占比不超过50%,全面开展影响力投资的慈善基金会数量仍不多。此外,不同资产类别的影响力投资也有所差异:债券影响力或ESG投资占比为38%,国内股票影响力或ESG投资占比为33%,海外股票影响力或ESG投资占比为41%,另类资产影响力或ESG投资占比为28%。全球慈善基金会影响力投资重点聚焦气候转型、联合国可持续发展目标、住房、社区建设等方面。为了推动慈善基金会积极开展影响力投资,英国、加拿大、日本等国家均开展相关倡议或者研究课题,帮助慈善机构解决影响力投资过程中遇到的困难。

大部分基金会采用部分配置的策略,也就是部分资金投资管理采用影响力投资形式,其他采用ESG投资或者传统投资的形式,这种策略更多适用于刚开始或者还在探索和学习影响力投资的阶段。少部分基金会资产配置全部采用影响力投资,这部分机构资产规模大,开展影响力投资早,投资管理经验丰富,对影响力投资有较深刻的认识。从发展趋势来看,慈善基金会有意愿逐步提升影响力投资配置比例,以此强化自身的社会作用。

四、慈善机构影响力投资经验

很多慈善机构较早关注到影响力投资,身体力行地探索发展影响力投资,取得了较好的实践成果。这里主要以罗素基金会、LGT公益创投、盖伊和圣托马斯基金会为例介绍欧美慈善基金会影响力投资的经验。

(一)罗素基金会影响力投资实践

1999年,乔治和简·罗素夫妇将全球投资咨询公司弗兰克·罗素公司出售并建立罗素基金会,资产规模近1.5亿美元,积极开展环境保护和影响力投资,致力于用积极的影响力回报世代居住的普吉特海湾地区。

罗素基金会2004年探索影响力投资,投资规模100万美元,主要投资负责任的金融产品,如环境类共同基金、社区银行存款等,积极履行股东权益,影响被投资企业。2013年,开始关注气候变化问题,逐步减少煤炭等领域的投资。2016年,修订投资政策,明确影响力投资目标、管理规范等要求,进一步增加催化投资、与基金会使命相近的项目投资比例,努力提升影响力管理和衡量水平。2018年,全面总结影响力投资发展历程,进一步披露投资政策等信息,提升影响力投资透明性。2023 年,罗素基金会宣布提供 350 万美元用于气候捐赠和投资。截至 2023 年末,罗素基金会影响力投资资产占比达到 94%。

1. 投资职责分工

罗素基金会设有投资和审计委员会,负责监督投资经理的业绩表现,提出遴选或淘汰投资经理的建议;定期重检投资政策,提出投资政策修订建议;监督年度审计,向理事会报告审计结果;向理事会提出投资顾问遴选建议。

CEO 主要负责监督投资顾问执行投资决策情况,向投资和审计委员会提出留用或淘汰投资顾问的建议。

投资顾问负责专业地分析和选择投资资产,适时买卖证券;平衡投资组合,保持投资组合符合投资政策要求;落实股东代理投票和股东参与等工作。

2. 影响力投资理念

罗素家族基金会优先做到公平、公正,关注自然环境,依靠透明、正直建立信任,承诺所有投资与上述价值观和使命一致,在投资过程中充分考虑投资本身对社会和环境的影响,支持被投资企业为社会和环境做出积极贡献。

罗素家族基金会希望财务投资在可控风险下,实现与通胀水平相当的收益,能够覆盖基金会运营成本和对外捐赠要求。罗素基金会在配置资产时划分四类资产,分别为稳定资产、多元化资产、成长资产、进取资产。稳定资产主要提供流动性和稳定收益,包括现金、现金类资产以及投资级债券,此类资产整体占比目标为 20%;多元化资产与稳健资产、成长资产相关性较小,包括对冲基金等,此类资产整体占比目标为 10%;成长资产能够实现投资组合的保值增值,包括股票、不动产、PE 等,此类资产整体占比目标为 65%;进取资产的首要目标是实现基金会使命,包括催化投资等,此类资产整体占比目标为 5%。

3. 影响力管理体系

罗素基金会影响力管理包括负面筛选、正面筛选和股东参与、可持续性整合、主题投资、项目相关投资五部分。

(1)负面筛选。使用负面筛选策略,避免投资化石能源、高碳行业等破坏环境的资产,防止背离自身使命。

(2)正面筛选和股东参与。使用正面筛选策略,加强投资清洁能源技术等绿色低碳领域。同时作为股东，采用投票、提案等方式支持自身使命的实现。

（3）可持续性整合。罗素基金会投资策略的重点是考虑可持续因素。例如，为了应对全球气候变化和资源稀缺的挑战，寻求投资降低碳排放和提高食品生产的企业。可持续性整合策略广泛应用于股票、债券、另类投资等主动管理投资中。

（4）主题投资。罗素基金会聚焦与其使命相一致的领域，如可持续森林管理、农业、清洁技术、可负担住房等。

（5）项目相关投资。罗素基金会允许开展小规模的催化投资，包括首次基金（first-time funds）、直接投资、推进社会和环境目标的新商业模式。这些投资可能风险较高，或者短期回报较低，但它们是真正创新和变革性的商业模式，有可能带来巨大的环境或社会回报。

4. 影响力投资业务

罗素基金会坚持通过创新思维开展投资，帮助解决气候危机等可持续发展问题，重点聚焦净零碳排放、ESG、多元、平等和包容投资主题。罗素基金会近年投资了大量影响力金融产品，涵盖环境、能源、金融、生命科学等领域（表6.2）。这里以 Ecotrust Forest Management Fund Ⅱ & Ⅲ 为例简单做一介绍。Ecotrust Forest Management Fund Ⅱ & Ⅲ 重点聚焦可持续的森林管理和使用，在满足商业目标的同时，促进野生动物保护和生态系统改善，为应对气候变化提供基于自然的解决方案。该基金森林管理实践融合了保护和恢复目标，按照树种和树龄划分保护区，增加森林韧性。此外，与当地保护团体和公共机构合作促进森林健康，恢复水道，保护生物多样性，使76种濒危物种得到有效保护。

表6.2 罗素基金会投资的部分影响力金融产品

被投资机构	投资规模	领域
SOSV Ⅲ LP	115万美元	生命科学、技术和食品
Founders Co Op Ⅳ	100万美元	综合
BTG Pactual Open Ended Core U.S. Timberland Fund LP	230万美元	自然环境

续表

被投资机构	投资规模	领域
Energy Impact Partners	包含在 Global Impact Access Partnership 800 万美元出资中	能源
Global Impact Access Partnership Ⅱ	450 万美元	环境及社会发展
Accoin Quona Inclusion Fund	包含在 Global Impact Access Partnership 800 万美元出资中	金融
Ecotrust Forest Management Fund Ⅱ & Ⅲ	200 万美元	环境

来源：罗素基金会网站数据整理。

罗素基金会 2022 年加入净零资产所有者联盟，承诺到 2030 年实现净零排放，削减投资组合温室气体排放规模，与全球升温 1.5 摄氏度的要求保持一致。为此，罗素基金会启动气候催化投融资项目，为气候解决方案和活动提供资金，确保弱势群体和工人在向可持续未来过渡过程中受到保护。罗素基金会投资了 Carbon Direct Capital，这是一家成长型股权投资公司，投资四个类别的碳管理和碳去除项目，即碳捕获、碳去除、碳回收和清洁氢；还投资了可再生能源基础设施资产管理公司 Greenbacker Renewable Energy Corp 和 BTG Pactual Timberland Investment Group，后者是一家林地资产投资管理机构，旨在实现林地的长期可持续发展。

（二）LGT 公益创投影响力投资实践

LGT 公益创投成立于 2007 年，在撒哈拉以南非洲、瑞士、亚洲设有团队，帮助撒哈拉以南非洲和印度建立具有韧性、包容和繁荣的社区，重点聚焦健康、教育和环境等高影响力领域。

1. 影响力投资理念

LGT 公益创投重点支持新兴市场地区的可持续发展，通过评估市场需求和有效性选择所要支持的解决方案，如提供社会必需的服务、提高弱势人群的生活质量等，直接为实现可持续发展目标做出贡献。LGT 公益创投除了为企业提供资金支持，还提供管理提升、人才培训等技术支持，与当地行业协会或者相关组织建立合作伙伴关系。

LGT公益创投采用风险投资的方式，支持能够为社会和环境挑战提供创新解决方案的高影响力企业；在投资过程中，通过参与等方式提升企业影响力，提高价值创造水平，实现投资组合100%的影响力投资。

2. 影响力管理和衡量

LGT公益创投建立自上而下的影响力管理体系，主要分为尽职调查、过程管理和退出管理三个阶段。

（1）尽职调查阶段。LGT公益创投尽职调查内容包括企业财务、能力、ESG表现和影响力。LGT公益创投开发了影响力评估问卷，定性评估每笔投资机会、影响力表现以及相关风险因素。此外，LGT公益创投还建立了专业的分析工具，包括变革理论模型和特定商业解决方案有效性评估等，帮助投资经理分析每笔投资的影响力可行性。以此为基础，投资经理挑选与投资目的相适应的关键影响力指标，用于监督和报告影响力表现。最终，LGT公益创投形成投资方案和影响力行动方案。

（2）过程管理阶段。投资团队负责定期现场走访被投资企业，实施行动计划，帮助被投资企业提升影响力，识别新出现的影响力提升机遇、ESG机遇和风险。LGT公益创投每季度或者每半年收集被投资企业影响力数据、已达成的行动成果等信息，了解被投资企业的状态，必要时向董事会报告。每年，LGT公益创投综合影响力数据，从区域、主题、可持续发展目标等维度报告投资组合影响力数据信息。

（3）退出阶段。退出被投资企业时，LGT公益创投会复盘所做出的贡献和企业实现的成绩，向后续投资者提供与预期相比企业表现如何、与价值创造计划相比企业表现如何等信息，以便后续投资者能继续推动被投资企业的影响力战略。

3. 影响力投资组合

2007年成立以来，LGT公益创投已向77个机构投资1.15亿美元。

（1）健康方面。与政府合作，LGT公益创投致力于为社区提供高质量的医疗健康服务。LGT公益创投投资了利比里亚非政府组织Last Mile Health，该组织雇佣、培训、监督乡村卫生工作者开展家庭综合健康医疗服务。事实证明，这些训练有素的社区卫生人员在诊断和治疗农村75%最常见和可预防的疾病方面发挥了特别重要的作用。

（2）教育方面。LGT公益创投参与各个年龄段的教育，帮助儿童入学，巩固数学、阅读和写作技能；为青年提供就业所需的职业技能。LGT公益创投投资了非营利企业Lively Minds，其致力于为加纳和乌干达贫困社区的学龄前儿童提供教育和照护服务，通过与政府合作，培训母亲，使其能够更好地照顾儿童，开展教育游戏活动。

（3）环境方面。LGT公益创投推动保护和修复脆弱的生态体系，其投资的机构积极参与推广社区保护模式，保护生物多样性，缓解气候变化。LGT公益创投投资了非营利机构Basecamp Explorer Foundation，其与肯尼亚当地社区合作，推动马赛马拉、桑布鲁、肯尼亚北部海岸和安博塞利四个地区的生态系统恢复和生物多样性保护；与生活在周边地区的主要伙伴和社区合作，努力确保野生动物栖息地的安全。

4. 影响力投资成效

2022年，LGT公益创投使72.7万名儿童更容易接受教育，100万青年增强就业能力，810万人能够获得优良的医疗服务，4万名医护人员接受了培训，41.2万人受益于改善的生态服务，2.3平方公里的土地得到保护。

（三）盖伊和圣托马斯基金会影响力投资实践

盖伊和圣托马斯基金会致力于提升居民健康水平，使人人都享有平等的健康服务，近年来集中资助学生免费午餐和健康食品等项目。基金会设有受托人委员会以监管基金会运作，同时设有投资委员会、战略委员会等专业委员会。

盖伊和圣托马斯基金会资产规模超过10亿英镑，资产配置包括不动产、股票、PE、对冲基金（含绝对收益产品）等，占比分别为40%、23.8%、18.3%和10.5%。2017年，开始尝试影响力投资，主要投资健康服务、健康创新、可负担住房等方面的影响力项目。随着影响力投资的成功，该基金会持续提高影响力投资规模，已达到7500万英镑，占比为7.5%；未来计划投资规模达到1亿英镑，占比提升到10%左右。

（1）在组织管理方面，由投资委员会进行影响力投资重大决策；设立影响力咨询委员会，由影响力投资领域专业人士构成，为日常投资提供专业指导。此外，捐赠团队定期和投资团队交流，前者主要分享开展的捐赠项目以及经验，启发投资团队思考如何通过投资产生影响力，有利于提高项目筛选效率。

（2）在影响力管理方面，盖伊和圣托马斯基金会坚持三项原则：①回报与风险对称原则。要获得可观的风险调整收益，实现慈善资产的保值增值和对外可持续的捐赠。在实际投资中,主要分为两类:直接投资影响力基金,帮助孵化新的商业模式和解决方案。②影响力一致原则。就是要和基金会使命一致,所投资领域是健康领域或者与解决健康问题相关的领域。③学习原则。学习同业优秀经验,分享自身良好的做法,持续完善影响力投资方法。

(3)在具体投资业务方面,在生命科学领域,盖伊和圣托马斯基金会向药物影响力基金投资300万英镑,该基金为生物科技风险投资基金,重点投资新型药物开发企业,60%的基金资金投向专注肿瘤医学的企业,已在英国投资了部分初创企业;向阿波西特医疗基金投资600万英镑,该基金重点投资从事医疗和社会照护、数字化健康解决方案方面业务的企业。

五、未来展望

全球可持续发展挑战日渐上升,影响力投资日渐壮大,慈善基金会拥抱影响力投资的意愿不断升高,仍需通过多种举措动员慈善资金加快流向影响力投资领域,带来更多社会变革。

(1)深化影响力投资的认识。影响力投资发展时间短,很多慈善基金会对此了解较少,甚至错误地认为影响力投资会牺牲投资收益。慈善基金会要加强了解和学习影响力投资,深入认识其作用,努力与自身发展目标联系起来,提高社会影响水平。

(2)配置专业人才队伍。慈善基金会大小不一,内部投资管理较为简单,部分中小机构缺乏专业的投资管理人员,影响力投资专业能力不足。未来,慈善机构将加强内部培训,强化专业人员配置,或者优选外部投资管理机构,夯实开展影响力投资的专业基础。此外,中介服务机构应结合慈善机构特点,为其提供包括影响力投资在内的资产配置方案。

(3)丰富影响力投资产品服务。当前参与影响力投资的资产管理机构还不算多,供给的产品服务仍较少。如果慈善基金会无法直接投资,其选择产品或者外部管理人的范围相对狭窄。资产管理机构应积极参与影响力投资,为慈善机构提供更多产品服务;总结影响力投资的经验,开展能力输出,支持慈善机构建立自身的投研体系。

(4)加强慈善机构间的合作交流。影响力投资生态圈建设仍不健全,缺乏专业的协会组织或者商业咨询机构,给予有效指导或者协助慈善机构建设影响力投资管理体系。未来,慈善机构应加强同业交流沟通,相互分享成功经验和优秀做法，合作解决影响力衡量、管理、报告等方面的难题，持续提升影响力投资管理水平。

第三节　家族办公室影响力投资实践

家族办公室积极参与解决社会和环境问题，加强 ESG 和影响力投资，聚焦可再生能源、可持续农业等领域，偏好可持续另类资产，助力实现全球可持续发展目标。

一、全球家族办公室发展现状

根据瑞士银行统计数据，截至 2022 年末，全球财富总量达到 454.4 万亿美元，同比下降 2.4%。其中，北美财富总量为 151.17 万亿美元，欧洲为 104.41 万亿美元，中国为 84.49 万亿美元，排名全球前三位。全球财富分布并不均衡，以 1% 最富有人群财富占有量为例，巴西为 48.4%，印度为 41%，美国为 34.2%，德国为 30.0%。

超高净值人群通常使用家族办公室（family office）管理财富，安排家族财富传承事宜。家族办公室是指为超高净值人群提供财富管理和咨询服务的机构，是私人财富管理中最高端的形式。家族办公室在海外已有较长发展历史，最早的雏形是中世纪皇室以及富人的管家。19 世纪洛克菲勒家族创办了全球最早的家族办公室。20 世纪以来是家族办公室发展的高峰时期，欧美富豪或金融机构纷纷着手建立家族办公室。最近 10 年则是亚太地区家族办公室快速崛起的时期。

全球亿万富豪数量越来越多，家族办公室需求也越来越高，金融机构加快建设家族办公室，完善高端客户的服务。据不完全统计，全球家族办公室数量已经超过 10000 家，其中美国家族办公室超过 7000 家。家族办公室主要可分为单一家族办公室和多家族办公室，前者主要服务某一家族，具有较强的私密性；后者服务多个家族，可以共同分担运营成本。中国个人财富不断累积，家族办公室蓬勃发展。根据《2022 中国式家族办公室行业发展白皮书》，国内家族办公室平均成立时间 5.5 年，79% 的家族办公室总部位于北上广深，平均团队规模 11 人，团队成员金融相关行业从业年限 13 年，平均服务的家族数量 8 家，平均资产管理规模 15 亿元人民币。

相比于一般个人资金,家族办公室管理的资金具有长期性、风险偏好较高等特点,使其资产配置更偏向于另类资产和权益资产。瑞士银行 2024 年家族办公室调研数据显示,全球家族办公室传统资产配置占比为 57%,其中股票资产占比为 28%,债券占比为 19%,现金资产占比为 10%;另类资产占比为 43%,其中 PE 投资占比为 22%,不动产占比为 10%,对冲基金占比为 5%,贵金属等其他资产占比为 6%(图 6.5)。不同区域的家族办公室资产配置略有差异:拉美地区家族办公室股票资产占比为 30%,略高于全球平均水平;拉美、亚太地区家族办公室债券配置比例分别较全球平均水平高 16 个百分点和 6 个百分点,分别达到 34% 和 25%;美国、中东地区的家族办公室更加偏好 PE 投资,占比分别为 35% 和 28%。

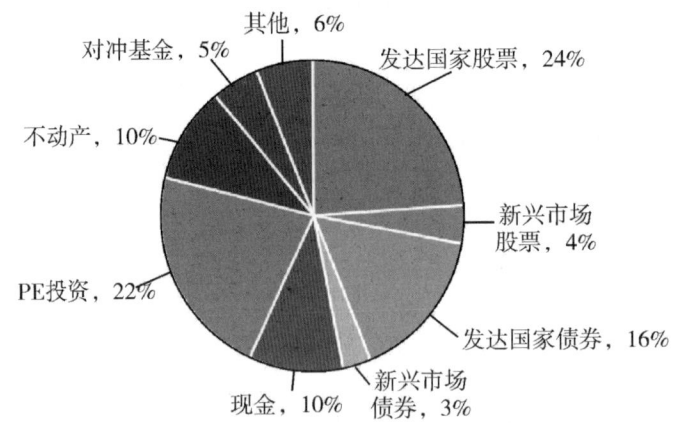

图 6.5　全球家族办公室 2023 年资产配置情况

资料来源:据瑞士银行网站数据整理。

二、家族办公室开展影响力投资的动因

随着 ESG 和影响力投资的崛起,家族办公室更加注重参与上述领域的资金投入,主要驱动力在于:

(1)增强风险管控。气候变化、生物多样性损失已成为全球面临的最突出风险,主要表现为物理风险和转型风险,将对金融市场和金融资产形成冲击。2021 年,欧洲证券和市场管理委员会对欧洲投资基金的转型风险进行了综合评估,发现可能发生的损失达到基金总资产的 9% 左右。家族财富

将传承多代人,面临的可持续发展风险非常突出。因此,家族办公室有必要开展 ESG 和影响力投资,加强社会和环境风险评估,有效管控可持续发展风险,提升金融资产投资安全性。

(2) 挖掘新投资机会。推动全球可持续发展需要较大规模的资金投入,联合国贸发组织预测,全球每年可持续发展投资需求高达 5 万亿~7 万亿美元。家族办公室参与新能源、新材料、可持续海洋等新兴投资机遇,可以进一步丰富投资组合,提升投资回报。

(3) 推动社会进步。可持续发展成为全球面临的共同挑战。与其他企业一样,家族企业同样承担了社会责任,需要积极提升自身 ESG 表现。普华永道对全球家族企业新一代传承人的调研显示,64% 的受访者认为家族企业在可持续商业实践中可以引领潮流。家族资产配置管理也需要承担相同的社会担当,将影响力因素融入投资决策过程中,降低对社会和环境的负面影响,多为全球可持续发展贡献正面影响。

(4) 体现家族价值观。每个家族都会围绕家族存在价值、行事原则等形成家风、家族价值观,这种精神财富代代相传,重点体现在参与社会公益事业等方面。家族年轻一代更加关注可持续发展。美国梅隆银行 2022 年美国新一代财富持有者调研显示,53% 的受访者认为自己比父辈更愿意参与可持续投资,充分体现了新一代家族成员的观念变化。家族信仰和责任推动家族办公室发展影响力投资,为社会发展难题提供创新解决方案。

三、家族办公室影响力投资概况

高净值人群和家族办公室持续提升对可持续发展和影响力投资的重视程度。根据坎普登财富 2022 年调研数据,47% 的受访家族办公室已将可持续因素融入投资过程,可持续资产占比约为 29%。咨询机构 The ImPact 2023 年针对拉美高净值家庭的调研显示,2/3 的受访家庭认为需要通过影响力投资解决紧迫的社会问题,29.3% 的受访家庭将进一步增加影响力投资规模。部分大型家族企业的单一家族办公室更加重视影响力投资,根据 GIIN 统计数据,33% 的家族办公室专门从事影响力投资。

家族办公室开展影响力投资主要采用探索性策略、战略性策略和整体性策略。对于从未参与过影响力投资的家族办公室可以以小部分资金,在整体投资组合之外探索尝试和累积经验。对于已开展影响力投资而且越来越重视影响力投资的家族办公室,可以把影响力投资作为重要的资产配置方向,将影响力融入发展战略、投资策略，设置此方面的专业条线。对于专注影响力投资的家族办公室，可以完全采用影响力投资策略进行各类资产配置，建立影响力管理和衡量体系，提升社会正面效应，定期对外披露影响力成效。家族办公室建立影响力体系可以遵循一定的步骤：第一阶段，确定影响力目标，并在家族内部讨论和达成共识；第二阶段，将影响力融入现有投资流程中，构建影响力投资组合；第三阶段，建立影响力衡量体系，参与构建影响力生态体系（图6.6）。

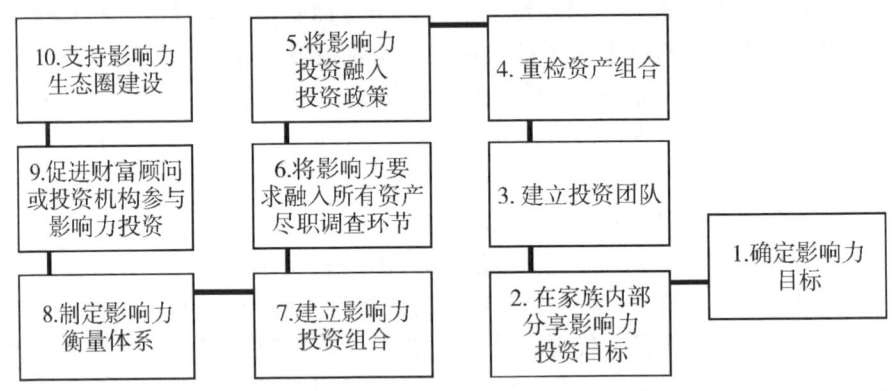

图6.6 家族办公室建立影响力投资体系的步骤

资料来源：据苏黎世大学可持续金融和私人财富中心网站数据整理。

家族办公室开展影响力投资时，可以直接投资能够解决社会和环境问题的企业，也可以委托金融机构进行项目投资，但是较少直接购买ESG和影响力被动指数基金产品，这与近年被动管理基金盛行的趋势有所不同。根据咨询机构The ImPact调研数据，参与影响力投资时，63%的受访高净值家庭偏好PE投资，60%的受访高净值家庭偏好风险投资，股票、社会影响力债券投资等偏好较低，可能与拉美地区偏好配置权益类资产有一定关系。从影响力投资交易结构看，拉美高净值家庭投资基金和直接投资占比分别为90%和73%。从关注领域来看，根据高盛统计数据，家族办公室更愿意投资清洁能源、可持续农业和创新医疗技术，分别占受访家族办公室的60%、40%和39%，其他重点关注的行业领域包括废弃物处理、可获得教育和可持续交通等（图6.7）。

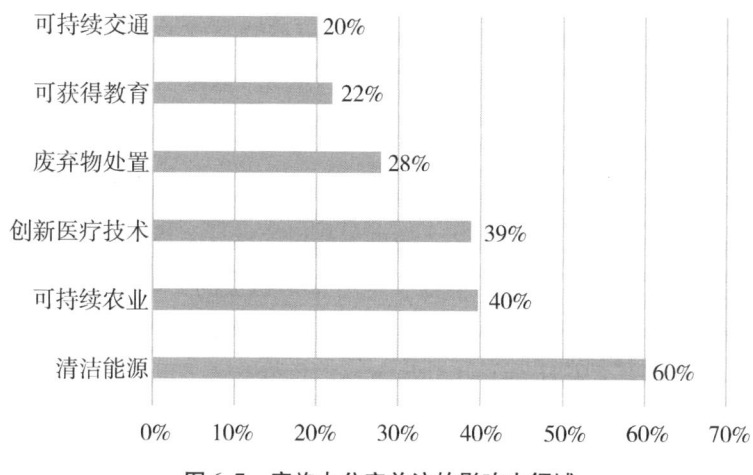

图 6.7 家族办公室关注的影响力领域

资料来源：据高盛网站数据整理。

虽然高净值家庭和家族办公室比较重视影响力投资，但是实际资产配置规模仍较低。根据瑞银 2023 年调研数据，排除策略占比最高，为 37%；ESG 整合占比为 22%；影响力投资占比仅为 8%，影响力投资策略应用还很有限。根据 The ImPact 调研数据，约 2/3 的拉美受访高净值家庭投资了最高 2000 万美元的影响力资产，全部受访家庭共计投资了 12 亿美元的影响力资产，约占受访家庭总资产的 18%。高净值家庭和家族办公室尚未大规模参与影响力投资，主要困难在于还没有找到合适的投资机会、缺乏足够的影响力投资经验等方面。未来需要帮助其解决上述难题，推动更多家族办公室参与影响力投资。

四、家族办公室影响力投资经验

欧美家族办公室影响力投资起步早，相关投入更大，其实践经验对其他国家和地区家族办公室具有很大的借鉴意义。

（一）100%可持续家族办公室影响力投资实践

100%可持续家族办公室是一家位于伦敦的单一家族办公室，创办人为 Paolo Fresia，家族财富来源于在意大利经营食品和饮料业务的收益。Paolo 是家族第四代成员，继承家族财富后，他认为应该利用家族财富积极推动社会变革，于是创立了该家族办公室。100%可持续家族办公室组织架构较简单，投资管理业务主要对外委托，除了 Paolo 作为负责人，还有 3 名外部投资经理和若干独立咨询顾问。

1. 影响力投资理念

100%可持续家族办公室希望人们认识到全球生产体系的相互依存性，以及由此产生的正面和负面结果。如果人们对经济体系有更深入的了解，就可以改变挣钱的方式，为社会福祉和地球带来积极的影响。100%可持续家族办公室希望为资本主义实质性变革做出贡献，未来财务回报不再以社会和环境为代价，而是创造更加公正和可持续的世界。

100%可持续家族办公室依据联合国可持续发展目标及对应的行业和资产列出影响力领域，家族成员和投资顾问一同根据三个问题打分：全球面临的最大环境和社会问题是什么？哪些领域能够布局并获得最大影响力？个人兴趣爱好是什么？最终，100%可持续家族办公室重点聚焦气候变化、可持续生产和消费、降低性别不平等三大影响力领域。

2. 影响力管理和衡量

100%可持续家族办公室不自主投资，依靠外部投资经理开展 ESG 和影响力投资。两名投资经理负责资本市场投资，一名投资经理负责私募资产投资；同时，投资顾问帮助筛选符合要求的投资经理，给予影响力投资建议；最终由 Paolo 进行决策。100%可持续家族办公室资产配置涵盖了股权、股票、债券、贷款等资产类别，投资了 TPG 睿思气候基金、Mad Agriculture Perennial Fund 等影响力基金（表6.3）。从资产组合来看，私募资产投资占比超过50%。考虑到私募市场资产所产生的影响力更大，100%可持续家族办公室将加大私募资产配置力度。

表6.3　100%可持续家族办公室部分投资项目

基金名称	领域	资金运用方式	影响力
California Farmlink	农业	债权	80%的借款人为有色人群，60%为难民或者移民
IIX Women's Livelihood Bond 4	小微金融、农业、能源等	债权	通过为妇女赋能，每1美元债券投资能够产生4美元社会价值

续表

基金名称	领域	资金运用方式	影响力
Mad Agriculture Perennial Fund	农业	债权	美国中西部将有7000～10000英亩的土地转化为可持续农业用地
Stewart Investors Global Emerging Markets Sustainability Fund	多元领域	股票投资	为全球可持续发展目标的实现做出贡献

资料来源：据100%可持续家族办公室网站数据整理。

100%可持续家族办公室起初使用IMP影响力分类体系分析投资资产的社会和环境影响力，之后积极引入其他影响力衡量工具和技术，帮助衡量各类潜在投资项目的影响，以更好地进行投资决策。以该家族办公室投资的爱尔兰SLM席尔瓦基金为例，该基金投资了大约3万公顷的爱尔兰森林，以生物多样性友好方式管理森林，每公顷森林每年吸收10～20吨二氧化碳，这被视为传统林业更具可持续性和再生性的替代方案。

此外，100%可持续家族办公室积极参与建设影响力生态体系，影响其他家族办公室、养老金投资管理机构，推动它们将更多资金用于影响力投资；政府在政策制定和预算方面具有突出优势，100%可持续家族办公室会在大选期间支持倡导增强公民自由主张的候选人。

(二) 沃尔玛家族办公室影响力投资实践

沃尔玛是全球最大的上市家族企业之一，卢卡斯·沃尔顿（Lukas Walton）是沃尔玛家族第三代成员，Builders Vision是其管理的家族慈善和影响力投资平台，资产规模超过40亿美元。现有员工100余人，设有3个团队，分别为资产管理团队、风险投资团队和慈善团队。资产管理团队成立于2012年，负责委托第三方投资经理或者以共同投资的方式开展影响力投资，资产遍布公募资产和私募资产；风险投资团队成立于2014年，负责直接进行影响力投资，为企业提供债权和股权融资，管理资产规模超过20亿美元；慈善团队成立于2017年，负责家族慈善资金的管理和对外捐赠。

1. 影响力投资理念

Builders Vision通过配置资本、支持合作伙伴和倡导变革三种方式扩大影响力。配置资本方面，Builders Vision 为解决环境和社会挑战方案提供捐助支持，包括特定项目捐助和一般运营捐助。Builders Vision 直接投资处于变革前沿的企业家，也投资以影响力为首的各类基金。支持合作伙伴方面，通过提供技术支持、社会网络、影响力衡量和管理、人力资源管理等关键资源，加强对合作伙伴的支持。倡导变革方面，通过战略对话、建立行业性倡议等方式，影响关键投资者、政策制定者和利益相关者，加速推动社会变革。

Builders Vision 致力于解决比较突出的环境挑战难题，重点聚焦农业、海洋、气候、社区领域，投资能够推动社会变革的企业、创新技术和社区领导者。2022 年，Builders Vision 宣布将慈善平台的 10 亿美元捐赠资金用于影响力投资，至此该平台 90% 资金将用于以目标和使命为导向的投资策略，成为全球重要的影响力投资机构。2020 年，Builders Vision 推出影响力投资基金 Rising Tides，专注海洋健康和可持续发展投资领域，投资以海洋为主题的加速器计划，支持早期企业家和创新者；共同投资领先的风险投资基金，支持专注蓝色经济的种子期和早期企业；直接投资致力于在渔业、可持续发展、海洋塑料、水产养殖和生态系统服务等多个领域显著改善海洋健康的目标驱动型企业。

2. **影响力管理体系**

Builders Vision 的影响力管理和衡量主要分为五个步骤：①筛选与其影响力目标相关的投资项目；②使用影响力尽职调查问卷，分析潜在交易对手的影响力情况；③确定交易对手的影响力目标和管理计划；④影响力管理和衡量团队持续收集数据，了解交易对手的影响力目标实现情况；⑤投资退出时，确保交易对手能够继续按照行业标准实现相关影响力。

截至 2023 年末，Builders Vision 已支持近 450 家合作伙伴，其中，海洋领域企业 158 家，食品和农业领域企业 166 家，能源领域企业 125 家。以被投资公司 Oceanium 为例，该公司致力于创建缓解气候变化、确保粮食安全和创造就业机会等多种解决方案，正在利用海藻开发一种有前景的可生物降解包装解决方案，初步测试显示包装材料在几周而不是几十年内即可降解，有利于减少环境污染。总体来看，截至 2023 年末，Builders Vision 修复和保护的海洋或沿海栖息地 196 万公顷，新增可再生能源装机容量 15685 兆瓦，可持续管理的土地面积 260 万英亩。

五、未来展望

（1）家族办公室持续提升影响力投资力度。在政策推动和市场吸引下，家族办公室可持续和影响力投资水平有望进一步提升。坎普登财富的调研数据显示，预计 2023 年末家族办公室可持续投资占比将达到 32%，2027 年末将达到 38%，部分家族办公室该比例将超过 50%。香港家族办公室协会 2022 年调研报告指出，香港 85% 的家族办公室进一步增加 ESG 或影响力投资的资产配置力度，约 64% 的受访者计划相关资产配置增加 10% 以上，36% 的受访者计划增加 20% 以上。

（2）积极参与解决可持续发展难题。气候变化和生物多样性损失是当前全球最突出的环境问题，家族办公室与其他机构投资一样积极寻找可行的方案并提供资金支持。美国纽约梅隆银行对新一代家族成员的调研结果显示，53% 的受访者最关心气候变化和可负担的清洁能源问题。

（3）加快提升投资专业能力。家族办公室开展影响力投资仍面临很多难题，如信息系统建设、专业人才、投资方法等方面。家族办公室仍需依靠自身努力或者与同业合作共同解决上述挑战，与优质的投资经理和投资顾问合作，逐渐提高影响力投资水平。

第四节　养老金投资管理机构影响力投资实践

一、全球养老金体系现状

世界银行总结全球经验，提出一国养老金体系需要包括三大支柱：具有强制性的政府基本养老保险，企业和个人共同缴纳的养老金计划，个人养老储蓄计划。各国养老金体系基本围绕这三大支柱展开建设，而且为了减轻政府财政支出压力，部分发达国家逐步提升第二、三支柱养老金的贡献度。

全球老龄化趋势日渐加快，构建完善的养老金体系对于各国发展具有重要意义。根据 OECD 统计数据，截至 2022 年末，OECD 成员国养老金规模达到 51.55 万亿美元，其中美国、加拿大、英国养老金计划规模最高，分别为 35.02 万亿美元、3.13 万亿美元、2.56 万亿美元；丹麦、冰岛和加拿大养老金规模与GDP之比最高，分别为192.3%、186.1%、152.8%（表6.4）。各国养老金储备差距较大。

表6.4　2022年末OECD国家养老金计划情况

国家	养老金规模与GDP之比/%	养老金计划规模/百万美元	国家	养老金规模与GDP之比/%	养老金计划规模/百万美元
澳大利亚	131.4	2089041	日本	30.2	1266230
奥地利	6.9	32971	韩国	32.1	547214
比利时	39.6	223702	拉脱维亚	16.3	6794
加拿大	152.8	3126435	立陶宛	8.7	6231
智利	57.7	174792	卢森堡	2.0	1688
哥伦比亚	24.1	73282	墨西哥	20.5	300755
哥黎达斯加	36.1	26684	荷兰	150.7	1541194
捷克	8.8	26527	新西兰	32.0	78423
丹麦	192.3	780913	挪威	7.9	44413
爱沙尼亚	13.0	5032	波兰	6.7	47153
芬兰	59.0	169119	葡萄牙	17.1	43557
法国	10.9	306276	斯洛伐克	13.7	16077
德国	6.5	267553	斯洛文尼亚	7.0	4232
希腊	0.9	1934	西班牙	11.8	166496
匈牙利	4.2	7468	瑞典	97.9	561147
冰岛	186.1	49346	瑞士	152.4	1272739
爱尔兰	26.7	144433	土耳其	2.9	22915
以色列	61.3	307330	英国	85.2	2561509
意大利	11.3	230365	美国	137.5	35016907

资料来源：据OECD网站数据整理。

各国养老金诸多管理模式中，市场化、基金化管理最为常见。韦莱韬悦2023年统计数据显示，世界最大的300个养老金投资管理机构中，前20名占据了41.5%的份额，主要分布于北美地区。日本养老金投资基金、挪威养老基金、韩国国家养老基金、美国政府退休基金、荷兰 ABP 位列前五，规模分别为 1.45 万亿美元、1.30 万亿美元、7064.96 亿美元、6898.58 亿美元和 4903.82 亿美元。自 2002 年以来，日本养老金投资基金蝉联全球首位。

实证研究表明，资产配置对于投资收益的贡献度在 90% 以上，持续优化资产配置是养老金投资管理的重要工作之一。据韦莱韬悦统计数据，2023 年，发达国家养老金资产配置结构为：股票投资占比为 42%，债券投资占比为 36%，现金资产占比为 2%，另类资产占比为 20%；股票投资占比呈现下降趋势，另类资产和债券资产投资占比呈现上升趋势。各国家资产配置差异显著。根据 OECD 38 个国家和地区统计数据，2022 年末，现金资产方面，韩国、捷克、斯洛伐克、澳大利亚现金资产占比均超过 10%，韩国现金资产占比超过 20%；股票投资方面，爱沙尼亚、立陶宛、波兰股票投资占比超过 60%，而捷克、韩国、斯洛伐克股票投资占比不足 5%；债券投资方面，捷克、波多黎各、葡萄牙、墨西哥债券投资占比超过 70%，而波兰、澳大利亚、瑞典债券投资占比不足 14%；另类投资方面，德国、日本、卢森堡、丹麦另类资产投资占比超过 40%，而新西兰、拉脱维亚、挪威、智利等国家另类资产投资占比低于 4%。

从投资收益率情况看，2022 年，受到全球金融市场波动冲击，OECD 成员国养老金投资收益普遍为负，仅捷克和土耳其实现正投资收益，拉脱维亚、丹麦、英国养老金收益率均低于 -15%，在 OECD 国家中表现最差。从近 5 年收益率情况看，OECD 成员国养老金投资收益普遍较好，平均为 3.36%，仅有波兰等三个国家养老金投资收益率为负，波多黎各、冰岛和土耳其投资收益率超过 7%，表现最佳。

从全球角度看，养老金资产配置呈现出以下趋势：①另类资产配置占比持续走高。养老金管理机构需要在传统资产之外寻求更为稳健、收益更高的资产。养老金作为长期资金，可以降低流动性要求，加大长期资产的配置，获取更高收益。此外，另类资产与股票等传统资产相关性不高，有利于优化组合风险，降低投资波动性。②全球化资产配置突出。养老金规模较大，可能受到本国资产约束，无法实现真正的资产配置和风险分散。面对此种情况，各国政府提升了养老金海外投资的占比，促进养老金实现全球化资产配置。统计数据显示，OECD 成员国养老金持有海外资产的比例约为 49%，主要投资发达国家的股票和债券，近年来持续增持新兴市场国家资产，尤其是中国资产。③可持续投资实践日渐深入。可持续投资理念日渐深入人心，基于 ESG 或影响力的主题投资产品日益受到青睐。养老金作为全球金融市场的重要参与者,在推动可持续发展方面不遗余力,逐步将社会环境影响力因素融入投资决策过程中。

二、养老金投资管理机构影响力投资框架

(一) 养老金投资管理机构开展影响力投资的必要性

养老金投资管理机构作为最重要的资产所有者之一,开展影响力投资对影响力市场发展和自身资产配置均具有积极意义。

(1) 受托责任的重要体现。养老金作为中长期资金,与社会和环境的长期变化休戚相关,在投资管理过程中需要考虑社会和环境因素。全球各国家和地区普遍推动养老金投资管理机构加强非财务因素的考量。例如,英国要求养老金管理机构充分考虑环境、社会和治理因素,公开披露ESG和影响力投资政策实施情况,发布气候相关财务信息报告。

(2) 满足投资者需求。投资者日渐重视参与社会可持续发展,提供资金以应对社会和环境方面的挑战,在获得投资回报的同时,建设更加公平、包容和绿色的社会。养老金投资管理机构需要关注个人投资者的诉求,做出积极回应。

(3) 优化资产配置。影响力投资作为一种创新投资策略,有其自身收益和风险特征,投资回报并不逊于传统投资回报,但是在风险波动方面表现更好,为养老金资产配置提供了新的方向和思路。

(4) 有效管理投资风险。参与解决社会和环境问题,有利于降低金融市场系统性风险,进一步做好养老金投资管理风险控制,为投资者创造更加稳健的中长期投资回报。

(二) 养老金投资管理机构影响力投资框架体系

为了推进养老金投资管理机构参与影响力投资,英国影响力投资研究院推出养老金参与影响力投资的框架体系,主要包括制定影响力目标、指定具有影响力投资能力的投资顾问和投资经理、利用自身资本寻求改变、管理和重检影响力。

(1) 制定影响力目标。养老金投资管理机构需要明确有关可持续发展、影响力投资方面的核心理念或者主题,制定具体的投资政策,指导养老金投资管理。

（2）指定具有影响力投资能力的投资顾问和投资经理。养老金投资管理机构需要寻找能够帮助其实现影响力目标的投资顾问和投资经理。筛选投资经理时，要重点评估影响力投资政策、流程、产品服务、人才队伍、专业能力等方面；明确向投资经理说明影响力投资目标和预期，定期检查影响力投资进展，并与预期目标进行比较，如果存在较大差距，需要制定相关行动方案。

（3）利用自身资本寻求改变。养老金投资管理机构应利用作为股东或者投资者的身份，做好尽责管理，制定尽责管理政策和投票政策，参与股东投票，或者要求投资经理做好尽责管理，利用投票、参与沟通等方式积极影响被投资企业或者发行人，提升被投资企业的社会影响力。

（4）管理和重检影响力。定期收集影响力数据和指标，与预期目标或者基准比较，加强影响力投资管理；定期披露影响力目标进展情况，增强投资管理透明性。

三、养老金投资管理机构影响力投资概况

近年来，养老金投资管理机构积极参与 ESG 投资和影响力投资，荷兰、马来西亚养老金投资管理机构均表示要提升影响力投资规模（表 6.5），荷兰养老金 ABP 计划到 2030 年影响力投资规模达到 300 亿欧元，展现了全球养老金机构对影响力投资的认可。

表 6.5 部分养老金机构影响力投资计划

机构	所处国家	规划
荷兰养老金 ABP	荷兰	到 2030 年影响力投资规模达到 300 亿欧元
大曼彻斯特养老基金	英国	截至 2022 年末，影响力投资规模 281 亿英镑
马来西亚养老金 KWAP	马来西亚	2022 年开始涉足影响力投资领域
加州公务员退休基金	美国	到 2030 年投资气候解决方案 1000 亿美元
加拿大养老金 CDPQ	加拿大	2022 年开始增加低碳资产投资规模，到 2050 年实现净零转型

根据凤凰资本集团 2019 年调研数据，包括养老金在内的资产所有者，36% 的受访机构影响力投资配置比例低于 1%，30% 的受访机构配置比例为

1%～10%，10%～20%配置比例的占比为15%，20%以上配置比例的占比为18%。从2023年英国职业年金调研数据来看，62.5%的影响力投资进行全球配置，16.2%的影响力投资聚焦英国，21.2%的影响力投资聚焦发达国家，专门投资发展中国家项目的影响力投资占比较少（图6.8）。此外，不同资产投资形式的区域分布也有较大差异，公开市场投资更加聚焦全球投资机会，占比为79%；私募市场投资更加聚焦英国和发达国家。

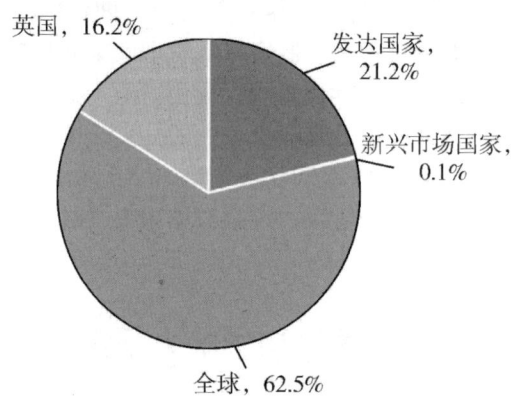

图6.8　英国养老金影响力投资区域分布情况

资料来源：据Pensions for Purpose网站数据整理。

从资产偏好来看，根据凤凰资本集团调研数据，希望提升私募债和PE配置水平的受访养老金投资管理机构占比分别为61%和58%，位居各类资产之首；其次为基础设施资产、实物资产，占比分别为47%和42%；希望增加其他资产配置规模的受访机构占比较少（图6.9）。总体来看，养老金投资管理机构影响力投资仍然偏好增加私募资产配置，与养老金中长期投资属性较为匹配。

第六章 影响力投资机构实践

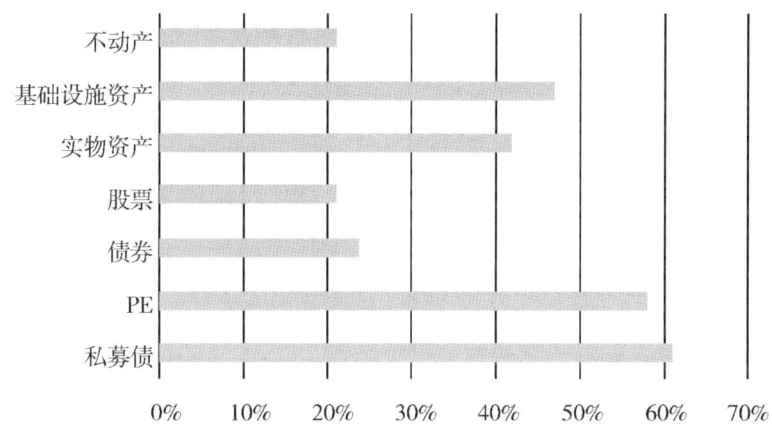

图6.9 全球养老金投资管理机构影响力投资资产类型偏好情况
资料来源：据凤凰资本集团网站数据整理。

从投资主题来看，可再生能源、能源效率和健康是最受关注的投资方向，占比分别为56.4%、49.1%和40.0%；其次为绿色建筑、可持续农业、教育，占比分别为36.4%、36.4%和34.5%。公开市场影响力投资更加关注可再生能源、能源效率和可持续农业，而私募市场影响力投资更加关注可负担住房、可再生能源和健康。总体来看，英国养老金投资管理机构影响力投资关注社会和环境多个目标的占比为40%，关注社会因素的占比为32.7%，关注气候因素的占比为16.4%，关注自然因素的占比为10.9%。

从可持续发展目标来看，可持续城市和社区、可负担清洁能源、健康和社会福祉三类可持续发展目标最受关注，占比分别为69%、62%和62%。

四、养老金投资管理机构影响力投资经验

（一）PGGM影响力投资实践

PGGM是荷兰一家非营利合作养老基金服务商，为客户提供养老金管理、资产管理和投资顾问服务，投资领域涉及股票、债券、不动产、基础设施、私募股权投资等领域。截至2024年3月末，PGGM为430万参与者管理了价值2450亿欧元的养老金资产。

1. 影响力投资理念和使命

PGGM管理了大量中长期资金，为其提供了建设更加宜居和可持续发展

世界的机会。自2014年以来，PGGM开始为客户投资一些环境和社会解决方案，以应对全球气候变化和环境污染、水资源短缺、粮食安全和医疗保健等方面的挑战，有助于实现SDG 2（粮食安全）、SDG 3（健康）、SDG 6（水安全）、SDG 7（负担得起的可持续能源）、SDG 11（可持续城市和社区）、SDG12（负责任的生产和消费）和SDG13（气候行动）等可持续发展目标。

为了对可持续发展做出贡献，PGGM借助变革理论形成影响力投资逻辑。PGGM的投入要素主要包括资金、员工、办公场所等，聚焦养老金管理、投资、咨询等服务，充分考虑社会和环境趋势、风险和机遇，形成能够创造价值的商业模式；主要产出为养老金管理、投资、健康和社会照护产业发展以及更平等的性别关系；成果包括保障客户养老金安全、减小医疗服务差距、为员工提供包容和快乐的工作环境，真正为社会创造价值；最终影响力是助力实现2030年可持续发展目标（图6.10）。

投入	PGGM商业模式	产出	成果	影响
·财务资本 ·人力资本 ·社会资本 ·自然资本	·将人、社会和环境融入战略和投资决策	·养老金管理 ·投资 ·健康和社会照护 ·商业运作	·为客户提供优良、可负担、可持续的养老金管理服务 ·为增强养老金体系信心做出贡献 ·增强健康和社会照护产业 ·形成包容的工作环境	·为可持续发展做出贡献

图6.10　PGGM影响力投资变革理论分析
资料来源：据PGGM网站数据整理。

2. PGGM影响力投资管理方法

为了更好地将可持续发展目标融入投资决策，PGGM开发了可持续发展目标分类，认为联合国17个可持续发展目标中，前15个目标均可投资，而且针对每个目标制定了详细的投资分类。以零饥饿目标为例，设定的次级投资目标为：①确保所有人都能获得安全、有营养和充足的食物；②消除一切形式的营养不良，满足孕妇和哺乳期妇女以及老年人的营养需求；③提供土地、生产物资、金融服务等支持，实现农业生产和小规模食品生产商收入倍增；④建设可持续的食品生产体系，实施稳健的农业增产技术；⑤保持种子、家禽和野生物种的基因多样性。PGGM根据以上分类分析投资组合对于各可持续发展目标做出的贡献。

PGGM影响力投资流程主要如下：

（1）PGGM对每个可持续发展目标进行分类，明确影响力投资应对的全球挑战或旨在帮助解决的挑战，如气候变化、资源稀缺、保护人权、满足基本需求以及促进当地社会和经济发展。

（2）明确投资的意图或预期，以及如何解决可持续发展挑战，基于专家和学术研究成果描述PGGM期望实现的产出及相关结果（或影响），利用变革理论寻找和识别代理指标。这些指标本身并不衡量影响力，但提供了跟踪预期影响力进展的切实可行方法。

（3）基于适当的影响力衡量框架，PGGM从公认的社会影响力信息披露框架中筛选和定义了5～10个影响力输出或结果指标。对于小额信贷投资而言，重点影响力指标包括产出活动涉及的客户总数等度量小额信贷机构支持的活跃借款人数量，以及居住在城市和农村地区被分类为贫穷或非常贫穷的妇女数量。

（4）影响力投资带来的更广泛积极的影响。以小额信贷领域为例，可能包括制定行业标准和原则，向客户传授知识，或向小额信贷机构提供影响力管理等支持。

（5）PGGM要求投资经理依据内部解决ESG问题的政策、程序和系统，有效识别和管理重要的ESG风险。虽然影响力投资旨在提供某些积极的环境和社会影响，但也可能产生负面影响，表现为道德和治理问题。PGGM希望有效管理所有此类问题和影响力风险。

3. 影响力投资成效

截至2021年末，PGGM投资组合的18%归类为为可持续发展做出了贡献，其中对SDG3、SDG11和SDG13的贡献最大（图6.11）。由于不能将不同的影响力相加，PGGM将每个关键绩效指标的年度影响表示为2019年的百分比，2019年为100。标准化后，不同影响力指标可以加总，以更清晰的方式展现影响力成效，PGGM计划将影响力指数从2019年的100提升至2025年的200（图6.12）。

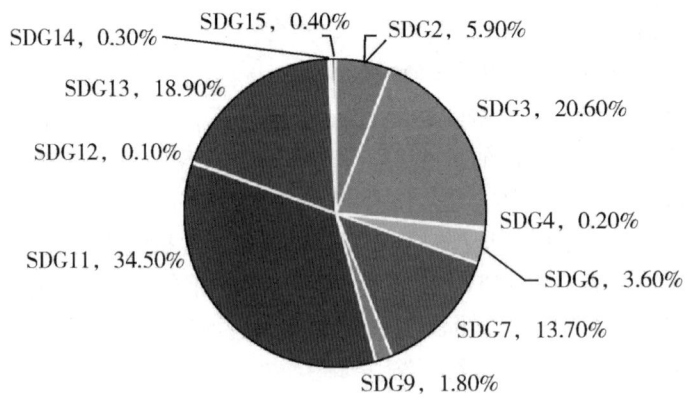

图 6.11　PGGM 投资组合对各可持续发展目标的贡献情况

资料来源：据 PGGM 网站数据整理。

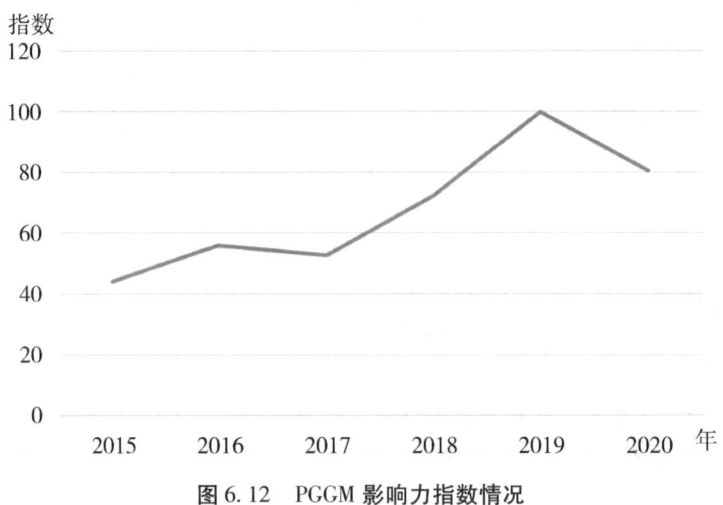

图 6.12　PGGM 影响力指数情况

资料来源：据 PGGM 网站数据整理。

根据 PGGM 2022 年投资管理报告，针对良好健康和福祉发展目标，PGGM 在医疗健康领域投资 77 亿欧元，接待了 1660 人次病人；针对气候行动发展目标，PGGM 相较 2016 年能源消耗下降 28%，商业差旅飞行碳排放相较 2016 年减少 41%，参与气候行动 100+ 等组织，签署生物多样性金融宣言，明确到 2050 年实现内部运营管理净零碳排放。

（二）联合国合办员工养老基金影响力投资实践

联合国合办员工养老基金（The United Nations Joint Staff Pension Fund）成立于1948年，为联合国以及其他获准加入联合国组织的员工提供退休养老等福利保障。截至2022年末，该基金参与人数达到14.36万人，管理资产规模779.3亿美元，其中股票投资占比为50.6%，债券投资占比为28.7%，不动产投资占比为9.19%，私募股权投资占比为8.3%，现金资产占比为2.6%。

1. 影响力投资理念

2021年，联合国合办员工养老基金尝试开展影响力投资，参与四个影响力领域的投资：气候和能源领域主要投资可再生能源、储能、绿色建筑等，自然资源领域主要投资可持续农业、循环经济、水资源管理、污染防治等，基本需求和基础设施领域主要投资可负担的医疗、可负担的住房、食品安全等，社区发展领域主要投资普惠金融、高质量教育等。

2. 影响力投资方法

联合国合办员工养老基金选择影响力投资基金时遵守明确性、额外性、可信性和可衡量性原则。明确性要求有明确的影响力战略，通过投资为社会和环境发展做出贡献；额外性要求使用创新解决方案或者服务公共服务尚未覆盖的人群，投资那些难以取代或者替代的产品服务，用可持续发展目标体系评估最终形成的影响力；可信性要求区分直接受投资影响的利益相关者和间接受影响的利益相关者，任何对于社会和环境做出的重大贡献都不能以其他重大负面影响为代价；可衡量性要求所实现的环境和社会利益是透明的、可衡量的，以便更好地确认投资对社会和环境产生的正面或负面影响。

除了传统债券，该养老基金还投资ESG债券，发行人为公司、政府或其他实体，资金用于资助具有积极社会或环境影响的项目或计划，如可再生能源项目、经济适用房计划或可持续海洋保护计划。截至2022年末，该养老基金投资了4.57亿美元的ESG债券，其中绿色债券1.98亿美元，可持续发展债券2.02亿美元（图6.13）。此外，该养老基金特别关注多边开发银行发行的债券，该类债券发行非常透明，公开披露每个项目的进展、结果和最终影响。截至2022年末，该养老基金投资了超过2.88亿美元的多边开发银行债券，投资量较大的是亚洲开发银行（ADB）、国际复兴开发银行（IBRD）和欧洲投资银行（EIB）发行的债券。

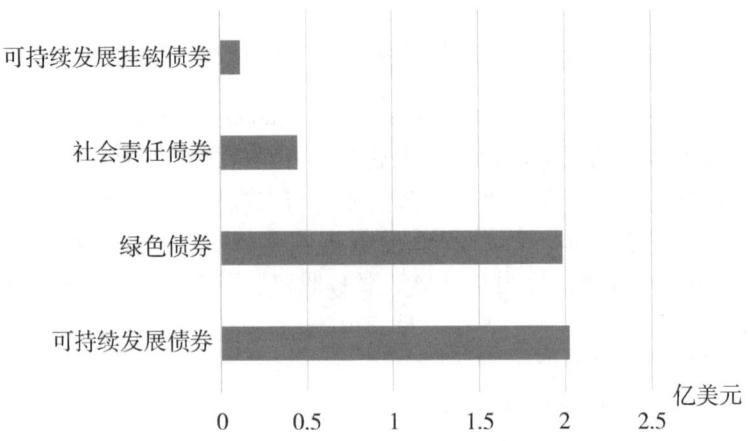

图 6.13　联合国合办员工养老基金投资 ESG 债券情况
资料来源：据联合国网站数据整理。

进行股权投资时，与可持续发展目标相结合，明确对可持续发展目标做出的贡献。截至 2022 年末，联合国合办员工养老基金持有的股权投资对 SDG5、SDG8 和 SDG13 贡献较大，而对 SDG2、SDG14 和 SDG17 贡献较小。

五、未来展望

（1）推动养老金开展影响力投资的政策制度日渐完善。各国政府推动养老金投资管理机构关注 ESG 因素的投资风险和机会，将其纳入投资决策流程。英国、澳大利亚等部分国家将开展影响力投资视为履行受托责任的重要体现，扫清参与影响力投资的制度障碍，逐步提升养老金参与影响力投资的力度，帮助解决可持续投资资金不足问题。

（2）养老金参与影响力投资的力度增大。养老金投资管理机构影响力投资配置比例仍较低，但在政策推动、市场需求等因素助力下，养老金投资管理机构更加重视提升社会影响力，逐步增加气候变化等影响力领域的投资规模，增强对全球可持续发展的贡献。

（3）养老金参与影响力投资的方式日渐多元化。一方面，进一步开发适合个人第三支柱账户投资的影响力产品，满足个人资产配置需求；另一方面，面向养老金投资管理机构提供委托投资、投资顾问服务，持续优化投资策略，提升影响力管理和衡量体系建设水平。

参考文献

科恩. 影响力投资：商业和资本助力可持续发展［M］. 孙含晖，蒋昱廷，译. 北京：机械工业出版社，2022.

刘蕾，邵嘉婧. 社会影响力投资综合价值实现机制研究［J］. 中国科技论坛，2020（10）.

深圳高等金融研究院. 社会影响力投资手册［EB/OL］.（2022 - 11 - 21）. https://sfi.cuhk.edu.cn/zh-hans/show-51-1145.html.

袁吉伟. ESG 投资的逻辑［J］. 北京：中国金融出版社，2023（10）.

袁吉伟. 社会责任债券市场标准、发展特点及政策建议［J］. 中国货币市场，2023（11）.

中国社会企业与影响力投资论坛，南都公益基金会. 中国社会企业与社会投资行业扫描——调研报告 2019（简版）［EB/OL］.（2019 - 04 - 15）. https://www.naradafoundation.org/Uploads/file/20190415/5cb43bf85e07f.pdf.

中国影响力投资网络. 中国影响力衡量与管理（IMM）指南 1.0［EB/OL］.（2023 - 07）. http://www.ciin.com.cn/category/17.

AUSTRALIAN SOCIAL IMPACT INVESTING TASKFORCE. A commonwealth strategy to build a maiure and self-sustaining social impact investing market that improves the lives of vulnerable Australians［EB/OL］.（2023 - 12）. https://treasury.gov.au/sites/default/files/2023 - 12/p2023 - 391009-taskforce-final-report-2020.pdf.

BLUE MARK. Benchmarking impact management practice［EB/OL］.（2023 - 05）. https://bluemark.co/making-the-mark-2023/.

CREDIT SUISSE. The family office guide to impact investing［EB/OL］.（2021 - 11）. https://www.credit-suisse.com/media/assets/private-banking/docs/nl/cs-the-family-office-guide-to-impact-investing-2021-en.pdf.

DUDDY E, KWON T, NEGHAIWI N. Ten ingredients for impact investing［EB/OL］.（2020 - 12 - 30）. https://www.csp.uzh.ch/en/research.html.

ESADE. The governance of impact measurement in European Impact Investing Funds［EB/OL］.（2021 - 10）. https://www.esade.edu/faculty-research/en/esade-center-social-impact/impact-investing/governance-impact-measurement-european-impact-investing-funds.

ESADE. Governance of impact：can European Foundations rise to the challenge?［EB/OL］.（2023 - 11）. https://www.esade.edu/faculty-research/en/esade-center-social-impact/

impact-measurement-management/governance-impact-foundations.

FINANCE CENTER FOR SOUTH-SOUTH COOPERATION. Impact investing: global trends and China's practices [M]. Singapore: Springer Nature Singapore Pte Ltd, 2023.

GLOBAL STEERING GROUP FOR IMPACT INVESTMENT. Catalysing an impact investment ecosystem [EB/OL]. (2018-10). https://www.gsgimpact.org/media/imkbykx5/gsg-paper-2018-policy-catalysing-impact-investment-ecosystempdf.pdf.

HAND D, SUNDERJI S, PARDO N M. 2023 GIINsight: impact investor demographics [EB/OL]. (2023-06-27). https://thegiin.org/publication/research/2023-giinsight-series/.

HAND D, SUNDERJI S, PARDO N M. 2023 GIINsight: impact measurement & management practice [EB/OL]. (2023-06-27). https://thegiin.org/publication/research/2023-giinsight-series/.

HAND D, SUNDERJI S, PARDO N M. 2023 GIINsight: impact investing allocations, activity & performance [EB/OL]. (2023-06-27). https://thegiin.org/publication/research/2023-giinsight-series/.

HORNBERGER K. Scaling impact—finance and investment for a better world [M]. USA: Springer Nature Switzerland AG, 2023.

IFC. Moving toward gender balance in private equity and venture capital [EB/OL]. (2019-03-06). https://www.ifc.org/en/insights-reports/2019/gender-balance-in-emerging-markets.

IFC. Creating impact: the promise of impact investing [EB/OL]. (2019-04-07). https://www.ifc.org/en/insights-reports/2019/promise-of-impact-investing.

IMPACT ECONOMY FOUNDATION. Guidance on the steps for compiling impact-weighted accounts [EB/OL]. (2022-06-02). https://impacteconomyfoundation.org/impact-weightedaccountsframework/guidance-impact-weighted-accounts-framework/.

IMPACT INVESTING AUSTRALIA. A roadmap for Australian Investors: how to invest to achieve gender equity, racial equity, diversity and inclusion [EB/OL]. (2022-03-28). https://impactinvestingaustralia.com/wp-content/uploads/2022/03/A-Roadmap-for-Australian-Investors-28-March-2022.pdf.

IMPACT INVESTING INSTITUTE. Impact investing principles for pensions [EB/OL]. (2020-11-01). https://www.impactinvest.org.uk/resources/publications/impact-investing-four-good-governance-principles-for-pensions/.

IMPACT INVESTING INSTITUTE. Can charities invest their endowment with impact? [EB/OL]. (2022-02-01). https://www.impactinvest.org.uk/resources/publications/can-charities-invest-their-endowment-with-impact/.

IMPACT INVESTING INSTITUTE. Estimating and describing the UK impact investing market [EB/OL]. (2022-03). https://www.impactinvest.org.uk/wp-content/uploads/2023/

04/Estimating-and-describing-the-UK-impact-investing-market. pdf.

IMPACT INVESTORS COUNCIL. Impact measurement and management In India [EB/OL]. https://iiic. in/wp-content/uploads/2021/01/IIC-KPMG-State-of-IMM-in-India. pdf.

IMPACT INVESTORS COUNCIL. India impact investing handbook [EB/OL]. (2022-06). https://iiic. in/research-publication/.

IMPACT INVESTORS COUNCIL. 2023 in retrospect: India impact investment trends [EB/OL]. (2024-01). https://iiic. in/research-publication/.

IMPACT MANAGEMENT PROJECT. Impact-financial integration: a handbook [EB/OL]. https://impactfrontiers. org/wp-content/uploads/2021/05/Impact-Frontiers-Impact-Financial-Integration-A-Handbook-for-Investors. pdf.

INVESTMENT IMPACT INDEX. Developing an impact measurement framework [EB/OL]. https://investmentimpactindex. org/wp-content/uploads/2020/05/III-A-short-guide-How-to-develop-an-impact-measurement-framework-Digital. pdf.

JAPAN SOCIAL INNOVATION AND INVESTMENT FOUNDATION. Consumer survey on impact investing in Japan [EB/OL]. (2024-02). https://www. siif. or. jp/wp-content/uploads/2024/02/English_2023_Impact_Investing_Qualitative_Consumer_Survey. pdf.

LUXEMBOURG STOCK EXCHANGE. Linking gender and finance: an overview of the gender-focused bond market [EB/OL]. (2023-05). https://www. luxse. com/discover-lgx/sustainable-securities-on-lgx/gender-focused-bonds/gender-finance-study.

MARTÍNEZ A P, CAFFERKEY P, GIANONCELLI A. Accelerating the SDGs—the role of crowdfunding in investing for impact [EB/OL]. (2021-05-27). https://www. impacteurope. net/insights/accelerating-sdgs-role-crowdfunding-investing-impact.

MERCER. 2023 global endowment and foundation investment survey [EB/OL]. (2023-11-30). https://www. mercer. com/insights/investments/market-outlook-and-trends/endowment-and-foundation-survey-results/.

PENSIONS FOR PURPOSE. Impact investment performance-a UK asset owner & investment consultant perspective [EB/OL]. https://www. pensionsforpurpose. com/ImpactLens/2023/11/28/Impact-investment-performance-a-UK-asset-owner-and-investment-consultant-perspective/.

PHENIX CAPITAL. Net zero funds at a glance [EB/OL]. (2024-03). http://www. phenixcapitalgroup. com/impact-database.

RALITE S, HAGEDORN K, GHIRARDI T. A climate impact management system for financial institutions [EB/OL]. (2021-04). https://2degrees-investing. org/resource/climate-impact-management-system-for-financial-institutions/.

RALLY ASSETS. Enhancing community and social benefit by investing for impact [EB/OL]. (2023-03). https://rallyassets. com/impact-investing-guidebook-for-foundations/.

RESPONSIBLE INVESTMENT ASSOCIATION AUSTRALASIA. Australian impact investor insights, activity and performance report 2020 [EB/OL]. (2020 – 06). https://responsibleinvestment.org/resources/impact-reports/.

RRG CAPITAL MANAGEMENT. The RRG Sustainable Water Impact Fund impact report [EB/OL]. (2024 – 06 – 05). https://www.nature.org/content/dam/tnc/nature/en/documents/2023-SWIF-Impact-Report.pdf.

SCHOENMAKER D. The impact economy: balancing profit and impact [EB/OL]. (2020 – 07 – 07). https://www.bruegel.org/sites/default/files/wp_attachments/WP-2020-04-Impact-Economy-D.-Schoenmaker.pdf.

THE CITY OF LONDON CORPORATION. A brief handbook on social impact investment [EB/OL]. (2015 – 01). https://www.goodfinance.org.uk/sites/default/files/post/pdf/Abriefhandbook-on-social-investment.pdf. (2015 – 01).

THE COMMISSION ON SOCIAL INVESTMENT. Reclaiming the future: reforming social investment for the next decade [EB/OL]. (2022 – 07). https://www.socialenterprise.org.uk/app/uploads/2022/07/Reclaiming-the-Future-Commission-on-Social-Investment-Report.pdf.

THE GLOBAL IMPACT INVESTING NETWORK. Achieving the sustainable developmeng goals: the role of impact investing [EB/OL]. (2017 – 09 – 08). https://thegiin.org/publication/research/sdgs-impinv/.

THE GOOD INVESTOR. A book of best impact practice [EB/OL]. (2013 – 06). https://www.goodinvestor.co.uk/.

THE INSTITUTE OF CHARTERED ACCOUNTANTS OF INDIA. A primer on the concept of social stock exchange [EB/OL]. (2023 – 02 – 10). https://cacult.com/a-primer-on-the-concept-of-social-stock-exchange/.

THE JAPAN NATIONAL ADVISORY BOARD. The current state and challenges of impact investing in Japan [EB/OL]. (2021 – 03 – 31). https://impactinvestment.jp/user/media/resources-pdf/gsg-2021_en.pdf.

THE RUSSELL FAMILY FOUNDATION. The impact investing journey: aligning portfolio with purpose [EB/OL]. (2018 – 10 – 29). https://www.ncfp.org/knowledge/the-impact-investing-journey-aligning-portfolio-with-purpose-at-the-russell-family-foundation/.

THE SROI NETWORK. A guide to social return on investment [EB/OL]. (2012 – 01). https://static1.squarespace.com/static/60dc51e3c58aef413ae5c975/t/60f7fa286b9c6a47815bc3b2/1626864196998/The-SROI-Guide-2012.pdf.

UN-PRI. Investing with SDG outcomes: a five-part framework for investors [EB/OL]. (2020 – 11). https://www.unpri.org/sustainable-development-goals/investing-with-sdg-outcomes-a-five-part-framework/5895.article.

附录 影响力投资资源网站

序号	机构名称	网站	网站类型
1	GIIN	https://thegiin.org/	影响力投资综合性网站
2	Impact Frontiers	https://impactfrontiers.org/mission/	影响力投资综合性网站
3	The Impact Principles	https://www.impactprinciples.org/	影响力投资综合性网站
4	IMP	https://impactmanagementplatform.org/	影响力投资综合性网站
5	SDG Impact	https://sdgimpact.undp.org/	影响力投资综合性网站
6	GSG	https://www.gsgimpact.org/	影响力投资综合性网站
7	Mission Investors Exchange	https://missioninvestors.org/	影响力投资综合性网站
8	Impact investor	https://impact-investor.com/	影响力投资综合性网站
9	B Lab	https://www.bcorporation.net/en-us/	影响力投资综合性网站
10	SPTF	https://cerise-sptf.org/	影响力投资综合性网站
11	AVPA	https://www.avpa.africa/	区域性影响力组织网站
12	EVPA	https://evpa.eu.com/	区域性影响力组织网站
13	AVPN	https://avpn.asia/	区域性影响力组织网站
14	Impact Investing Australia	https://impactinvestingaustralia.com/	区域性影响力组织网站
15	JPN	https://impactinvestment.jp/en/index.html	区域性影响力组织网站

续表

序号	机构名称	网站	网站类型
16	The Impact Investors Council	https://iiic.in/	区域性影响力组织网站
17	ITF	https://www.impact-taskforce.com/	区域性影响力组织网站
18	Impact Investing Institute	https://www.impactinvest.org.uk/	区域性影响力组织网站
19	中国社会企业与影响力投资论坛	https://www.cseif.cn/	区域性影响力组织网站
20	深圳市社创星社会企业发展促进中心	https://www.csedaily.com/our-works/sec	区域性影响力组织网站
21	Big Society Capital	https://bettersocietycapital.com/	影响力投资机构
22	Bamboo Capital	https://bamboocp.com/	影响力投资机构
23	incofin	https://incofin.com/	影响力投资机构
24	Pggm	https://www.pggm.nl/en/	影响力投资机构
25	Aruwa Capital	https://aruwacapital.com/	影响力投资机构
26	Ecoenterprisesfund	https://ecoenterprisesfund.com/impact/	影响力投资机构
27	LGT Capital	https://www.lgtcp.com/	影响力投资机构
28	Calvert Impact Capital	https://calvertimpact.org/	影响力投资机构
29	Vital Capital	https://vital-capital.com/	影响力投资机构
30	Blueorchard	https://www.blueorchard.com	影响力投资机构
31	绿动资本	http://www.asiagreenfund.com/	影响力投资机构